TAILANDÉS
VOCABULARIO

PALABRAS MÁS USADAS

ESPAÑOL-
TAILANDÉS

Las palabras más útiles
Para expandir su vocabulario y refinar
sus habilidades lingüísticas

7000 palabras

Vocabulario Español-Tailandés - 7000 palabras más usadas

por Andrey Taranov

Los vocabularios de T&P Books buscan ayudar en el aprendizaje, la memorización y la revisión de palabras de idiomas extranjeros. El diccionario se divide por temas, cubriendo toda la esfera de las actividades cotidianas, de negocios, ciencias, cultura, etc.

El proceso de aprendizaje de palabras utilizando los diccionarios temáticos de T&P Books le proporcionará a usted las siguientes ventajas:

- La información del idioma secundario está organizada claramente y predetermina el éxito para las etapas subsiguientes en la memorización de palabras.
- Las palabras derivadas de la misma raíz se agrupan, lo cual permite la memorización de grupos de palabras en vez de palabras aisladas.
- Las unidades pequeñas de palabras facilitan el proceso de reconocimiento de enlaces de asociación que se necesitan para la cohesión del vocabulario.
- De este modo, se puede estimar el número de palabras aprendidas y así también el nivel de conocimiento del idioma.

T&P Books Publishing
www.tpbooks.com

ISBN: 978-1-78767-241-3

Este libro está disponible en formato electrónico o de E-Book también.
Visite www.tpbooks.com o las librerías electrónicas más destacadas en la Red.

VOCABULARIO TAILANDÉS
palabras más usadas

Los vocabularios de T&P Books buscan ayudar al aprendiz a aprender, memorizar y repasar palabras de idiomas extranjeros. Los vocabularios contienen más de 7000 palabras comúnmente usadas y organizadas de manera temática.

- El vocabulario contiene las palabras corrientes más usadas.
- Se recomienda como ayuda adicional a cualquier curso de idiomas.
- Capta las necesidades de aprendices de nivel principiante y avanzado.
- Es conveniente para uso cotidiano, prácticas de revisión y actividades de auto-evaluación.
- Facilita la evaluación del vocabulario.

Aspectos claves del vocabulario

- Las palabras se organizan según el significado, no según el orden alfabético.
- Las palabras se presentan en tres columnas para facilitar los procesos de repaso y auto-evaluación.
- Los grupos de palabras se dividen en pequeñas secciones para facilitar el proceso de aprendizaje.
- El vocabulario ofrece una transcripción sencilla y conveniente de cada palabra extranjera.

El vocabulario contiene 198 temas que incluyen lo siguiente:

Conceptos básicos, números, colores, meses, estaciones, unidades de medidas, ropa y accesorios, comida y nutrición, restaurantes, familia nuclear, familia extendida, características de personalidad, sentimientos, emociones, enfermedades, la ciudad y el pueblo, exploración del paisaje, compras, finanzas, la casa, el hogar, la oficina, el trabajo en oficina, importación y exportación, promociones, búsqueda de trabajo, deportes, educación, computación, la red, herramientas, la naturaleza, los países, las nacionalidades y más ...

TABLA DE CONTENIDO

GUÍA DE PRONUNCIACIÓN

T&P alfabeto fonético	Ejemplo tailandés	Ejemplo español

Las vocales

[a]	ห้า [hâ:] – hâa	radio
[e]	เป็นลม [pen lom] – bpen lom	verano
[i]	วินัย [wíʔ naj] – wí–nai	ilegal
[o]	โกน [ko:n] – gohn	bordado
[u]	ขุ่นเคือง [kʰùn kʰɯ:aŋ] – khùn kheuang	mundo
[aa]	ราคา [ra: kʰa:] – raa–khaa	contraataque
[oo]	ภูมิใจ [pʰu:m tɕaj] – phoom jai	jugador
[ee]	บัญชี [ban tɕʰi:] – ban–chee	destino
[eu]	เดือน [dɯ:an] – deuan	Largo sonido [ə]
[er]	เงิน [ŋɤn] – ngern	Vocal semicerrada posterior no redondeada
[ae]	แปล [plɛ:] – bplae	cuarenta
[ay]	เลข [lê:k] – lâyk	sexto
[ai]	ไปป์ [paj] – bpai	paisaje
[oi]	โพย [pʰo:j] – phoi	boina
[ya]	สัญญา [sǎn ja:] – sǎn–yaa	araña
[oie]	อบเชย [ʔòp tɕʰɤ:j] – òp–choie	Combinación [ə:i]
[ieo]	หน้าเชียว [nâ: si:aw] – nâa sieow	ecología

Consonantes iniciales

[b]	บาง [ba:ŋ] – baang	en barco
[d]	สีแดง [sǐ: dɛ:ŋ] – sěe daeng	desierto
[f]	มันฝรั่ง [man fà ràŋ] – man fà–ràng	golf
[h]	เฮลซิงกิ [he:n siŋ kìʔ] – hayn–sing–gì	registro
[y]	ยี่สิบ [jî: sìp] – yêe sip	asiento
[g]	กรง [kroŋ] – grorng	jugada
[kh]	เลขา [le: kʰǎ:] – lay–khǎa	[k] aspirada
[l]	เล็ก [lék] – lék	lira
[m]	เมลลอน [me: lɔ:n] – may–lorn	nombre
[n]	หนัง [nǎŋ] – nǎng	número
[ng]	เงือก [ŋɯ:ak] – ngêuak	manga
[bp]	เป็น [pen] – bpen	precio
[ph]	เผา [pʰàw] – phào	[p] aspirada
[r]	เบอร์รี่ [bɤ: rî:] – ber–rêe	era, alfombra
[s]	ซ่อน [sôn] – sôrn	salva
[dt]	ดนตรี [don tri:] – don–dtree	torre
[j]	ปั่นจั่น [pân tɕàn] – bpân jàn	archivo

T&P alfabeto fonético	Ejemplo tailandés	Ejemplo español
[ch]	วิชา [wiʔ tɕʰaː] – wí–chaa	[tsch] aspirado
[th]	แถว [tʰɛːw] – thǎe	[t] aspirada
[w]	เคียว [kʰiːaw] – khieow	acuerdo

Consonantes finales

[k]	แม่เหล็ก [mɛː lèk] – mâe lèk	charco
[m]	เพิ่ม [pʰɤːm] – phêrm	nombre
[n]	เนียน [niːan] – nian	número
[ng]	เป็นห่วง [pen hùːaŋ] – bpen hùang	manga
[p]	ไม่ขยับ [mâj kʰà ja p] – mâi khà–yàp	precio
[t]	ลูกเป็ด [lûːk pèt] – lôok bpèt	torre

Comentarios

Tono medio - [ā] การดูดน [gaan khon]
Tono bajo - [à] แจกจ่าย [jàek jàai]
Tono descendente - [â] แตม [dtâem]
Tono alto - [á] แซ็กโซโฟน [sáek-soh-fohn]
Tono ascendente - [ǎ] เนินเขา [nern khǎo]

ABREVIATURAS
usadas en el vocabulario

Abreviatura en español

adj	-	adjetivo
adv	-	adverbio
anim.	-	animado
conj	-	conjunción
etc.	-	etcétera
f	-	sustantivo femenino
f pl	-	femenino plural
fam.	-	uso familiar
fem.	-	femenino
form.	-	uso formal
inanim.	-	inanimado
innum.	-	innumerable
m	-	sustantivo masculino
m pl	-	masculino plural
m, f	-	masculino, femenino
masc.	-	masculino
mat	-	matemáticas
mil.	-	militar
num.	-	numerable
p.ej.	-	por ejemplo
pl	-	plural
pron	-	pronombre
sg	-	singular
v aux	-	verbo auxiliar
vi	-	verbo intransitivo
vi, vt	-	verbo intransitivo, verbo transitivo
vr	-	verbo reflexivo
vt	-	verbo transitivo

CONCEPTOS BÁSICOS

Conceptos básicos. Unidad 1

1. Los pronombres

tú	คุณ	khun
él	เขา	khǎo
ella	เธอ	ther
ello	มัน	man
nosotros, -as	เรา	rao
vosotros, -as	คุณทั้งหลาย	khun tháng lǎai
Usted	คุณ	khun
Ustedes	คุณทั้งหลาย	khun tháng lǎai
ellos	เขา	khǎo
ellas	เธอ	ther

2. Saludos. Salutaciones. Despedidas

¡Hola! (fam.)	สวัสดี!	sà-wàt-dee
¡Hola! (form.)	สวัสดี ครับ/ค่ะ!	sà-wàt-dee khráp/khâ
¡Buenos días!	อรุณสวัสดิ์!	a-run sà-wàt
¡Buenas tardes!	สวัสดีตอนบ่าย	sà-wàt-dee dtorn-bàai
¡Buenas noches!	สวัสดีตอนค่ำ	sà-wàt-dee dtorn-khâm
decir hola	ทักทาย	thák thaai
¡Hola! (a un amigo)	สวัสดี!	sà-wàt-dee
saludo (m)	คำทักทาย	kham thák thaai
saludar (vt)	ทักทาย	thák thaai
¿Cómo estáis?	คุณสบายดีไหม?	khun sà-baai dee mǎi
¿Cómo estás?	สบายดีไหม?	sà-baai dee mǎi
¿Qué hay de nuevo?	มีอะไรใหม?	mee à-rai mài
¡Hasta la vista! (form.)	ลาก่อน!	laa gòrn
¡Hasta la vista! (fam.)	บาย!	baai
¡Hasta pronto!	พบกันใหม่	phóp gan mài
¡Adiós! (fam.)	ลาก่อน!	laa gòrn
¡Adiós! (form.)	สวัสดี!	sà-wàt-dee
despedirse (vr)	บอกลา	bòrk laa
¡Hasta luego!	ลาก่อน!	laa gòrn
¡Gracias!	ขอบคุณ!	khòrp khun
¡Muchas gracias!	ขอบคุณมาก!	khòrp khun mâak
De nada	ยินดีช่วย	yin dee chûay
No hay de qué	ไม่เป็นไร	mâi bpen rai
De nada	ไม่เป็นไร	mâi bpen rai

¡Disculpa!	ขอโทษที!	khŏr thôht thee
¡Disculpe!	ขอโทษ ครับ/ค่ะ!	khŏr thôht khráp / khâ
disculpar (vt)	ใหอภัย	hâi a-phai
disculparse (vr)	ขอโทษ	khŏr thôht-èt
Mis disculpas	ขอโทษ	khŏr thôht
¡Perdóneme!	ขอโทษ!	khŏr thôht
perdonar (vt)	อภัย	a-phai
¡No pasa nada!	ไมเป็นไร!	mâi bpen rai
por favor	โปรด	bpròht
¡No se le olvide!	อย่าลืม!	yàa leum
¡Ciertamente!	แน่นอน!	nâe norn
¡Claro que no!	ไม่ใช่แน่!	mâi châi nâe
¡De acuerdo!	โอเค!	oh-khay
¡Basta!	พอแล้ว	phor láew

3. Números cardinales. Unidad 1

cero	ศูนย์	sŏon
uno	หนึ่ง	nèung
dos	สอง	sŏrng
tres	สาม	săam
cuatro	สี่	sèe
cinco	ห้า	hâa
seis	หก	hòk
siete	เจ็ด	jèt
ocho	แปด	bpàet
nueve	เกา	gâo
diez	สิบ	sìp
once	สิบเอ็ด	sìp èt
doce	สิบสอง	sìp sŏrng
trece	สิบสาม	sìp săam
catorce	สิบสี่	sìp sèe
quince	สิบห้า	sìp hâa
dieciséis	สิบหก	sìp hòk
diecisiete	สิบเจ็ด	sìp jèt
dieciocho	สิบแปด	sìp bpàet
diecinueve	สิบเกา	sìp gâo
veinte	ยี่สิบ	yêe sìp
veintiuno	ยี่สิบเอ็ด	yêe sìp èt
veintidós	ยี่สิบสอง	yêe sìp sŏrng
veintitrés	ยี่สิบสาม	yêe sìp săam
treinta	สามสิบ	săam sìp
treinta y uno	สามสิบเอ็ด	săam-sìp-èt
treinta y dos	สามสิบสอง	săam-sìp-sŏrng
treinta y tres	สามสิบสาม	săam-sìp-săam
cuarenta	สี่สิบ	sèe sìp
cuarenta y uno	สี่สิบเอ็ด	sèe-sìp-èt

cuarenta y dos	สี่สิบสอง	sèe-sìp-sŏrng
cuarenta y tres	สี่สิบสาม	sèe-sìp-săam
cincuenta	ห้าสิบ	hâa sìp
cincuenta y uno	ห้าสิบเอ็ด	hâa-sìp-èt
cincuenta y dos	ห้าสิบสอง	hâa-sìp-sŏrng
cincuenta y tres	หาสิบสาม	hâa-sìp-săam
sesenta	หกสิบ	hòk sìp
sesenta y uno	หกสิบเอ็ด	hòk-sìp-èt
sesenta y dos	หกสิบสอง	hòk-sìp-sŏrng
sesenta y tres	หกสิบสาม	hòk-sìp-săam
setenta	เจ็ดสิบ	jèt sìp
setenta y uno	เจ็ดสิบเอ็ด	jèt-sìp-èt
setenta y dos	เจ็ดสิบสอง	jèt-sìp-sŏrng
setenta y tres	เจ็ดสิบสาม	jèt-sìp-săam
ochenta	แปดสิบ	bpàet sìp
ochenta y uno	แปดสิบเอ็ด	bpàet-sìp-èt
ochenta y dos	แปดสิบสอง	bpàet-sìp-sŏrng
ochenta y tres	แปดสิบสาม	bpàet-sìp-săam
noventa	เก้าสิบ	gâo sìp
noventa y uno	เก้าสิบเอ็ด	gâo-sìp-èt
noventa y dos	เก้าสิบสอง	gâo-sìp-sŏrng
noventa y tres	เกาสิบสาม	gâo-sìp-săam

4. Números cardinales. Unidad 2

cien	หนึ่งร้อย	nèung rói
doscientos	สองร้อย	sŏrng rói
trescientos	สามรอย	săam rói
cuatrocientos	สี่รอย	sèe rói
quinientos	หารอย	hâa rói
seiscientos	หกรอย	hòk rói
setecientos	เจ็ดรอย	jèt rói
ochocientos	แปดรอย	bpàet rói
novecientos	เการอย	gâo rói
mil	หนึ่งพัน	nèung phan
dos mil	สองพัน	sŏrng phan
tres mil	สามพัน	săam phan
diez mil	หนึ่งหมื่น	nèung mèun
cien mil	หนึ่งแสน	nèung săen
millón (m)	ลาน	láan
mil millones	พันลาน	phan láan

5. Números. Fracciones

fracción (f)	เศษส่วน	sàyt sùan
un medio	หนึ่งสวนสอง	nèung sùan sŏrng

| un tercio | หนึ่งส่วนสาม | nèung sùan săam |
| un cuarto | หนึ่งสวนสี่ | nèung sùan sèe |

un octavo	หนึ่งส่วนแปด	nèung sùan bpàet
un décimo	หนึ่งสวนสิบ	nèung sùan sìp
dos tercios	สองสวนสาม	sŏrng sùan săam
tres cuartos	สามสวนสี่	săam sùan sèe

6. Números. Operaciones básicas

sustracción (f)	การลบ	gaan lóp
sustraer (vt)	ลบ	lóp
división (f)	การหาร	gaan hăan
dividir (vt)	หาร	hăan

adición (f)	การบวก	gaan bùak
sumar (totalizar)	บวก	bùak
adicionar (vt)	เพิ่ม	phêrm
multiplicación (f)	การคูณ	gaan khon
multiplicar (vt)	คูณ	khoon

7. Números. Miscelánea

cifra (f)	ตัวเลข	dtua lâyk
número (m) (~ cardinal)	เลข	lâyk
numeral (m)	ตัวเลข	dtua lâyk
menos (m)	เครื่องหมายลบ	khrêuang măai lóp
más (m)	เครื่องหมายบวก	khrêuang măai bùak
fórmula (f)	สูตร	sòot

cálculo (m)	การนับ	gaan náp
contar (vt)	นับ	náp
calcular (vt)	นับ	náp
comparar (vt)	เปรียบเทียบ	bprìap thîap

| ¿Cuánto? (innum.) | เท่าไหร่? | thâo rài |
| ¿Cuánto? (num.) | กี่...? | gèe…? |

suma (f)	ผลรวม	phŏn ruam
resultado (m)	ผลลัพธ์	phŏn láp
resto (m)	ที่เหลือ	thêe lĕua

algunos, algunas …	สองสาม	sŏrng săam
poco (adv)	นิดหนอย	nít nòi
poco (num.)	นอย	nói

resto (m)	ที่เหลือ	thêe lĕua
uno y medio	หนึ่งครึ่ง	nèung khrêung
docena (f)	โหล	lŏh

| en dos | เป็นสองส่วน | bpen sŏrng sùan |
| en partes iguales | เทาเทียมกัน | thâo thiam gan |

| mitad (f) | ครึ่ง | khrêung |
| vez (f) | ครั้ง | khráng |

8. Los verbos más importantes. Unidad 1

abrir (vt)	เปิด	bpèrt
acabar, terminar (vt)	จบ	jòp
aconsejar (vt)	แนะนำ	náe nam
adivinar (vt)	คาดเดา	khâat dao
advertir (vt)	เตือน	dteuan
alabarse, jactarse (vr)	โอ่อวด	ôh ùat

almorzar (vi)	ทานอาหารเที่ยง	thaan aa-hăan thîang
alquilar (~ una casa)	เช่า	châo
amenazar (vt)	ขู่	khòo
arrepentirse (vr)	เสียใจ	sĭa jai
ayudar (vt)	ช่วย	chûay
bañarse (vr)	ไปว่ายน้ำ	bpai wâai náam

bromear (vi)	ล้อเล่น	lór lên
buscar (vt)	หา	hăa
caer (vi)	ตก	dtòk
callarse (vr)	นิ่งเงียบ	nîng ngîap
cambiar (vt)	เปลี่ยน	bplìan
castigar, punir (vt)	ลงโทษ	long thôht

cavar (vt)	ขุด	khùt
cazar (vi, vt)	ล่า	lâa
cenar (vi)	ทานอาหารเย็น	thaan aa-hăan yen
cesar (vt)	หยุด	yùt
coger (vt)	จับ	jàp
comenzar (vt)	เริ่ม	rêrm

comparar (vt)	เปรียบเทียบ	bprìap thîap
comprender (vt)	เข้าใจ	khâo jai
confiar (vt)	เชื่อ	chêua
confundir (vt)	สับสน	sàp sŏn
conocer (~ a alguien)	รู้จัก	róo jàk
contar (vt) (enumerar)	นับ	náp

contar con ...	พึ่งพา	phêung phaa
continuar (vt)	ทำต่อไป	tham dtòr bpai
controlar (vt)	ควบคุม	khûap khum
correr (vi)	วิ่ง	wîng
costar (vt)	ราคา	raa-khaa
crear (vt)	สร้าง	sâang

9. Los verbos más importantes. Unidad 2

dar (vt)	ให้	hâi
dar una pista	บอกใบ้	bòrk bâi
decir (vt)	บอก	bòrk

decorar (para la fiesta)	ประดับ	bprà-dàp
defender (vt)	ปกป้อง	bpòk bpôrng
dejar caer	ทิ้งให้ตก	thíng hâi dtòk
desayunar (vi)	ทานอาหารเช้า	thaan aa-hăan cháo
descender (vi)	ลง	long
dirigir (administrar)	บริหาร	bor-rí-hăan
disculpar (vt)	ให้อภัย	hâi a-phai
disculparse (vr)	ขอโทษ	khŏr thôht
discutir (vt)	หารือ	hăa-reu
dudar (vt)	สงสัย	sŏng-săi
encontrar (hallar)	พบ	phóp
engañar (vi, vt)	หลอก	lòrk
entrar (vi)	เข้า	khâo
enviar (vt)	ส่ง	sòng
equivocarse (vr)	ทำผิด	tham phìt
escoger (vt)	เลือก	lêuak
esconder (vt)	ซ่อน	sôrn
escribir (vt)	เขียน	khĭan
esperar (aguardar)	รอ	ror
esperar (tener esperanza)	หวัง	wăng
estar de acuerdo	เห็นด้วย	hĕn dûay
estudiar (vt)	เรียน	rian
exigir (vt)	เรียกร้อง	rîak rórng
existir (vi)	มีอยู่	mee yòo
explicar (vt)	อธิบาย	à-thí-baai
faltar (a las clases)	พลาด	phlâat
firmar (~ el contrato)	ลงนาม	long naam
girar (~ a la izquierda)	เลี้ยว	líeow
gritar (vi)	ตะโกน	dtà-gohn
guardar (conservar)	รักษา	rák-săa
gustar (vi)	ชอบ	chôrp
hablar (vi, vt)	พูด	phôot
hacer (vt)	ทำ	tham
informar (vt)	แจ้ง	jâeng
insistir (vi)	ยืนยัน	yeun yan
insultar (vt)	ดูถูก	doo thòok
interesarse (vr)	สนใจใน	sŏn jai nai
invitar (vt)	เชิญ	chern
ir (a pie)	ไป	bpai
jugar (divertirse)	เล่น	lên

10. Los verbos más importantes. Unidad 3

leer (vi, vt)	อ่าน	àan
liberar (ciudad, etc.)	ปลดปล่อย	bplòt bplòi
llamar (por ayuda)	เรียก	rîak

llegar (vi)	มา	maa
llorar (vi)	ร้องไห้	rórng hâi
matar (vt)	ฆ่า	khâa
mencionar (vt)	กล่าวถึง	glàao thěung
mostrar (vt)	แสดง	sà-daeng
nadar (vi)	ว่ายน้ำ	wâai náam
negarse (vr)	ปฏิเสธ	bpà-dtì-sàyt
objetar (vt)	ค้าน	kháan
observar (vt)	สังเกตการณ์	sǎng-gàyt gaan
oír (vt)	ได้ยิน	dâai yin
olvidar (vt)	ลืม	leum
orar (vi)	ภาวนา	phaa-wá-naa
ordenar (mil.)	สั่งการ	sàng gaan
pagar (vi, vt)	จ่าย	jàai
pararse (vr)	หยุด	yùt
participar (vi)	มีส่วนร่วม	mee sùan rûam
pedir (ayuda, etc.)	ขอ	khǒr
pedir (en restaurante)	สั่ง	sàng
pensar (vi, vt)	คิด	khít
percibir (ver)	สังเกต	sǎng-gàyt
perdonar (vt)	ให้อภัย	hâi a-phai
permitir (vt)	อนุญาต	a-nú-yâat
pertenecer a …	เป็นของของ...	bpen khǒrng khǒrng...
planear (vt)	วางแผน	waang phǎen
poder (v aux)	สามารถ	sǎa-mâat
poseer (vt)	เป็นเจ้าของ	bpen jâo khǒrng
preferir (vt)	ชอบ	chôrp
preguntar (vt)	ถาม	thǎam
preparar (la cena)	ทำอาหาร	tham aa-hǎan
prever (vt)	คาดหวัง	khâat wǎng
probar, tentar (vt)	พยายาม	phá-yaa-yaam
prometer (vt)	สัญญา	sǎn-yaa
pronunciar (vt)	ออกเสียง	òrk sǐang
proponer (vt)	เสนอ	sà-něr
quebrar (vt)	แตก	dtàek
quejarse (vr)	บ่น	bòn
querer (amar)	รัก	rák
querer (desear)	ต้องการ	dtôrng gaan

11. Los verbos más importantes. Unidad 4

recomendar (vt)	แนะนำ	náe nam
regañar, reprender (vt)	ดุด่า	dù dàa
reírse (vr)	หัวเราะ	hǔa rór
repetir (vt)	ซ้ำ	sám
reservar (~ una mesa)	จอง	jorng

responder (vi, vt)	ตอบ	dtòrp
robar (vt)	ขูโมย	khà-moi
saber (~ algo mas)	รู้	róo
salir (vi)	ออกไป	òrk bpai
salvar (vt)	กู้	gôo
seguir ...	ไปตาม...	bpai dtaam...
sentarse (vr)	นั่ง	nâng
ser necesario	ต้องการ	dtôrng gaan
ser, estar (vi)	เป็น	bpen
significar (vt)	หมาย	măai
sonreír (vi)	ยิ้ม	yím
sorprenderse (vr)	ประหลาดใจ	bprà-làat jai
subestimar (vt)	ดูถูก	doo thòok
tener (vt)	มี	mee
tener hambre	หิว	hĭw
tener miedo	กลัว	glua
tener prisa	รีบ	rêep
tener sed	กระหายน้ำ	grà-hăai náam
tirar, disparar (vi)	ยิง	ying
tocar (con las manos)	แตะต้อง	dtàe dtôrng
tomar (vt)	เอา	ao
tomar nota	จด	jòt
trabajar (vi)	ทำงาน	tham ngaan
traducir (vt)	แปล	bplae
unir (vt)	สมาน	sà-măan
vender (vt)	ขาย	khăai
ver (vt)	เห็น	hĕn
volar (pájaro, avión)	บิน	bin

12. Los colores

color (m)	สี	sĕe
matiz (m)	สีอ่อน	sĕe òrn
tono (m)	สีสัน	sĕe săn
arco (m) iris	สายรุ้ง	săai rúng
blanco (adj)	สีขาว	sĕe khăao
negro (adj)	สีดำ	sĕe dam
gris (adj)	สีเทา	sĕe thao
verde (adj)	สีเขียว	sĕe khĭeow
amarillo (adj)	สีเหลือง	sĕe lĕuang
rojo (adj)	สีแดง	sĕe daeng
azul (adj)	สีน้ำเงิน	sĕe nám ngern
azul claro (adj)	สีฟ้า	sĕe fáa
rosa (adj)	สีชมพู	sĕe chom-poo
naranja (adj)	สีส้ม	sĕe sôm
violeta (adj)	สีม่วง	sĕe mûang
marrón (adj)	สีน้ำตาล	sĕe nám dtaan

| dorado (adj) | สีทอง | sǐe thorng |
| argentado (adj) | สีเงิน | sǐe ngern |

beige (adj)	สีน้ำตาลอ่อน	sǐe nám dtaan òrn
crema (adj)	สีครีม	sǐe khreem
turquesa (adj)	สีเขียวแกม น้ำเงิน	sǐe khǐeow gaem náam ngern
rojo cereza (adj)	สีแดงเชอร์รี่	sǐe daeng cher-rêe
lila (adj)	สีม่วงอ่อน	sǐe mûang-òrn
carmesí (adj)	สีแดงเขม	sǐe daeng khâym

claro (adj)	อ่อน	òrn
oscuro (adj)	แก	gàe
vivo (adj)	สด	sòt

de color (lápiz ~)	สี	sǐe
en colores (película ~)	สี	sǐe
blanco y negro (adj)	ขาวดำ	khǎao-dam
unicolor (adj)	สีเดียว	sǐe dieow
multicolor (adj)	หลากสี	làak sǐe

13. Las preguntas

¿Quién?	ใคร?	khrai
¿Qué?	อะไร?	a-rai
¿Dónde?	ที่ไหน?	thêe nǎi
¿Adónde?	ที่ไหน?	thêe nǎi
¿De dónde?	จากที่ไหน?	jàak thêe nǎi
¿Cuándo?	เมื่อไหร?	mêua rài
¿Para qué?	ทำไม?	tham-mai
¿Por qué?	ทำไม?	tham-mai

¿Por qué razón?	เพื่ออะไร?	phêua a-rai
¿Cómo?	อย่างไร?	yàang rai
¿Qué …? (~ color)	อะไร?	a-rai
¿Cuál?	ไหน?	nǎi

¿A quién?	สำหรับใคร?	sǎm-ràp khrai
¿De quién? (~ hablan …)	เกี่ยวกับใคร?	gìeow gàp khrai
¿De qué?	เกี่ยวกับอะไร?	gìeow gàp a-rai
¿Con quién?	กับใคร?	gàp khrai

¿Cuánto? (innum.)	เท่าไหร่?	thâo rài
¿Cuánto? (num.)	กี่…?	gèe…?
¿De quién? (~ es este …)	ของใคร?	khǒrng khrai

14. Las palabras útiles. Los adverbios. Unidad 1

¿Dónde?	ที่ไหน?	thêe nǎi
aquí (adv)	ที่นี่	thêe nêe
allí (adv)	ที่นั่น	thêe nân
en alguna parte	ที่ใดที่หนึ่ง	thêe dai thêe nèung

en ninguna parte	ไม่มีที่ไหน	mâi mee thêe năi
junto a ...	ข้าง	khâang
junto a la ventana	ข้างหน้าต่าง	khâang nâa dtàang
¿A dónde?	ที่ไหน?	thêe năi
aquí (venga ~)	ที่นี่	thêe nêe
allí (vendré ~)	ที่นั่น	thêe nân
de aquí (adv)	จากที่นี่	jàak thêe nêe
de allí (adv)	จากที่นั่น	jàak thêe nân
cerca (no lejos)	ใกล้	glâi
lejos (adv)	ไกล	glai
cerca de ...	ใกล้	glâi
al lado (de ...)	ใกล้ๆ	glâi glâi
no lejos (adv)	ไม่ไกล	mâi glai
izquierdo (adj)	ซ้าย	sáai
a la izquierda (situado ~)	ข้างซ้าย	khâang sáai
a la izquierda (girar ~)	ซ้าย	sáai
derecho (adj)	ขวา	khwăa
a la derecha (situado ~)	ข้างขวา	khâang kwăa
a la derecha (girar)	ขวา	khwăa
delante (yo voy ~)	ข้างหน้า	khâang nâa
delantero (adj)	หน้า	nâa
adelante (movimiento)	หน้า	nâa
detrás de ...	ข้างหลัง	khâang lăng
desde atrás	จากข้างหลัง	jàak khâang lăng
atrás (da un paso ~)	หลัง	lăng
centro (m), medio (m)	กลาง	glaang
en medio (adv)	ตรงกลาง	dtrorng glaang
de lado (adv)	ข้าง	khâang
en todas partes	ทุกที่	thúk thêe
alrededor (adv)	รอบ	rôrp
de dentro (adv)	จากข้างใน	jàak khâang nai
a alguna parte	ที่ไหน	thêe năi
todo derecho (adv)	ตรงไป	dtrorng bpai
atrás (muévelo para ~)	กลับ	glàp
de alguna parte (adv)	จากที่ใด	jàak thêe dai
no se sabe de dónde	จากที่ใด	jàak thêe dai
primero (adv)	ข้อที่หนึ่ง	khôr thêe nèung
segundo (adv)	ข้อที่สอง	khôr thêe sŏrng
tercero (adv)	ขอที่สาม	khôr thêe săam
de súbito (adv)	ในทันที	nai than thee
al principio (adv)	ตอนแรก	dtorn-râek
por primera vez	เป็นครั้งแรก	bpen khráng râek
mucho tiempo antes ...	นานก่อน	naan gòrn

| de nuevo (adv) | ใหม่ | mài |
| para siempre (adv) | ใหจบสิ้น | hâi jòp sîn |

jamás, nunca (adv)	ไม่เคย	mâi khoie
de nuevo (adv)	อีกครั้งหนึ่ง	èek khráng nèung
ahora (adv)	ตอนนี้	dtorn-née
frecuentemente (adv)	บอย	bòi
entonces (adv)	เวลานั้น	way-laa nán
urgentemente (adv)	อยางเรงดวน	yàang râyng dùan
usualmente (adv)	มักจะ	mák jà

a propósito, …	อนึ่ง	à-nèung
es probable	เป็นไปได้	bpen bpai dâai
probablemente (adv)	อาจจะ	àat jà
tal vez	อาจจะ	àat jà
además …	นอกจากนั้น…	nôrk jàak nán…
por eso …	นั่นเป็นเหตุผลที่…	nân bpen hàyt phŏn thêe…
a pesar de …	แมวา…	máe wâa…
gracias a …	เนื่องจาก…	nêuang jàak…

qué (pron)	อะไร	a-rai
que (conj)	ที่	thêe
algo (~ le ha pasado)	อะไร	a-rai
algo (~ así)	อะไรก็ตาม	a-rai gôr dtaam
nada (f)	ไมมีอะไร	mâi mee a-rai

quien	ใคร	khrai
alguien (viene ~)	บางคน	baang khon
alguien (¿ha llamado ~?)	บางคน	baang khon

nadie	ไม่มีใคร	mâi mee khrai
a ninguna parte	ไมไปไหน	mâi bpai nǎi
de nadie	ไมเป็นของ ของใคร	mâi bpen khŏrng khŏrng khrai
de alguien	ของคนหนึ่ง	khŏrng khon nèung

tan, tanto (adv)	มาก	mâak
también (~ habla francés)	ดวย	dûay
también (p.ej. Yo ~)	ดวย	dûay

15. Las palabras útiles. Los adverbios. Unidad 2

¿Por qué?	ทำไม?	tham-mai
no se sabe porqué	เพราะเหตุผลอะไร	phrór hàyt phŏn à-rai
porque …	เพราะวา…	phrór wâa
por cualquier razón (adv)	ดวยจุดประสงค์อะไร	dûay jùt bprà-sŏng a-rai

y (p.ej. uno y medio)	และ	láe
o (p.ej. té o café)	หรือ	rĕu
pero (p.ej. me gusta, ~)	แต	dtàe
para (p.ej. es para ti)	สำหรับ	sǎm-ràp

| demasiado (adv) | เกินไป | gern bpai |
| sólo, solamente (adv) | เทานัน | thâo nán |

exactamente (adv)	ตรง	dtrorng
unos …,	ประมาณ	bprà-maan
cerca de … (~ 10 kg)		
aproximadamente	ประมาณ	bprà-maan
aproximado (adj)	ประมาณ	bprà-maan
casi (adv)	เกือบ	gèuap
resto (m)	ที่เหลือ	thêe lĕua
el otro (adj)	อีก	èek
otro (p.ej. el otro día)	อื่น	èun
cada (adj)	ทุก	thúk
cualquier (adj)	ใดๆ	dai dai
mucho (innum.)	มาก	mâak
mucho (num.)	หลาย	lăai
muchos (mucha gente)	หลายคน	lăai khon
todos	ทุกๆ	thúk thúk
a cambio de …	ที่จะเปลี่ยนเป็น	thêe jà bplìan bpen
en cambio (adv)	แทน	thaen
a mano (hecho ~)	ใช้มือ	chái meu
poco probable	แทบจะไม่	thâep jà mâi
probablemente	อาจจะ	àat jà
a propósito (adv)	โดยเจตนา	doi jàyt-dtà-naa
por accidente (adv)	บังเอิญ	bang-ern
muy (adv)	มาก	mâak
por ejemplo (adv)	ยกตัวอย่าง	yók dtua yàang
entre (~ nosotros)	ระหว่าง	rá-wàang
entre (~ otras cosas)	ทามกลาง	tâam-glaang
tanto (~ gente)	มากมาย	mâak maai
especialmente (adv)	โดยเฉพาะ	doi chà-phór

Conceptos básicos. Unidad 2

16. Los opuestos

rico (adj)	รวย	ruay
pobre (adj)	จน	jon
enfermo (adj)	เจ็บป่วย	jèp bpùay
sano (adj)	สบายดี	sà-baai dee
grande (adj)	ใหญ่	yài
pequeño (adj)	เล็ก	lék
rápidamente (adv)	อย่างเร็ว	yàang reo
lentamente (adv)	อยางชา	yàang cháa
rápido (adj)	เร็ว	reo
lento (adj)	ชา	cháa
alegre (adj)	ยินดี	yin dee
triste (adj)	เสียใจ	sĭa jai
juntos (adv)	ด้วยกัน	dûay gan
separadamente	ตางหาก	dtàang hàak
en voz alta	ออกเสียง	òrk sĭang
en silencio	อยางเงียบๆ	yàang ngîap ngîap
alto (adj)	สูง	sŏong
bajo (adj)	ต่ำ	dtàm
profundo (adj)	ลึก	léuk
poco profundo (adj)	ตื้น	dtêun
sí	ใช่	châi
no	ไม่ใช่	mâi châi
lejano (adj)	ไกล	glai
cercano (adj)	ใกล	glâi
lejos (adv)	ไกล	glai
cerco (adv)	ใกลๆ	glâi glâi
largo (adj)	ยาว	yaao
corto (adj)	สั้น	sân
bueno (de buen corazón)	ใจดี	jai dee
malvado (adj)	เลวร้าย	leo ráai

casado (adj)	แต่งงานแล้ว	dtàeng ngaan láew
soltero (adj)	เป็นโสด	bpen sòht
prohibir (vt)	ห้าม	hâam
permitir (vt)	อนุญาต	a-nú-yâat
fin (m)	จบ	jòp
principio (m)	จุดเริ่มต้น	jùt rêrm-dtôn
izquierdo (adj)	ซ้าย	sáai
derecho (adj)	ขวา	khwǎa
primero (adj)	แรก	râek
último (adj)	สุดท้าย	sùt tháai
crimen (m)	อาชญากรรม	àat-yaa-gam
castigo (m)	การลงโทษ	gaan long thôht
ordenar (vt)	สั่ง	sàng
obedecer (vi, vt)	เชื่อฟัง	chêua fang
recto (adj)	ตรง	dtrorng
curvo (adj)	โค้ง	khóhng
paraíso (m)	สวรรค์	sà-wǎn
infierno (m)	นรก	ná-rók
nacer (vi)	เกิด	gèrt
morir (vi)	ตาย	dtaai
fuerte (adj)	แข็งแรง	khǎeng raeng
débil (adj)	อ่อนแอ	òrn ae
viejo (adj)	แก่	gàe
joven (adj)	หนุ่ม	nùm
viejo (adj)	เก่าแก่	gào gàe
nuevo (adj)	ใหม่	mài
duro (adj)	แข็ง	khǎeng
blando (adj)	อ่อน	òrn
tibio (adj)	อุ่น	ùn
frío (adj)	หนาว	nǎao
gordo (adj)	อ้วน	ûan
delgado (adj)	ผอม	phǒrm
estrecho (adj)	แคบ	khâep
ancho (adj)	กว้าง	gwâang
bueno (adj)	ดี	dee
malo (adj)	ไม่ดี	mâi dee
valiente (adj)	กล้าหาญ	glâa hǎan
cobarde (adj)	ขี้ขลาด	khêe khlàat

17. Los días de la semana

lunes (m)	วันจันทร์	wan jan
martes (m)	วันอังคาร	wan ang-khaan
miércoles (m)	วันพุธ	wan phút
jueves (m)	วันพฤหัสบดี	wan phá-réu-hàt-sà-bor-dee
viernes (m)	วันศุกร์	wan sùk
sábado (m)	วันเสาร์	wan săo
domingo (m)	วันอาทิตย์	wan aa-thít
hoy (adv)	วันนี้	wan née
mañana (adv)	พรุ่งนี้	phrûng-née
pasado mañana	วันมะรืนนี้	wan má-reun née
ayer (adv)	เมื่อวานนี้	mêua waan née
anteayer (adv)	เมื่อวานซืนนี้	mêua waan-seun née
día (m)	วัน	wan
día (m) de trabajo	วันทำงาน	wan tham ngaan
día (m) de fiesta	วันนักขัตฤกษ์	wan nák-khàt-rêrk
día (m) de descanso	วันหยุด	wan yùt
fin (m) de semana	วันสุดสัปดาห์	wan sùt sàp-daa
todo el día	ทั้งวัน	tháng wan
al día siguiente	วันรุ่งขึ้น	wan rûng khêun
dos días atrás	สองวันก่อน	sŏrng wan gòrn
en vísperas (adv)	วันก่อนหน้านี้	wan gòrn nâa née
diario (adj)	รายวัน	raai wan
cada día (adv)	ทุกวัน	thúk wan
semana (f)	สัปดาห์	sàp-daa
semana (f) pasada	สัปดาห์ก่อน	sàp-daa gòrn
semana (f) que viene	สัปดาห์หน้า	sàp-daa nâa
semanal (adj)	รายสัปดาห์	raai sàp-daa
cada semana (adv)	ทุกสัปดาห์	thúk sàp-daa
2 veces por semana	สัปดาห์ละสองครั้ง	sàp-daa lá sŏrng khráng
todos los martes	ทุกวันอังคาร	túk wan ang-khaan

18. Las horas. El día y la noche

mañana (f)	เช้า	cháo
por la mañana	ตอนเช้า	dtorn cháo
mediodía (m)	เที่ยงวัน	thîang wan
por la tarde	ตอนบ่าย	dtorn bàai
noche (f)	เย็น	yen
por la noche	ตอนเย็น	dtorn yen
noche (f) (p.ej. 2:00 a.m.)	คืน	kheun
por la noche	กลางคืน	glaang kheun
medianoche (f)	เที่ยงคืน	thîang kheun
segundo (m)	วินาที	wí-naa-thee
minuto (m)	นาที	naa-thee
hora (f)	ชั่วโมง	chûa mohng

media hora (f)	ครึ่งชั่วโมง	khrêung chûa mohng
cuarto (m) de hora	สิบห้านาที	sìp hâa naa-thee
quince minutos	สิบห้านาที	sìp hâa naa-thee
veinticuatro horas	24 ชั่วโมง	yêe sìp sèe · chûa mohng

salida (f) del sol	พระอาทิตย์ขึ้น	phrá aa-thít khêun
amanecer (m)	ใกล้รุ่ง	glâi rûng
madrugada (f)	เช้า	cháo
puesta (f) del sol	พระอาทิตย์ตก	phrá aa-thít dtòk

de madrugada	ตอนเช้า	dtorn cháo
esta mañana	เช้านี้	cháo née
mañana por la mañana	พรุ่งนี้เช้า	phrûng-née cháo

esta tarde	บ่ายนี้	bàai née
por la tarde	ตอนบ่าย	dtorn bàai
mañana por la tarde	พรุ่งนี้บ่าย	phrûng-née bàai

| esta noche (p.ej. 8:00 p.m.) | คืนนี้ | kheun née |
| mañana por la noche | คืนพรุ่งนี้ | kheun phrûng-née |

a las tres en punto	3 โมงตรง	sǎam mohng dtrorng
a eso de las cuatro	ประมาณ 4 โมง	bprà-maan sèe mohng
para las doce	ภายใน 12 โมง	phaai nai sìp sǒng mohng

dentro de veinte minutos	อีก 20 นาที	èek yêe sìp naa-thee
dentro de una hora	อีกหนึ่งชั่วโมง	èek nèung chûa mohng
a tiempo (adv)	ทันเวลา	than way-laa

... menos cuarto	อีกสิบห้านาที	èek sìp hâa naa-thee
durante una hora	ภายในหนึ่งชั่วโมง	phaai nai nèung chûa mohng
cada quince minutos	ทุก 15 นาที	thúk sìp hâa naa-thee
día y noche	ทั้งวัน	tháng wan

19. Los meses. Las estaciones

enero (m)	มกราคม	mók-gà-raa khom
febrero (m)	กุมภาพันธ์	gum-phaa phan
marzo (m)	มีนาคม	mee-naa khom
abril (m)	เมษายน	may-sǎa-yon
mayo (m)	พฤษภาคม	phréut-sà-phaa khom
junio (m)	มิถุนายน	mí-thù-naa-yon

julio (m)	กรกฎาคม	gà-rá-gà-daa-khom
agosto (m)	สิงหาคม	sǐng hǎa khom
septiembre (m)	กันยายน	gan-yaa-yon
octubre (m)	ตุลาคม	dtù-laa khom
noviembre (m)	พฤศจิกายน	phréut-sà-jì-gaa-yon
diciembre (m)	ธันวาคม	than-waa khom

primavera (f)	ฤดูใบไม้ผลิ	réu-doo bai máai phlì
en primavera	ฤดูใบไม้ผลิ	réu-doo bai máai phlì
de primavera (adj)	ฤดูใบไม้ผลิ	réu-doo bai máai phlì
verano (m)	ฤดูร้อน	réu-doo rórn

en verano	ฤดูร้อน	réu-doo rórn
de verano (adj)	ฤดูรอน	réu-doo rórn
otoño (m)	ฤดูใบไม้ร่วง	réu-doo bai máai rûang
en otoño	ฤดูใบไม้ร่วง	réu-doo bai máai rûang
de otoño (adj)	ฤดูใบไมรวง	réu-doo bai máai rûang
invierno (m)	ฤดูหนาว	réu-doo năao
en invierno	ฤดูหนาว	réu-doo năao
de invierno (adj)	ฤดูหนาว	réu-doo năao
mes (m)	เดือน	deuan
este mes	เดือนนี้	deuan née
al mes siguiente	เดือนหน้า	deuan nâa
el mes pasado	เดือนที่แล้ว	deuan thêe láew
hace un mes	หนึ่งเดือนก่อนหน้านี้	nèung deuan gòrn nâa née
dentro de un mes	อีกหนึ่งเดือน	èek nèung deuan
dentro de dos meses	อีกสองเดือน	èek sŏrng deuan
todo el mes	ทั้งเดือน	tháng deuan
todo un mes	ตลอดทั้งเดือน	dtà-lòrt tháng deuan
mensual (adj)	รายเดือน	raai deuan
mensualmente (adv)	ทุกเดือน	thúk deuan
cada mes	ทุกเดือน	thúk deuan
dos veces por mes	เดือนละสองครั้ง	deuan lá sŏrng kráng
año (m)	ปี	bpee
este año	ปีนี้	bpee née
el próximo año	ปีหน้า	bpee nâa
el año pasado	ปีที่แล้ว	bpee thêe láew
hace un año	หนึ่งปีก่อน	nèung bpee gòrn
dentro de un año	อีกหนึ่งปี	èek nèung bpee
dentro de dos años	อีกสองปี	èek sŏng bpee
todo el año	ทั้งปี	tháng bpee
todo un año	ตลอดทั้งปี	dtà-lòrt tháng bpee
cada año	ทุกปี	thúk bpee
anual (adj)	รายปี	raai bpee
anualmente (adv)	ทุกปี	thúk bpee
cuatro veces por año	ปีละสี่ครั้ง	bpee lá sèe khráng
fecha (f) (la ~ de hoy es ...)	วันที่	wan thêe
fecha (f) (~ de entrega)	วันเดือนปี	wan deuan bpee
calendario (m)	ปฏิทิน	bpà-dtì-thin
medio año (m)	ครึ่งปี	khrêung bpee
seis meses	หกเดือน	hòk deuan
estación (f)	ฤดูกาล	réu-doo gaan
siglo (m)	ศตวรรษ	sà-dtà-wát

20. La hora. Miscelánea

| tiempo (m) | เวลา | way-laa |
| momento (m) | ครู่หนึ่ง | khrôo nèung |

instante (m)	ครู่เดียว	khrôo dieow
instantáneo (adj)	เพียงครู่เดียว	phiang khrôo dieow
lapso (m) de tiempo	ช่วงเวลา	chûang way-laa
vida (f)	ชีวิต	chee-wít
eternidad (f)	ตลอดกาล	dtà-lòrt gaan
época (f)	สมัย	sà-măi
era (f)	ยุค	yúk
ciclo (m)	วัฏจักร	wát-dtà-jàk
período (m)	ช่วง	chûang
plazo (m) (~ de tres meses)	ระยะเวลา	rá-yá way-laa
futuro (m)	อนาคต	a-naa-khót
futuro (adj)	อนาคต	a-naa-khót
la próxima vez	ครั้งหน้า	khráng nâa
pasado (m)	อดีต	a-dèet
pasado (adj)	ที่ผ่านมา	thêe phàan maa
la última vez	ครั้งที่แล้ว	khráng thêe láew
más tarde (adv)	ภายหลัง	phaai lăng
después	หลังจาก	lăng jàak
actualmente (adv)	เวลานี้	way-laa née
ahora (adv)	ตอนนี้	dtorn-née
inmediatamente	ทันที	than thee
pronto (adv)	อีกไม่นาน	èek mâi naan
de antemano (adv)	ล่วงหน้า	lûang nâa
hace mucho tiempo	นานมาแล้ว	naan maa láew
hace poco (adv)	เมื่อเร็ว ๆ นี้	mêua reo reo née
destino (m)	ชะตากรรม	chá-dtaa gam
recuerdos (m pl)	ความทรงจำ	khwaam song jam
archivo (m)	จดหมายเหตุ	jòt măai hàyt
durante ...	ระหว่าง...	rá-wàang...
mucho tiempo (adv)	นาน	naan
poco tiempo (adv)	ไม่นาน	mâi naan
temprano (adv)	ล่วงหน้า	lûang nâa
tarde (adv)	ช้า	cháa
para siempre (adv)	ตลอดกาล	dtà-lòrt gaan
comenzar (vt)	เริ่ม	rêrm
aplazar (vt)	เลื่อน	lêuan
simultáneamente	ในเวลาเดียวกัน	nai way-laa dieow gan
permanentemente	อย่างถาวร	yàang thăa-won
constante (ruido, etc.)	ต่อเนื่อง	dtòr nêuang
temporal (adj)	ชั่วคราว	chûa khraao
a veces (adv)	บางครั้ง	baang khráng
raramente (adv)	ไม่บ่อย	mâi bòi
frecuentemente	บ่อย	bòi

21. Las líneas y las formas

cuadrado (m)	สี่เหลี่ยมจัตุรัส	sèe lìam jàt-dtù-ràt
cuadrado (adj)	สี่เหลี่ยมจัตุรัส	sèe lìam jàt-dtù-ràt

círculo (m)	วงกลม	wong glom
redondo (adj)	กลม	glom
triángulo (m)	รูปสามเหลี่ยม	rôop săam lìam
triangular (adj)	สามเหลี่ยม	săam lìam

óvalo (m)	รูปกลมรี	rôop glom ree
oval (adj)	กลมรี	glom ree
rectángulo (m)	สี่เหลี่ยมมุมฉาก	sèe lìam mum chàak
rectangular (adj)	สี่เหลี่ยมมุมฉาก	sèe lìam mum chàak

pirámide (f)	พีระมิด	phee-rá-mít
rombo (m)	รูปสี่เหลี่ยม	rôop sèe lìam
	ขนมเปียกปูน	khà-nŏm bpìak bpoon
trapecio (m)	รูปสี่เหลี่ยมคางหมู	rôop sèe lìam khaang mŏo
cubo (m)	ลูกบาศก์	lôok bàat
prisma (m)	ปริซึม	bprì seum

circunferencia (f)	เส้นรอบวง	sên rôrp wong
esfera (f)	ทรงกลม	song glom
globo (m)	ลูกกลม	lôok glom
diámetro (m)	เส้นผ่านศูนย์กลาง	sên phàan sŏon-glaang
radio (f)	เส้นรัศมี	sên rát-sà-mĕe
perímetro (m)	เส้นรอบวง	sên rôrp wong
centro (m)	กลาง	glaang

horizontal (adj)	แนวนอน	naew norn
vertical (adj)	แนวตั้ง	naew dtâng
paralela (f)	เส้นขนาน	sên khà-năan
paralelo (adj)	ขนาน	khà-năan

línea (f)	เส้น	sên
trazo (m)	เส้น	sên
recta (f)	เส้นตรง	sên dtrorng
curva (f)	เส้นโค้ง	sên khóhng
fino (la ~a línea)	บาง	baang
contorno (m)	เส้นขอบ	sâyn khòrp

intersección (f)	เส้นตัด	sên dtàt
ángulo (m) recto	มุมฉาก	mum chàak
segmento (m)	เซกเมนต์	sâyk-mayn
sector (m)	เซกเตอร์	sâyk-dtêr
lado (m)	ข้าง	khâang
ángulo (m)	มุม	mum

22. Las unidades de medida

peso (m)	น้ำหนัก	nám nàk
longitud (f)	ความยาว	khwaam yaao
anchura (f)	ความกว้าง	khwaam gwâang
altura (f)	ความสูง	khwaam sŏong
profundidad (f)	ความลึก	khwaam léuk
volumen (m)	ปริมาณ	bpà-rí-maan
área (f)	บริเวณ	bor-rí-wayn
gramo (m)	กรัม	gram

miligramo (m)	มิลลิกรัม	min-lí gram
kilogramo (m)	กิโลกรัม	gì-loh gram
tonelada (f)	ตัน	dtan
libra (f)	ปอนด์	bporn
onza (f)	ออนซ์	orn

metro (m)	เมตร	máyt
milímetro (m)	มิลลิเมตร	min-lí mâyt
centímetro (m)	เซ็นติเมตร	sen dtì mâyt
kilómetro (m)	กิโลเมตร	gì-loh máyt
milla (f)	ไมล์	mai

pulgada (f)	นิ้ว	níw
pie (m)	ฟุต	fút
yarda (f)	หลา	lăa

metro (m) cuadrado	ตารางเมตร	dtaa-raang máyt
hectárea (f)	เฮกตาร์	hêek dtaa

litro (m)	ลิตร	lít
grado (m)	องศา	ong-săa
voltio (m)	โวลต์	wohn
amperio (m)	แอมแปร์	aem-bpae
caballo (m) de fuerza	แรงมา	raeng máa

cantidad (f)	จำนวน	jam-nuan
un poco de …	นิดหน่อย	nít nói
mitad (f)	ครึ่ง	khrêung
docena (f)	โหล	lŏh
pieza (f)	ส่วน	sùan

dimensión (f)	ขนาด	khà-nàat
escala (f) (del mapa)	มาตราส่วน	mâat-dtraa sùan

mínimo (adj)	น้อยที่สุด	nói thêe sùt
el más pequeño (adj)	เล็กที่สุด	lék thêe sùt
medio (adj)	กลาง	glaang
máximo (adj)	สูงสุด	sŏong sùt
el más grande (adj)	ใหญ่ที่สุด	yài têe sùt

23. Contenedores

tarro (m) de vidrio	ขวดโหล	khùat lŏh
lata (f) de hojalata	กระป๋อง	grà-bpŏrng
cubo (m)	ถัง	thăng
barril (m)	ถัง	thăng

palangana (f)	กะทะ	gà-thá
tanque (m)	ถังเก็บน้ำ	thăng gèp nám
petaca (f) (de alcohol)	กระติกน้ำ	grà-dtìk nám
bidón (m) de gasolina	ภาชนะ	phaa-chá-ná
cisterna (f)	ถังบรรจุ	thăng ban-jù
taza (f) (mug de cerámica)	แก้ว	gâew
taza (f) (~ de café)	ถ้วย	thûay

platillo (m)	จานรอง	jaan rorng
vaso (m) (~ de agua)	แก้ว	gâew
copa (f) (~ de vino)	แก้วไวน์	gâew wai
olla (f)	หม้อ	môr

| botella (f) | ขวด | khùat |
| cuello (m) de botella | ปาก | bpàak |

garrafa (f)	คนโท	khon-thoh
jarro (m) (~ de agua)	เหยือก	yèuak
recipiente (m)	ภาชนะ	phaa-chá-ná
tarro (m)	หม้อ	môr
florero (m)	แจกัน	jae-gan

frasco (m) (~ de perfume)	กระติก	grà-dtìk
frasquito (m)	ขวดเล็ก	khùat lék
tubo (m)	หลอด	lòrt

saco (m) (~ de azúcar)	ถุง	thǔng
bolsa (f) (~ plástica)	ถุง	thǔng
paquete (m) (~ de cigarrillos)	ซอง	sorng

caja (f)	กล่อง	glòrng
cajón (m) (~ de madera)	ลัง	lang
cesta (f)	ตะกร้า	dtà-grâa

24. Materiales

material (f)	วัสดุ	wát-sà-dù
madera (f)	ไม้	máai
de madera (adj)	ไม้	máai

| vidrio (m) | แก้ว | gâew |
| de vidrio (adj) | แกว | gâew |

| piedra (f) | หิน | hǐn |
| de piedra (adj) | หิน | hǐn |

| plástico (m) | พลาสติก | pláat-dtìk |
| de plástico (adj) | พลาสติก | pláat-dtìk |

| goma (f) | ยาง | yaang |
| de goma (adj) | ยาง | yaang |

| tela (m) | ผ้า | phâa |
| de tela (adj) | ผา | phâa |

| papel (m) | กระดาษ | grà-dàat |
| de papel (adj) | กระดาษ | grà-dàat |

cartón (m)	กระดาษแข็ง	grà-dàat khǎeng
de cartón (adj)	กระดาษแข็ง	grà-dàat khǎeng
polietileno (m)	โพลีเอทิลีน	phoh-lee-ay-thí-leen
celofán (m)	เซลโลเฟน	sayn loh-fayn

| linóleo (m) | เสื่อน้ำมัน | sèua náam man |
| contrachapado (m) | ไม้อัด | máai àt |

porcelana (f)	เครื่องเคลือบดินเผา	khrêuang khlêuap din phǎo
de porcelana (adj)	เครื่องเคลือบดินเผา	khrêuang khlêuap din phǎo
arcilla (f), barro (m)	ดินเหนียว	din nǐeow
de barro (adj)	ดินเหนียว	din nǐeow
cerámica (f)	เซรามิก	say-raa mík
de cerámica (adj)	เซรามิก	say-raa mík

25. Los metales

metal (m)	โลหะ	loh-hà
metálico (adj)	โลหะ	loh-hà
aleación (f)	โลหะสัมฤทธิ์	loh-hà sǎm-rít

oro (m)	ทอง	thorng
de oro (adj)	ทอง	thorng
plata (f)	เงิน	ngern
de plata (adj)	เงิน	ngern

hierro (m)	เหล็ก	lèk
de hierro (adj)	เหล็ก	lèk
acero (m)	เหล็กกล้า	lèk glâa
de acero (adj)	เหล็กกลา	lèk glâa
cobre (m)	ทองแดง	thorng daeng
de cobre (adj)	ทองแดง	thorng daeng

aluminio (m)	อะลูมิเนียม	a-loo-mí-niam
de aluminio (adj)	อะลูมิเนียม	a-loo-mí-niam
bronce (m)	ทองบรอนซ์	thorng-bron
de bronce (adj)	ทองบรอนซ์	thorng-bron

latón (m)	ทองเหลือง	thorng lěuang
níquel (m)	นิกเกิล	ník-gêrn
platino (m)	ทองคำขาว	thorng kham khǎao
mercurio (m)	ปรอท	bpa -ròrt
estaño (m)	ดีบุก	dee-bùk
plomo (m)	ตะกั่ว	dtà-gùa
zinc (m)	สังกะสี	sǎng-gà-sěe

EL SER HUMANO

El ser humano. El cuerpo

26. El ser humano. Conceptos básicos

ser (m) humano	มนุษย์	má-nút
hombre (m) (varón)	ผู้ชาย	phôo chaai
mujer (f)	ผู้หญิง	phôo yǐng
niño -a (m, f)	เด็ก, ลูก	dèk, lôok
niña (f)	เด็กผู้หญิง	dèk phôo yǐng
niño (m)	เด็กผู้ชาย	dèk phôo chaai
adolescente (m)	วัยรุ่น	wai rûn
viejo, anciano (m)	ชายชรา	chaai chá-raa
vieja, anciana (f)	หญิงชรา	yǐng chá-raa

27. La anatomía humana

organismo (m)	ร่างกาย	râang gaai
corazón (m)	หัวใจ	hǔa jai
sangre (f)	เลือด	lêuat
arteria (f)	เส้นเลือดแดง	sâyn lêuat daeng
vena (f)	เส้นเลือดดำ	sâyn lêuat dam
cerebro (m)	สมอง	sà-mǒrng
nervio (m)	เส้นประสาท	sên bprà-sàat
nervios (m pl)	เส้นประสาท	sên bprà-sàat
vértebra (f)	กระดูกสันหลัง	grà-dòok sǎn-lǎng
columna (f) vertebral	สันหลัง	sǎn lǎng
estómago (m)	กระเพาะอาหาร	grà phór aa-hǎan
intestinos (m pl)	ลำไส้	lam sâi
intestino (m)	ลำไส้	lam sâi
hígado (m)	ตับ	dtàp
riñón (m)	ไต	dtai
hueso (m)	กระดูก	grà-dòok
esqueleto (m)	โครงกระดูก	khrohng grà-dòok
costilla (f)	ซี่โครง	sêe khrohng
cráneo (m)	กะโหลก	gà-lòhk
músculo (m)	กล้ามเนื้อ	glâam néua
bíceps (m)	กล้ามเนื้อไบเซ็ปส์	glâam néua bai-sép
tríceps (m)	กล้ามเนื้อไทรเซปส์	gglâam néua thrai-sâyp
tendón (m)	เส้นเอ็น	sâyn en
articulación (f)	ข้อต่อ	khôr dtòr

pulmones (m pl)	ปอด	bpòrt
genitales (m pl)	อวัยวะเพศ	a-wai-wá phâyt
piel (f)	ผิวหนัง	phĭw năng

28. La cabeza

cabeza (f)	หัว	hŭa
cara (f)	หน้า	nâa
nariz (f)	จมูก	jà-mòok
boca (f)	ปาก	bpàak

ojo (m)	ตา	dtaa
ojos (m pl)	ตา	dtaa
pupila (f)	รูม่านตา	roo mâan dtaa
ceja (f)	คิ้ว	khíw
pestaña (f)	ขนตา	khŏn dtaa
párpado (m)	เปลือกตา	bplèuak dtaa

lengua (f)	ลิ้น	lín
diente (m)	ฟัน	fan
labios (m pl)	ริมฝีปาก	rim fĕe bpàak
pómulos (m pl)	โหนกแก้ม	nòhk gâem
encía (f)	เหงือก	ngèuak
paladar (m)	เพดานปาก	phay-daan bpàak

ventanas (f pl)	รูจมูก	roo jà-mòok
mentón (m)	คาง	khaang
mandíbula (f)	ขากรรไกร	khăa gan-grai
mejilla (f)	แก้ม	gâem

frente (f)	หน้าผาก	nâa phàak
sien (f)	ขมับ	khà-màp
oreja (f)	หู	hŏo
nuca (f)	หลังศีรษะ	lăng sĕe-sà
cuello (m)	คอ	khor
garganta (f)	ลำคอ	lam khor

pelo, cabello (m)	ผม	phŏm
peinado (m)	ทรงผม	song phŏm
corte (m) de pelo	ทรงผม	song phŏm
peluca (f)	ผมปลอม	phŏm bplorm

bigote (m)	หนวด	nùat
barba (f)	เครา	krao
tener (~ la barba)	ลองไว้	lorng wái
trenza (f)	ผมเปีย	phŏm bpia
patillas (f pl)	จอน	jorn

pelirrojo (adj)	ผมแดง	phŏm daeng
gris, canoso (adj)	ผมหงอก	phŏm ngòrk
calvo (adj)	หัวล้าน	hŭa láan
calva (f)	หัวล้าน	hŭa láan
cola (f) de caballo	ผมทรงหางม้า	phŏm song hăang máa
flequillo (m)	ผมม้า	phŏm máa

29. El cuerpo

mano (f)	มือ	meu
brazo (m)	แขน	khǎen
dedo (m)	นิ้ว	níw
dedo (m) del pie	นิ้วเท้า	níw tháo
dedo (m) pulgar	นิ้วโป้ง	níw bpôhng
dedo (m) meñique	นิ้วก้อย	níw gôi
uña (f)	เล็บ	lép
puño (m)	กำปั้น	gam bpân
palma (f)	ฝ่ามือ	fàa meu
muñeca (f)	ข้อมือ	khôr meu
antebrazo (m)	แขนช่วงล่าง	khǎen chûang lâang
codo (m)	ข้อศอก	khôr sòrk
hombro (m)	ไหล่	lài
pierna (f)	ขา	khǎa
planta (f)	เท้า	tháo
rodilla (f)	หัวเข่า	hǔa khào
pantorrilla (f)	น่อง	nôrng
cadera (f)	สะโพก	sà-phôhk
talón (m)	ส้นเท้า	sôn tháo
cuerpo (m)	ร่างกาย	râang gaai
vientre (m)	ท้อง	thórng
pecho (m)	อก	òk
seno (m)	หน้าอก	nâa òk
lado (m), costado (m)	ข้าง	khâang
espalda (f)	หลัง	lǎng
zona (f) lumbar	หลังส่วนล่าง	lǎng sùan lâang
cintura (f), talle (m)	เอว	eo
ombligo (m)	สะดือ	sà-deu
nalgas (f pl)	ก้น	gôn
trasero (m)	ก้น	gôn
lunar (m)	ไฝเสน่ห์	fǎi sà-này
marca (f) de nacimiento	ปาน	bpaan
tatuaje (m)	รอยสัก	roi sàk
cicatriz (f)	แผลเป็น	phlǎe bpen

La ropa y los accesorios

30. La ropa exterior. Los abrigos

ropa (f), vestido (m)	เสื้อผ้า	sêua phâa
ropa (f) de calle	เสื้อนอก	sêua nôk
ropa (f) de invierno	เสื้อกันหนาว	sêua gan nǎao
abrigo (m)	เสื้อโค้ท	sêua khóht
abrigo (m) de piel	เสื้อโค้ทขนสัตว์	sêua khóht khǒn sàt
abrigo (m) corto de piel	แจ็คเก็ตขนสัตว์	jáek-gèt khǒn sàt
plumón (m)	แจ็คเก็ตกันหนาว	jàek-gèt gan nǎao
cazadora (f)	แจ็คเก็ต	jáek-gèt
impermeable (m)	เสื้อกันฝน	sêua gan fǒn
impermeable (adj)	ซึ่งกันน้ำได้	sêung gan náam dâai

31. Ropa de hombre y mujer

camisa (f)	เสื้อ	sêua
pantalones (m pl)	กางเกง	gaang-gayng
jeans, vaqueros (m pl)	กางเกงยีนส์	gaang-gayng yeen
chaqueta (f), saco (m)	แจ็คเก็ตสูท	jáek-gèt sòot
traje (m)	ชุดสูท	chút sòot
vestido (m)	ชุดเดรส	chút draet
falda (f)	กระโปรง	grà bprohng
blusa (f)	เสื้อ	sêua
rebeca (f), chaqueta (f) de punto	แจคเก็ตถัก	jáek-gèt thàk
chaqueta (f)	แจ็คเก็ต	jáek-gèt
camiseta (f) (T-shirt)	เสื้อยืด	sêua yêut
shorts (m pl)	กางเกงขาสั้น	gaang-gayng khǎa sân
traje (m) deportivo	ชุดวอรม	chút wom
bata (f) de baño	เสื้อคลุมอาบน้ำ	sêua khlum àap náam
pijama (f)	ชุดนอน	chút norn
jersey (m), suéter (m)	เสื้อไหมพรม	sêua mǎi phrom
pulóver (m)	เสื้อกันหนาวแบบสวม	sêua gan nǎao bàep sǔam
chaleco (m)	เสื้อกั๊ก	sêua gák
frac (m)	เสื้อเทลโค้ต	sêua thayn-khóht
esmoquin (m)	ชุดทักซิโด	chút thák sí dôh
uniforme (m)	เครื่องแบบ	khrêuang bàep
ropa (f) de trabajo	ชุดทำงาน	chút tam ngaan
mono (m)	ชุดเอี๊ยม	chút íam
bata (f) (p. ej. ~ blanca)	เสื้อคลุม	sêua khlum

32. La ropa. La ropa interior

ropa (f) interior	ชุดชั้นใน	chút chán nai
bóxer (m)	กางเกงในชาย	gaang-gayng nai chaai
bragas (f pl)	กางเกงในสตรี	gaang-gayng nai sàt-dtree
camiseta (f) interior	เสื้อชั้นใน	sêua chán nai
calcetines (m pl)	ถุงเท้า	thǔng tháo
camisón (m)	ชุดนอนสตรี	chút norn sàt-dtree
sostén (m)	ยกทรง	yók song
calcetines (m pl) altos	ถุงเท้ายาว	thǔng tháo yaao
pantimedias (f pl)	ถุงน่องเต็มตัว	thǔng nôrng dtem dtua
medias (f pl)	ถุงน่อง	thǔng nôrng
traje (m) de baño	ชุดว่ายน้ำ	chút wâai náam

33. Gorras

gorro (m)	หมวก	mùak
sombrero (m) de fieltro	หมวก	mùak
gorra (f) de béisbol	หมวกเบสบอล	mùak bàyt-bon
gorra (f) plana	หมวกติงลี่	mùak dting lêe
boina (f)	หมวกเบเร่ต์	mùak bay-rây
capuchón (m)	ฮูด	hóot
panamá (m)	หมวกปานามา	mùak bpaa-naa-maa
gorro (m) de punto	หมวกไหมพรม	mùak mǎi phrom
pañuelo (m)	ผ้าโพกศีรษะ	phâa phôhk sěe-sà
sombrero (m) de mujer	หมวกสตรี	mùak sàt-dtree
casco (m) (~ protector)	หมวกนิรภัย	mùak ní-rá-phai
gorro (m) de campaña	หมวกหนีบ	mùak nèep
casco (m) (~ de moto)	หมวกกันน็อค	mùak ní-rá-phai
bombín (m)	หมวกกลมทรงสูง	mùak glom song sǒong
sombrero (m) de copa	หมวกทรงสูง	mùak song sǒong

34. El calzado

calzado (m)	รองเท้า	rorng tháo
botas (f pl)	รองเท้า	rorng tháo
zapatos (m pl) (~ de tacón bajo)	รองเท้า	rorng tháo
botas (f pl) altas	รองเท้าบูท	rorng tháo bòot
zapatillas (f pl)	รองเท้าแตะในบ้าน	rorng tháo dtàe nai bâan
tenis (m pl)	รองเท้ากีฬา	rorng tháo gee-laa
zapatillas (f pl) de lona	รองเท้าผ้าใบ	rorng tháo phâa bai
sandalias (f pl)	รองเท้าแตะ	rorng tháo dtàe
zapatero (m)	คนซ่อมรองเท้า	khon sôrm rorng tháo
tacón (m)	ส้นรองเท้า	sôn rorng tháo

par (m)	คู่	khôo
cordón (m)	เชือกรองเท้า	chêuak rorng tháo
encordonar (vt)	ผูกเชือกรองเท้า	phòok chêuak rorng tháo
calzador (m)	ที่ชอนรองเท้า	thêe chón rorng tháo
betún (m)	ยาขัดรองเท้า	yaa khàt rorng tháo

35. Los textiles. Las telas

algodón (m)	ฝ้าย	fâai
de algodón (adj)	ฝ้าย	fâai
lino (m)	แฟลกซ์	fláek
de lino (adj)	แฟลกซ์	fláek
seda (f)	ไหม	mǎi
de seda (adj)	ไหม	mǎi
lana (f)	ขนสัตว์	khǒn sàt
de lana (adj)	ขนสัตว์	khǒn sàt
terciopelo (m)	กำมะหยี่	gam-má-yèe
gamuza (f)	หนังกลับ	nǎng glàp
pana (f)	ผาลูกฟูก	phâa lôok fôok
nilón (m)	ไนลอน	nai-lorn
de nilón (adj)	ไนลอน	nai-lorn
poliéster (m)	โพลีเอสเตอร์	poh-lee-àyt-dtêr
de poliéster (adj)	โพลีเอสเตอร์	poh-lee-àyt-dtêr
piel (f) (cuero)	หนัง	nǎng
de piel (de cuero)	หนัง	nǎng
piel (f) (~ de zorro, etc.)	ขนสัตว์	khǒn sàt
de piel (abrigo ~)	ขนสัตว์	khǒn sàt

36. Accesorios personales

guantes (m pl)	ถุงมือ	thǔng meu
manoplas (f pl)	ถุงมือ	thǔng meu
bufanda (f)	ผ้าพันคอ	phâa phan khor
gafas (f pl)	แว่นตา	wâen dtaa
montura (f)	กรอบแว่น	gròrp wâen
paraguas (m)	ร่ม	rôm
bastón (m)	ไม้เท้า	máai tháo
cepillo (m) de pelo	แปรงหวีผม	bpraeng wěe phǒm
abanico (m)	พัด	phát
corbata (f)	เนคไท	nâyk-thai
pajarita (f)	โบว์หูกระต่าย	boh hǒo grà-dtàai
tirantes (m pl)	สายเอี่ยม	sǎai íam
moquero (m)	ผ้าเช็ดหน้า	phâa chét-nâa
peine (m)	หวี	wěe
pasador (m) de pelo	ที่หนีบผม	têe nèep phǒm

| horquilla (f) | กิ๊บ | gíp |
| hebilla (f) | หัวเข็มขัด | hŭa khĕm khàt |

| cinturón (m) | เข็มขัด | khĕm khàt |
| correa (f) (de bolso) | สายกระเป๋า | săai grà-bpăo |

bolsa (f)	กระเป๋า	grà-bpăo
bolso (m)	กระเป๋าถือ	grà-bpăo thĕu
mochila (f)	กระเป๋าสะพายหลัง	grà-bpăo sà-phaai lăng

37. La ropa. Miscelánea

moda (f)	แฟชั่น	fae-chân
de moda (adj)	คานิยม	khâa ní-yom
diseñador (m) de moda	นักออกแบบแฟชั่น	nák òrk bàep fae-chân

cuello (m)	คอปกเสื้อ	khor bpòk sêua
bolsillo (m)	กระเป๋า	grà-bpăo
de bolsillo (adj)	กระเป๋า	grà-bpăo
manga (f)	แขนเสื้อ	khăen sêua
presilla (f)	ที่แขวนเสื้อ	thêe khwăen sêua
bragueta (f)	ซิปกางเกง	síp gaang-gayng

cremallera (f)	ซิป	síp
cierre (m)	ซิป	síp
botón (m)	กระดุม	grà dum
ojal (m)	รูกระดุม	roo grà dum
saltar (un botón)	หลุดออก	lùt òrk

coser (vi, vt)	เย็บ	yép
bordar (vt)	ปัก	bpàk
bordado (m)	ลายปัก	laai bpàk
aguja (f)	เข็มเย็บผ้า	khĕm yép phâa
hilo (m)	เสนตาย	săy-dâai
costura (f)	รอยเย็บ	roi yép

ensuciarse (vr)	สกปรก	sòk-gà-bpròk
mancha (f)	รอยเปื้อน	roi bpêuan
arrugarse (vr)	พับเป็นรอยย่น	pháp bpen roi yôn
rasgar (vt)	ฉีก	chèek
polilla (f)	แมลงกินผ้า	má-laeng gin phâa

38. Productos personales. Cosméticos

pasta (f) de dientes	ยาสีฟัน	yaa sĕe fan
cepillo (m) de dientes	แปรงสีฟัน	bpraeng sĕe fan
limpiarse los dientes	แปรงฟัน	bpraeng fan

maquinilla (f) de afeitar	มีดโกน	mêet gohn
crema (f) de afeitar	ครีมโกนหนวด	khreem gohn nùat
afeitarse (vr)	โกน	gohn
jabón (m)	สบู่	sà-bòo

champú (m)	แชมพู	chaem-phoo
tijeras (f pl)	กรรไกร	gan-grai
lima (f) de uñas	ตะไบเล็บ	dtà-bai lép
cortaúñas (m pl)	กรรไกรตัดเล็บ	gan-grai dtàt lép
pinzas (f pl)	แหนบ	nàep
cosméticos (m pl)	เครื่องสำอาง	khrêuang săm-aang
mascarilla (f)	มาสกาหน้า	mâak nâa
manicura (f)	การแต่งเล็บ	gaan dtàeng lép
hacer la manicura	แต่งเล็บ	dtàeng lép
pedicura (f)	การแต่งเล็บเท้า	gaan dtàeng lép táo
neceser (m) de maquillaje	กระเป๋าเครื่องสำอาง	grà-bpăo khrêuang săm-aang
polvos (m pl)	แป้งฝุ่น	bpâeng-fùn
polvera (f)	ตลับแป้ง	dtà-làp bpâeng
colorete (m), rubor (m)	แป้งทาแก้ม	bpâeng thaa gâem
perfume (m)	น้ำหอม	nám hŏrm
agua (f) perfumada	น้ำหอมอ่อนๆ	náam hŏrm òn òn
loción (f)	โลชั่น	loh-chân
agua (f) de colonia	โคโลญจ์	khoh-lohn
sombra (f) de ojos	อายแชโดว์	aai-chae-doh
lápiz (m) de ojos	อายไลเนอร์	aai lai-ner
rímel (m)	มาสคารา	mâat-khaa-râa
pintalabios (m)	ลิปสติก	líp-sà-dtìk
esmalte (m) de uñas	น้ำยาทาเล็บ	nám yaa-thaa lép
fijador (m) (para el pelo)	สเปรย์ฉีดผม	sà-bpray chèet phŏm
desodorante (m)	ยาดับกลิ่น	yaa dàp glìn
crema (f)	ครีม	khreem
crema (f) de belleza	ครีมทาหน้า	khreem thaa nâa
crema (f) de manos	ครีมทามือ	khreem thaa meu
crema (f) antiarrugas	ครีมลดริ้วรอย	khreem lót ríw roi
crema (f) de día	ครีมกลางวัน	khreem klaang wan
crema (f) de noche	ครีมกลางคืน	khreem klaang kheun
de día (adj)	กลางวัน	glaang wan
de noche (adj)	กลางคืน	glaang kheun
tampón (m)	ผ้าอนามัยแบบสอด	phâa a-naa-mai bàep sòrt
papel (m) higiénico	กระดาษชำระ	grà-dàat cham-rá
secador (m) de pelo	เครื่องเป่าผม	khrêuang bpào phŏm

39. Las joyas

joyas (f pl)	เครื่องเพชรพลอย	khrêuang phét phloi
precioso (adj)	เพชรพลอย	phét phloi
contraste (m)	ตราฮอลมาร์ค	dtraa hon-mâak
anillo (m)	แหวน	wăen
anillo (m) de boda	แหวนแต่งงาน	wăen dtàeng ngaan
pulsera (f)	กำไลขอมือ	gam-lai khŏr meu
pendientes (m pl)	ตุ้มหู	dtûm hŏo

collar (m) (~ de perlas)	สร้อยคอ	sôi khor
corona (f)	มงกุฎ	mong-gùt
collar (m) de abalorios	สรอยคอลูกปัด	sôi khor lôok bpàt

diamante (m)	เพชร	phét
esmeralda (f)	มรกต	mor-rá-gòt
rubí (m)	พลอยสีทับทิม	phloi sĕe tháp-thim
zafiro (m)	ไพลิน	phai-lin
perla (f)	ไขมุก	khài múk
ámbar (m)	อำพัน	am phan

40. Los relojes

reloj (m)	นาฬิกา	naa-lí-gaa
esfera (f)	หนาปัด	nâa bpàt
aguja (f)	เข็ม	khĕm
pulsera (f)	สายนาฬิกาข้อมือ	săai naa-lí-gaa khôr meu
correa (f) (del reloj)	สายรัดขอมือ	săai rát khôr meu

pila (f)	แบตเตอรี่	bàet-dter-rêe
descargarse (vr)	หมด	mòt
cambiar la pila	เปลี่ยนแบตเตอรี่	bplìan bàet-dter-rêe
adelantarse (vr)	เดินเร็วเกินไป	dern reo gern bpai
retrasarse (vr)	เดินชา	dern cháa

reloj (m) de pared	นาฬิกาแขวนผนัง	naa-lí-gaa khwăen phà-năng
reloj (m) de arena	นาฬิกาทราย	naa-lí-gaa saai
reloj (m) de sol	นาฬิกาแดด	naa-lí-gaa dàet
despertador (m)	นาฬิกาปลุก	naa-lí-gaa bplùk
relojero (m)	ช่างซอมนาฬิกา	châang sôrm naa-lí-gaa
reparar (vt)	ซอม	sôrm

La comida y la nutrición

41. La comida

carne (f)	เนื้อ	néua
gallina (f)	ไก่	gài
pollo (m)	เนื้อลูกไก่	néua lôok gài
pato (m)	เป็ด	bpèt
ganso (m)	ห่าน	hàan
caza (f) menor	สัตว์ที่ล่า	sàt thêe lâa
pava (f)	ไก่งวง	gài nguang
carne (f) de cerdo	เนื้อหมู	néua mŏo
carne (f) de ternera	เนื้อลูกวัว	néua lôok wua
carne (f) de carnero	เนื้อแกะ	néua gàe
carne (f) de vaca	เนื้อวัว	néua wua
conejo (m)	เนื้อกระต่าย	néua grà-dtàai
salchichón (m)	ไส้กรอก	sâi gròrk
salchicha (f)	ไส้กรอกเวียนนา	sâi gròrk wian-naa
beicon (m)	หมูเบคอน	mŏo bay-khorn
jamón (m)	แฮม	haem
jamón (m) fresco	แฮมแกมมอน	haem gaem-morn
paté (m)	ปาเต	bpaa dtay
hígado (m)	ตับ	dtàp
carne (f) picada	เนื้อสับ	néua sàp
lengua (f)	ลิ้น	lín
huevo (m)	ไข่	khài
huevos (m pl)	ไข่	khài
clara (f)	ไข่ขาว	khài khăao
yema (f)	ไขแดง	khài daeng
pescado (m)	ปลา	bplaa
mariscos (m pl)	อาหารทะเล	aa hăan thá-lay
crustáceos (m pl)	สัตว์พวกกุ้งกั้งปู	sàt phûak gûng gâng bpoo
caviar (m)	ไข่ปลา	khài-bplaa
cangrejo (m) de mar	ปู	bpoo
camarón (m)	กุ้ง	gûng
ostra (f)	หอยนางรม	hŏi naang rom
langosta (f)	กุ้งมังกร	gûng mang-gon
pulpo (m)	ปลาหมึก	bplaa mèuk
calamar (m)	ปลาหมึกกล้วย	bplaa mèuk-glûay
esturión (m)	ปลาสเตอร์เจียน	bpláa sà-dtêr jian
salmón (m)	ปลาแซลมอน	bplaa saen-morn
fletán (m)	ปลาตาเดียว	bplaa dtaa-dieow
bacalao (m)	ปลาค็อด	bplaa khót

caballa (f)	ปลาแม็คเคอเร็ล	bplaa máek-kay-a-rěn
atún (m)	ปลาทูน่า	bplaa thoo-nâa
anguila (f)	ปลาไหล	bplaa lǎi
trucha (f)	ปลาเทราท์	bplaa thrau
sardina (f)	ปลาซาร์ดีน	bplaa saa-deen
lucio (m)	ปลาไพค์	bplaa phai
arenque (m)	ปลาเฮอร์ริ่ง	bplaa her-ring
pan (m)	ขนมปัง	khà-nǒm bpang
queso (m)	เนยแข็ง	noie khǎeng
azúcar (m)	น้ำตาล	nám dtaan
sal (f)	เกลือ	gleua
arroz (m)	ข้าว	khâao
macarrones (m pl)	พาสต้า	phâat-dtâa
tallarines (m pl)	กวยเตี๋ยว	gǔay-dtǐeow
mantequilla (f)	เนย	noie
aceite (m) vegetal	น้ำมันพืช	nám man phêut
aceite (m) de girasol	น้ำมันดอกทานตะวัน	nám man dòrk thaan dtà-wan
margarina (f)	เนยเทียม	noie thiam
olivas (f pl)	มะกอก	má-gòrk
aceite (m) de oliva	น้ำมันมะกอก	nám man má-gòrk
leche (f)	นม	nom
leche (f) condensada	นมข้น	nom khôn
yogur (m)	โยเกิร์ต	yoh-gèrt
nata (f) agria	ชาวร์ครีม	saao khreem
nata (f) líquida	ครีม	khreem
mayonesa (f)	มายองเนส	maa-yorng-nâyt
crema (f) de mantequilla	สวนผสมของเนย	sùan phà-sǒm khǒrng
	และน้ำตาล	noie láe nám dtaan
cereal molido grueso	เมล็ดธัญพืช	má-lét than-yá-phêut
harina (f)	แป้ง	bpâeng
conservas (f pl)	อาหารกระป๋อง	aa-hǎan grà-bpǒrng
copos (m pl) de maíz	คอร์นเฟลค	khorn-flâyk
miel (f)	น้ำผึ้ง	nám phêung
confitura (f)	แยม	yaem
chicle (m)	หมากฝรั่ง	màak fà-ràng

42. Las bebidas

agua (f)	น้ำ	nám
agua (f) potable	น้ำดื่ม	nám dèum
agua (f) mineral	น้ำแร่	nám râe
sin gas	ไม่มีฟอง	mâi mee forng
gaseoso (adj)	น้ำอัดลม	nám àt lom
con gas	มีฟอง	mee forng

| hielo (m) | น้ำแข็ง | nám khǎeng |
| con hielo | ใส่น้ำแข็ง | sài nám khǎeng |

sin alcohol	ไม่มีแอลกอฮอล์	mâi mee aen-gor-hor
bebida (f) sin alcohol	เครื่องดื่มที่ไม่มี แอลกอฮอล์	krêuang dèum têe mâi mee aen-gor-hor
refresco (m)	เครื่องดื่มให้ ความสดชื่น	khrêuang dèum hâi khwaam sòt chêun
limonada (f)	น้ำเลมอนเนด	nám lay-morn-nâyt

bebidas (f pl) alcohólicas	เหล้า	lǎu
vino (m)	ไวน์	wai
vino (m) blanco	ไวน์ขาว	wai khǎao
vino (m) tinto	ไวน์แดง	wai daeng

licor (m)	สุรา	sù-raa
champaña (f)	แชมเปญ	chaem-bpayn
vermú (m)	เหล้าองุ่นขาวซึ่งมี กลิ่นหอม	lâo a-ngùn khǎao sêung mee glìn hǒrm

whisky (m)	เหล้าวิสกี้	lǎu wít-sa -gêe
vodka (m)	เหล้าวอดก้า	lǎu wórt-gâa
ginebra (f)	เหล้ายิน	lǎu yin
coñac (m)	เหล้าคอนยัก	lǎu khorn yák
ron (m)	เหลารัม	lǎu ram

café (m)	กาแฟ	gaa-fae
café (m) solo	กาแฟดำ	gaa-fae dam
café (m) con leche	กาแฟใส่นม	gaa-fae sài nom
capuchino (m)	กาแฟคาปูชิโน	gaa-fae khaa bpoo chí noh
café (m) soluble	กาแฟสำเร็จรูป	gaa-fae sǎm-rèt rôop

leche (f)	นม	nom
cóctel (m)	ค็อกเทล	khók-tayn
batido (m)	มิลค์เชค	min-châyk

zumo (m), jugo (m)	น้ำผลไม้	nám phǒn-lá-máai
jugo (m) de tomate	น้ำมะเขือเทศ	nám má-khěua thâyt
zumo (m) de naranja	น้ำส้ม	nám sôm
zumo (m) fresco	น้ำผลไม้คั้นสด	nám phǒn-lá-máai khán sòt

cerveza (f)	เบียร์	bia
cerveza (f) rubia	เบียร์ไลท์	bia lai
cerveza (f) negra	เบียร์ดาร์ค	bia dàak

té (m)	ชา	chaa
té (m) negro	ชาดำ	chaa dam
té (m) verde	ชาเขียว	chaa khǐeow

43. Las verduras

legumbres (f pl)	ผัก	phàk
verduras (f pl)	ผักใบเขียว	phàk bai khǐeow
tomate (m)	มะเขือเทศ	má-khěua thâyt

pepino (m)	แตงกวา	dtaeng-gwaa
zanahoria (f)	แครอท	khae-rót
patata (f)	มันฝรั่ง	man fà-ràng
cebolla (f)	หัวหอม	hŭa hŏrm
ajo (m)	กระเทียม	grà-thiam

col (f)	กะหล่ำปลี	gà-làm bplee
coliflor (f)	ดอกกะหล่ำ	dòrk gà-làm
col (f) de Bruselas	กะหล่ำดาว	gà-làm-daao
brócoli (m)	บร็อคโคลี่	bròrk-khoh-lêe

remolacha (f)	บีทรูท	bee-trôot
berenjena (f)	มะเขือยาว	má-khĕua-yaao
calabacín (m)	แตงซูคินี	dtaeng soo-khí-nee
calabaza (f)	ฟักทอง	fák-thorng
nabo (m)	หัวผักกาด	hŭa-phàk-gàat

perejil (m)	ผักชีฝรั่ง	phàk chee fà-ràng
eneldo (m)	ผักชีลาว	phàk-chee-laao
lechuga (f)	ผักกาดหอม	phàk gàat hŏrm
apio (m)	คื่นช่าย	khêun-châai
espárrago (m)	หน่อไม้ฝรั่ง	nòr máai fà-ràng
espinaca (f)	ผักขม	phàk khŏm

guisante (m)	ถั่วลันเตา	thùa-lan-dtao
habas (f pl)	ถั่ว	thùa
maíz (m)	ข้าวโพด	khâao-phôht
fréjol (m)	ถั่วรูปไต	thùa rôop dtai

pimentón (m)	พริกหยวก	phrík-yùak
rábano (m)	หัวไชเท้า	hŭa chai tháo
alcachofa (f)	อาร์ติโช๊ค	aa dtì chôhk

44. Las frutas. Las nueces

fruto (m)	ผลไม้	phŏn-lá-máai
manzana (f)	แอปเปิ้ล	àep-bpêrn
pera (f)	แพร	phae
limón (m)	มะนาว	má-naao
naranja (f)	ส้ม	sôm
fresa (f)	สตรอว์เบอร์รี่	sà-dtror-ber-rêe

mandarina (f)	ส้มแมนดาริน	sôm maen daa rin
ciruela (f)	พลัม	phlam
melocotón (m)	ลูกท้อ	lôok thór
albaricoque (m)	แอปริคอท	ae-bprì-khôrt
frambuesa (f)	ราสเบอร์รี่	râat-ber-rêe
ananás (m)	สับปะรด	sàp-bpà-rót

banana (f)	กล้วย	glûay
sandía (f)	แตงโม	dtaeng moh
uva (f)	องุ่น	a-ngùn
guinda (f)	เชอร์รี่	cher-rêe
cereza (f)	เชอร์รี่ป่า	cher-rêe bpàa

melón (m)	เมลอน	may-lorn
pomelo (m)	สมโอ	sôm oh
aguacate (m)	อะโวคาโด	a-who-khaa-doh
papaya (m)	มะละกอ	má-lá-gor
mango (m)	มะม่วง	má-mûang
granada (f)	ทับทิม	tháp-thim
grosella (f) roja	เรดเคอร์แรนท์	râyt-khêr-raen
grosella (f) negra	แบล็คเคอร์แรนท์	blàek khêr-raen
grosella (f) espinosa	กูสเบอร์รี่	gòot-ber-rêe
arándano (m)	บิลเบอร์รี่	bil-ber-rêe
zarzamoras (f pl)	แบล็คเบอร์รี่	blàek ber-rêe
pasas (f pl)	ลูกเกด	lôok gàyt
higo (m)	มะเดื่อฝรั่ง	má dèua fà-ràng
dátil (m)	ลูกอินทผลัม	lôok in-thá-plăm
cacahuete (m)	ถั่วลิสง	thùa-lí-sŏng
almendra (f)	อัลมอนด์	an-morn
nuez (f)	วอลนัต	wor-lá-nát
avellana (f)	เฮเซลนัท	hay sayn nát
nuez (f) de coco	มะพร้าว	má-phráao
pistachos (m pl)	ถั่วพิสตาชิโอ	thùa phít dtaa chí oh

45. El pan. Los dulces

pasteles (m pl)	ขนม	khà-nŏm
pan (m)	ขนมปัง	khà-nŏm bpang
galletas (f pl)	คุกกี้	khúk-gêe
chocolate (m)	ช็อกโกแลต	chók-goh-láet
de chocolate (adj)	ช็อกโกแลต	chók-goh-láet
caramelo (m)	ลูกกวาด	lôok gwàat
tarta (f) (pequeña)	ขนมเค้ก	khà-nŏm kháyk
tarta (f) (~ de cumpleaños)	ขนมเค้ก	khà-nŏm kháyk
pastel (m) (~ de manzana)	ขนมพาย	khà-nŏm phaai
relleno (m)	ไส้ในขนม	sâi nai khà-nŏm
confitura (f)	แยม	yaem
mermelada (f)	แยมผิวส้ม	yaem phĭw sôm
gofre (m)	วาฟเฟิล	waaf-fern
helado (m)	ไอศกรีม	ai-sà-greem
pudín (f)	พุดดิ้ง	phút-dîng

46. Los platos al horno

plato (m)	มื้ออาหาร	méu aa-hăan
cocina (f)	อาหาร	aa-hăan
receta (f)	ตำราอาหาร	dtam-raa aa-hăan
porción (f)	ส่วน	sùan
ensalada (f)	สลัด	sà-làt

sopa (f)	ซุป	súp
caldo (m)	ซุปน้ำใส	súp nám-sǎi
bocadillo (m)	แซนด์วิช	saen-wít
huevos (m pl) fritos	ไข่ทอด	khài thôrt

| hamburguesa (f) | แฮมเบอร์เกอร์ | haem-ber-gêr |
| bistec (m) | สเต็กเนื้อ | sà-dtèk néua |

guarnición (f)	เครื่องเคียง	khrêuang khiang
espagueti (m)	สปาเก็ตตี้	sà-bpaa-gèt-dtêe
puré (m) de patatas	มันฝรั่งบด	man fà-ràng bòt
pizza (f)	พิซซ่า	phít-sâa
gachas (f pl)	ข้าวต้ม	khâao-dtôm
tortilla (f) francesa	ไข่เจียว	khài jieow

cocido en agua (adj)	ต้ม	dtôm
ahumado (adj)	รมควัน	rom khwan
frito (adj)	ทอด	thôrt
seco (adj)	ตากแห้ง	dtàak hâeng
congelado (adj)	แช่แข็ง	châe khǎeng
marinado (adj)	ดอง	dorng

azucarado (adj)	หวาน	wǎan
salado (adj)	เค็ม	khem
frío (adj)	เย็น	yen
caliente (adj)	ร้อน	rórn
amargo (adj)	ขม	khǒm
sabroso (adj)	อร่อย	à-ròi

cocer en agua	ต้ม	dtôm
preparar (la cena)	ทำอาหาร	tham aa-hǎan
freír (vt)	ทอด	thôrt
calentar (vt)	อุ่น	ùn

salar (vt)	ใส่เกลือ	sài gleua
poner pimienta	ใส่พริกไทย	sài phrík thai
rallar (vt)	ขูด	khòot
piel (f)	เปลือก	bplèuak
pelar (vt)	ปอกเปลือก	bpòrk bplêuak

47. Las especias

sal (f)	เกลือ	gleua
salado (adj)	เค็ม	khem
salar (vt)	ใส่เกลือ	sài gleua

pimienta (f) negra	พริกไทย	phrík thai
pimienta (f) roja	พริกแดง	phrík daeng
mostaza (f)	มัสตาร์ด	mát-dtàat
rábano (m) picante	ฮอสแรดิช	hórt rae dìt

condimento (m)	เครื่องปรุงรส	khrêuang bprung rót
especia (f)	เครื่องเทศ	khrêuang thâyt
salsa (f)	ซอส	sós

vinagre (m)	น้ำส้มสายชู	nám sôm săai choo
anís (m)	เทียนสัตตบุษย์	thian-sàt-dtà-bùt
albahaca (f)	ใบโหระพา	bai hŏh rá phaa
clavo (m)	กานพลู	gaan-phloo
jengibre (m)	ขิง	khĭng
cilantro (m)	ผักชีลา	pàk-chee-laa
canela (f)	อบเชย	òp-choie

sésamo (m)	งา	ngaa
hoja (f) de laurel	ใบกระวาน	bai grà-waan
paprika (f)	พริกป่น	phrík bpòn
comino (m)	เทียนตากบ	thian dtaa gòp
azafrán (m)	หญ้าฝรั่น	yâa fà-ràn

48. Las comidas

| comida (f) | อาหาร | aa-hăan |
| comer (vi, vt) | กิน | gin |

desayuno (m)	อาหารเช้า	aa-hăan cháo
desayunar (vi)	ทานอาหารเช้า	thaan aa-hăan cháo
almuerzo (m)	ข้าวเที่ยง	khâao thîang
almorzar (vi)	ทานอาหารเที่ยง	thaan aa-hăan thîang
cena (f)	อาหารเย็น	aa-hăan yen
cenar (vi)	ทานอาหารเย็น	thaan aa-hăan yen

| apetito (m) | ความอยากอาหาร | kwaam yàak aa hăan |
| ¡Que aproveche! | กินใหอรอย! | gin hâi a-ròi |

abrir (vt)	เปิด	bpèrt
derramar (líquido)	ทำหก	tham hòk
derramarse (líquido)	ทำหกออกมา	tham hòk òrk maa
hervir (vi)	ตุ๋ม	dtôm
hervir (vt)	ตุ๋ม	dtôm
hervido (agua ~a)	ตม	dtôm
enfriar (vt)	แช่เย็น	châe yen
enfriarse (vr)	แช่เย็น	châe yen

| sabor (m) | รสชาติ | rót châat |
| regusto (m) | รส | rót |

adelgazar (vi)	ลดน้ำหนัก	lót nám nàk
dieta (f)	อาหารพิเศษ	aa-hăan phí-sàyt
vitamina (f)	วิตามิน	wí-dtaa-min
caloría (f)	แคลอรี่	khae-lor-rêe
vegetariano (m)	คนกินเจ	khon gin jay
vegetariano (adj)	มังสวิรัติ	mang-sà-wí-rát

grasas (f pl)	ไขมัน	khăi man
proteínas (f pl)	โปรตีน	bproh-dteen
carbohidratos (m pl)	คาร์โบไฮเดรต	kaa-boh-hai-dràyt
loncha (f)	แผน	phàen
pedazo (m)	ชิ้น	chín
miga (f)	เศษ	sàyt

49. Los cubiertos

cuchara (f)	ช้อน	chórn
cuchillo (m)	มีด	mêet
tenedor (m)	ส้อม	sôrm
taza (f)	แก้ว	gâew
plato (m)	จาน	jaan
platillo (m)	จานรอง	jaan rorng
servilleta (f)	ผ้าเช็ดปาก	phâa chét bpàak
mondadientes (m)	ไม้จิ้มฟัน	máai jîm fan

50. El restaurante

restaurante (m)	ร้านอาหาร	ráan aa-hǎan
cafetería (f)	ร้านกาแฟ	ráan gaa-fae
bar (m)	ร้านเหล้า	ráan lâo
salón (m) de té	รานน้ำชา	ráan nám chaa
camarero (m)	คนเสิร์ฟชาย	khon sèrf chaai
camarera (f)	คนเสิร์ฟหญิง	khon sèrf yǐng
barman (m)	บาร์เทนเดอร์	baa-thayn-dêr
carta (f), menú (m)	เมนู	may-noo
carta (f) de vinos	รายการไวน์	raai gaan wai
reservar una mesa	จองโต๊ะ	jorng dtó
plato (m)	มื้ออาหาร	méu aa-hǎan
pedir (vt)	สั่ง	sàng
hacer el pedido	สั่งอาหาร	sàng aa-hǎan
aperitivo (m)	เครื่องดื่มเหล้า กอนอาหาร	khrêuang dèum lâo gòrn aa-hǎan
entremés (m)	ของกินเล่น	khǒrng gin lâyn
postre (m)	ของหวาน	khǒrng wǎan
cuenta (f)	คิดเงิน	khít ngern
pagar la cuenta	จ่ายคาอาหาร	jàai khâa aa hǎan
dar la vuelta	ใหเงินทอน	hâi ngern thorn
propina (f)	เงินทิป	ngern thíp

La familia nuclear, los parientes y los amigos

51. La información personal. Los formularios

nombre (m)	ชื่อ	chêu
apellido (m)	นามสกุล	naam sà-gun
fecha (f) de nacimiento	วันเกิด	wan gèrt
lugar (m) de nacimiento	สถานที่เกิด	sà-thǎan thêe gèrt
nacionalidad (f)	สัญชาติ	sǎn-châat
domicilio (m)	ที่อยู่อาศัย	thêe yòo aa-sǎi
país (m)	ประเทศ	bprà-thâyt
profesión (f)	อาชีพ	aa-chêep
sexo (m)	เพศ	phâyt
estatura (f)	ความสูง	khwaam sǒong
peso (m)	น้ำหนัก	nám nàk

52. Los familiares. Los parientes

madre (f)	มารดา	maan-daa
padre (m)	บิดา	bì-daa
hijo (m)	ลูกชาย	lôok chaai
hija (f)	ลูกสาว	lôok sǎao
hija (f) menor	ลูกสาวคนเล็ก	lôok sǎao khon lék
hijo (m) menor	ลูกชายคนเล็ก	lôok chaai khon lék
hija (f) mayor	ลูกสาวคนโต	lôok sǎao khon dtoh
hijo (m) mayor	ลูกชายคนโต	lôok chaai khon dtoh
hermano (m) mayor	พี่ชาย	phêe chaai
hermano (m) menor	น้องชาย	nórng chaai
hermana (f) mayor	พี่สาว	phêe sǎao
hermana (f) menor	น้องสาว	nórng sǎao
primo (m)	ลูกพี่ลูกน้อง	lôok phêe lôok nórng
prima (f)	ลูกพี่ลูกน้อง	lôok phêe lôok nórng
mamá (f)	แม่	mâe
papá (m)	พ่อ	phôr
padres (m pl)	พ่อแม่	phôr mâe
niño -a (m, f)	เด็ก, ลูก	dèk, lôok
niños (m pl)	เด็กๆ	dèk dèk
abuela (f)	ย่า, ยาย	yâa, yaai
abuelo (m)	ปู่, ตา	bpòo, dtaa
nieto (m)	หลานชาย	lǎan chaai
nieta (f)	หลานสาว	lǎan sǎao

nietos (m pl)	หลานๆ	lăan
tío (m)	ลุง	lung
tía (f)	ป้า	bpâa
sobrino (m)	หลานชาย	lăan chaai
sobrina (f)	หลานสาว	lăan săao
suegra (f)	แม่ยาย	mâe yaai
suegro (m)	พอสามี	phôr săa-mee
yerno (m)	ลูกเขย	lôok khŏie
madrastra (f)	แม่เลี้ยง	mâe líang
padrastro (m)	พอเลี้ยง	phôr líang
niño (m) de pecho	ทารก	thaa-rók
bebé (m)	เด็กเล็ก	dèk lék
chico (m)	เด็ก	dèk
mujer (f)	ภรรยา	phan-rá-yaa
marido (m)	สามี	săa-mee
esposo (m)	สามี	săa-mee
esposa (f)	ภรรยา	phan-rá-yaa
casado (adj)	แต่งงานแล้ว	dtàeng ngaan láew
casada (adj)	แตงงานแลว	dtàeng ngaan láew
soltero (adj)	เป็นโสด	bpen sòht
soltero (m)	ชายโสด	chaai sòht
divorciado (adj)	หยาแลว	yàa láew
viuda (f)	แมหมาย	mâe mâai
viudo (m)	พอหมาย	phôr mâai
pariente (m)	ญาติ	yâat
pariente (m) cercano	ญาติใกล้ชิด	yâat glâi chít
pariente (m) lejano	ญาติหางๆ	yâat hàang hàang
parientes (m pl)	ญาติๆ	yâat
huérfano (m)	เด็กชายกำพร้า	dèk chaai gam phráa
huérfana (f)	เด็กหญิงกำพรา	dèk yĭng gam phráa
tutor (m)	ผูปกครอง	phôo bpòk khrorng
adoptar (un niño)	บุญธรรม	bun tham
adoptar (una niña)	บุญธรรม	bun tham

53. Los amigos. Los compañeros del trabajo

amigo (m)	เพื่อน	phêuan
amiga (f)	เพื่อน	phêuan
amistad (f)	มิตรภาพ	mít-dtrà-phâap
ser amigo	เป็นเพื่อน	bpen phêuan
amigote (m)	เพื่อนสนิท	phêuan sà-nìt
amiguete (f)	เพื่อนสนิท	phêuan sà-nìt
compañero (m)	หุนสวน	hûn sùan
jefe (m)	หัวหน้า	hŭa-nâa
superior (m)	ผูบังคับบัญชา	phôo bang-kháp ban-chaa
propietario (m)	เจาของ	jâo khŏrng

subordinado (m)	ลูกน้อง	lôok nórng
colega (m, f)	เพื่อนรวมงาน	phêuan rûam ngaan
conocido (m)	ผู้คุ้นเคย	phôo khún khoie
compañero (m) de viaje	เพื่อนรวมทาง	pêuan rûam thaang
condiscípulo (m)	เพื่อนรุ่น	phêuan rûn
vecino (m)	เพื่อนบ้านผู้ชาย	phêuan bâan pôo chaai
vecina (f)	เพื่อนบ้านผู้หญิง	phêuan bâan phôo yǐng
vecinos (m pl)	เพื่อนบ้าน	phêuan bâan

54. El hombre. La mujer

mujer (f)	ผู้หญิง	phôo yǐng
muchacha (f)	หญิงสาว	yǐng sǎao
novia (f)	เจ้าสาว	jâo sǎao
guapa (adj)	สวย	sǔay
alta (adj)	สูง	sǒong
esbelta (adj)	ผอม	phǒrm
de estatura mediana	เตี้ย	dtîa
rubia (f)	ผมสีทอง	phǒm sěe thorng
morena (f)	ผมสีคล้ำ	phǒm sěe khlám
de señora (adj)	สตรี	sàt-dtree
virgen (f)	บริสุทธิ์	bor-rí-sùt
embarazada (adj)	ตั้งครรภ์	dtâng khan
hombre (m) (varón)	ผู้ชาย	phôo chaai
rubio (m)	ผมสีทอง	phǒm sěe thorng
moreno (m)	ผมสีคล้ำ	phǒm sěe khlám
alto (adj)	สูง	sǒong
de estatura mediana	เตี้ย	dtîa
grosero (adj)	หยาบคาย	yàap kaai
rechoncho (adj)	แข็งแรง	khǎeng raeng
robusto (adj)	กำยำ	gam-yam
fuerte (adj)	แข็งแรง	khǎeng raeng
fuerza (f)	ความแข็งแรง	khwaam khǎeng raeng
gordo (adj)	ท้วม	thúam
moreno (adj)	ผิวดำ	phǐw dam
esbelto (adj)	ผอม	phǒrm
elegante (adj)	สง่า	sà-ngàa

55. La edad

edad (f)	อายุ	aa-yú
juventud (f)	วัยเยาว์	wai yao
joven (adj)	หนุ่ม	nùm
menor (adj)	อายุน้อยกว่า	aa-yú nói gwàa

mayor (adj)	อายุสูงกว่า	aa-yú sŏong gwàa
joven (m)	ชายหนุ่ม	chaai nùm
adolescente (m)	วัยรุ่น	wai rûn
muchacho (m)	คนหนุ่ม	khon nùm
anciano (m)	ชายชรา	chaai chá-raa
anciana (f)	หญิงชรา	yĭng chá-raa
adulto	ผู้ใหญ่	phôo yài
de edad media (adj)	วัยกลาง	wai glaang
de edad, anciano (adj)	วัยชรา	wai chá-raa
viejo (adj)	แก่	gàe
jubilación (f)	การเกษียณอายุ	gaan gà-sĭan aa-yú
jubilarse	เกษียณ	gà-sĭan
jubilado (m)	ผู้เกษียณอายุ	phôo gà-sĭan aa-yú

56. Los niños

niño -a (m, f)	เด็ก, ลูก	dèk, lôok
niños (m pl)	เด็กๆ	dèk dèk
gemelos (m pl)	แฝด	fàet
cuna (f)	เปล	bplay
sonajero (m)	ของเล่นกุ๊งกิ๊ง	khŏrng lên gúng-gîng
pañal (m)	ผ้าอ้อม	phâa ôrm
chupete (m)	จุกนม	jùk-nom
cochecito (m)	รถเข็นเด็ก	rót khĕn dèk
jardín (m) de infancia	โรงเรียนอนุบาล	rohng rian a-nú-baan
niñera (f)	คนเฝ้าเด็ก	khon fâo dèk
infancia (f)	วัยเด็ก	wai dèk
muñeca (f)	ตุ๊กตา	dtúk-dtaa
juguete (m)	ของเล่น	khŏrng lên
mecano (m)	ชุดของเล่นก่อสร้าง	chút khŏrng lên gòr sâang
bien criado (adj)	มีกิริยา	mee gì-rí-yaa
	มารยาทดี	maa-rá-yâat dee
malcriado (adj)	ไม่มีมารยาท	mâi mee maa-rá-yâat
mimado (adj)	เสียคน	sĭa khon
hacer travesuras	ซน	son
travieso (adj)	ซน	son
travesura (f)	ความเกเร	kwaam gay-ray
travieso (m)	เด็กเกเร	dèk gay-ray
obediente (adj)	ที่เชื่อฟัง	thêe chêua fang
desobediente (adj)	ที่ไม่เชื่อฟัง	thêe mâi chêua fang
dócil (adj)	ที่เชื่อฟังผู้ใหญ่	thée chêua fang phôo yài
inteligente (adj)	ฉลาด	chà-làat
niño (m) prodigio	เด็กมีพรสวรรค์	dèk mee phon sà-wăn

57. Los matrimonios. La vida familiar

besar (vt)	จูบ	jòop
besarse (vi)	จูบ	jòop
familia (f)	ครอบครัว	khrôrp khrua
familiar (adj)	ครอบครัว	khrôrp khrua
pareja (f)	ตัวเมีย	phǔa mia
matrimonio (m)	การแต่งงาน	gaan dtàeng ngaan
hogar (m) familiar	บ้าน	bâan
dinastía (f)	วงศ์ตระกูล	wong dtrà-goon
cita (f)	การออกเดท	gaan òrk dàyt
beso (m)	การจูบ	gaan jòop
amor (m)	ความรัก	khwaam rák
querer (amar)	รัก	rák
querido (adj)	ที่รัก	thêe rák
ternura (f)	ความละเมียดละไม	khwaam lá-mîat lá-mai
tierno (afectuoso)	ละเมียดละไม	lá-mîat lá-mai
fidelidad (f)	ความซื่อ	khwaam sêu
fiel (adj)	ซื่อ	sêu
cuidado (m)	การดูแล	gaan doo lae
cariñoso (un padre ~)	ชอบดูแล	chôrp doo lae
recién casados (pl)	คู่แต่งงานใหม่	khôo dtàeng ngaan mài
luna (f) de miel	ฮันนีมูน	han-nee-moon
estar casada	แต่งงาน	dtàeng ngaan
casarse (con una mujer)	แต่งงาน	dtàeng ngaan
boda (f)	การสมรส	gaan sǒm rót
bodas (f pl) de oro	การสมรส ครบรอบ50ปี	gaan sǒm rót khróp rôrp hâa-sìp bpee
aniversario (m)	วันครบรอบ	wan khróp rôrp
amante (m)	คู่รัก	khôo rák
amante (f)	เมียน้อย	mia nói
adulterio (m)	การคบชู้	gaan khóp chóo
cometer adulterio	คบชู้	khóp chóo
celoso (adj)	หึงหวง	hěung hǔang
tener celos	หึง	hěung
divorcio (m)	การหย่าร้าง	gaan yàa ráang
divorciarse (vr)	หย่า	yàa
reñir (vi)	ทะเลาะ	thá-lór
reconciliarse (vr)	ประนีประนอม	bprà-nee-bprà-nom
juntos (adv)	ด้วยกัน	dûay gan
sexo (m)	เพศสัมพันธ์	phâyt sǎm-phan
felicidad (f)	ความสุข	khwaam sùk
feliz (adj)	มีความสุข	mee khwaam sùk
desgracia (f)	เหตุร้าย	hàyt ráai
desgraciado (adj)	ไม่มีความสุข	mâi mee khwaam sùk

Las características de personalidad. Los sentimientos

58. Los sentimientos. Las emociones

sentimiento (m)	ความรู้สึก	khwaam róo sèuk
sentimientos (m pl)	ความรู้สึก	khwaam róo sèuk
sentir (vt)	รู้สึก	róo sèuk
hambre (f)	ความหิว	khwaam hĭw
tener hambre	หิว	hĭw
sed (f)	ความกระหาย	khwaam grà-hăai
tener sed	กระหาย	grà-hăai
somnolencia (f)	ความง่วง	khwaam ngûang
tener sueño	ง่วง	ngûang
cansancio (m)	ความเหนื่อย	khwaam nèuay
cansado (adj)	เหนื่อย	nèuay
estar cansado	เหนื่อย	nèuay
humor (m) (de buen ~)	อารมณ์	aa-rom
aburrimiento (m)	ความเบื่อ	khwaam bèua
aburrirse (vr)	เบื่อ	bèua
soledad (f)	ความเหงา	khwaam ngăo
aislarse (vr)	ปลีกวิเวก	bplèek wí-wâyk
inquietar (vt)	ทำให้...เป็นห่วง	tham hâi...bpen hùang
inquietarse (vr)	กังวล	gang-won
inquietud (f)	ความเป็นห่วง	khwaam bpen hùang
preocupación (f)	ความวิตกกังวล	khwaam wí-dtòk gang-won
preocupado (adj)	เป็นห่วงใหญ่	bpen hùang yài
estar nervioso	กระวนกระวาย	grà won grà waai
darse al pánico	ตื่นตระหนก	dtèun dtrà-nòk
esperanza (f)	ความหวัง	khwaam wăng
esperar (tener esperanza)	หวัง	wăng
seguridad (f)	ความแน่ใจ	khwaam nâe jai
seguro (adj)	แน่ใจ	nâe jai
inseguridad (f)	ความไม่มั่นใจ	khwaam mâi mân jai
inseguro (adj)	ไม่มั่นใจ	mâi mân jai
borracho (adj)	เมา	mao
sobrio (adj)	ไม่เมา	mâi mao
débil (adj)	อ่อนแอ	òrn ae
feliz (adj)	มีความสุข	mee khwaam sùk
asustar (vt)	ทำให้...กลัว	tham hâi...glua
furia (f)	ความโกรธเคือง	khwaam gròht kheuang
rabia (f)	ความเดือดดาล	khwaam dèuat daan
depresión (f)	ความหดหู่	khwaam hòt-hòo
incomodidad (f)	อึดอัด	èut àt

comodidad (f)	สบาย	sà-baai
arrepentirse (vr)	เสียดาย	sĭa daai
arrepentimiento (m)	ความเสียดาย	khwaam sĭa daai
mala suerte (f)	โชคราย	chôhk ráai
tristeza (f)	ความเศรา	khwaam sâo
vergüenza (f)	ความละอายใจ	khwaam lá-aai jai
júbilo (m)	ความปีติ	khwaam bpì-dtì
entusiasmo (m)	ความกระตือรือรน	khwaam grà-dteu-reu-rón
entusiasta (m)	คนที่กระตือรือรน	khon thêe grà-dteu-reu-rón
mostrar entusiasmo	แสดงความ	sà-daeng khwaam
	กระตือรือรน	grà-dteu-reu-rón

59. El carácter. La personalidad

carácter (m)	นิสัย	ní-săi
defecto (m)	ขอเสีย	khôr sĭa
mente (f)	สติ	sà-dtì
razón (f)	สติ	sà-dtì
consciencia (f)	มโนธรรม	má-noh tham
hábito (m)	นิสัย	ní-săi
habilidad (f)	ความสามารถ	khwaam săa-mâat
poder (nadar, etc.)	สามารถ	săa-mâat
paciente (adj)	อดทน	òt thon
impaciente (adj)	ใจรอนใจเร็ว	jai rórn jai reo
curioso (adj)	อยากรูอยากเห็น	yàak róo yàak hĕn
curiosidad (f)	ความอยากรูอยากเห็น	khwaam yàak róo yàak hĕn
modestia (f)	ความถอมตน	khwaam thòrm dton
modesto (adj)	ถอมตน	thòrm dton
inmodesto (adj)	หยาบโลน	yàap lohn
pereza (f)	ความขี้เกียจ	khwaam khêe gìat
perezoso (adj)	ขี้เกียจ	khêe gìat
perezoso (m)	คนขี้เกียจ	khon khêe gìat
astucia (f)	ความเจาเลห์	khwaam jâo lây
astuto (adj)	เจาเลห์	jâo lây
desconfianza (f)	ความหวาดระแวง	khwaam wàat rá-waeng
desconfiado (adj)	เคลือบแคลง	khlêuap-khlaeng
generosidad (f)	ความเอื้อเฟื้อ	khwaam êua féua
generoso (adj)	มีน้ำใจ	mee nám jai
talentoso (adj)	มีพรสวรรค์	mee phon sà-wăn
talento (m)	พรสวรรค	phon sà-wăn
valiente (adj)	กลาหาญ	glâa hăan
coraje (m)	ความกลาหาญ	khwaam glâa hăan
honesto (adj)	ซื่อสัตย	sêu sàt
honestidad (f)	ความซื่อสัตย์	khwaam sêu sàt
prudente (adj)	ระมัดระวัง	rá mát rá-wang
valeroso (adj)	กลา	glâa

serio (adj)	เอาจริงเอาจัง	ao jing ao jang
severo (adj)	เขมงวด	khêm ngûat
decidido (adj)	เด็ดเดี่ยว	dèt dìeow
indeciso (adj)	ไม่เด็ดขาด	mâi dèt khàat
tímido (adj)	อาย	aai
timidez (f)	ความขวยอาย	khwaam khǔay aai
confianza (f)	ความไว้ใจ	khwaam wái jai
creer (créeme)	ไว้เนื้อเชื่อใจ	wái néua chêua jai
confiado (crédulo)	เชื่อใจ	chêua jai
sinceramente (adv)	อย่างจริงใจ	yàang jing jai
sincero (adj)	จริงใจ	jing jai
sinceridad (f)	ความจริงใจ	khwaam jing jai
abierto (adj)	เปิดเผย	bpèrt phǒie
calmado (adj)	ใจเย็น	jai yen
franco (sincero)	จริงใจ	jing jai
ingenuo (adj)	หลงเชื่อ	lǒng chêua
distraído (adj)	ใจลอย	jai loi
gracioso (adj)	ตลก	dtà-lòk
avaricia (f)	ความโลภ	khwaam lôhp
avaro (adj)	โลภ	lôhp
tacaño (adj)	ขี้เหนียว	khêe nǐeow
malvado (adj)	เลว	leo
terco (adj)	ดื้อ	dêu
desagradable (adj)	ไม่น่าพึงพอใจ	mâi nâa pheung phor jai
egoísta (m)	คนที่เห็นแก่ตัว	khon thêe hěn gàe dtua
egoísta (adj)	เห็นแก่ตัว	hěn gàe dtua
cobarde (m)	คนขี้ขลาด	khon khêe khlàat
cobarde (adj)	ขี้ขลาด	khêe khlàat

60. El sueño. Los sueños

dormir (vi)	นอน	norn
sueño (m) (estado)	ความนอน	khwaam norn
sueño (m) (dulces ~s)	ความฝัน	khwaam fǎn
soñar (vi)	ฝัน	fǎn
adormilado (adj)	งวง	ngûang
cama (f)	เตียง	dtiang
colchón (m)	ฟูกนอน	fôok norn
manta (f)	ผ้าห่ม	phâa hòm
almohada (f)	หมอน	mǒrn
sábana (f)	ผ้าปูที่นอน	phâa bpoo thêe norn
insomnio (m)	อาการนอนไม่หลับ	aa-gaan norn mâi làp
de insomnio (adj)	นอนไม่หลับ	norn mâi làp
somnífero (m)	ยานอนหลับ	yaa-norn-làp
tomar el somnífero	กินยานอนหลับ	gin yaa-norn-làp
tener sueño	งวง	ngûang

bostezar (vi)	หาว	hăao
irse a la cama	ไปนอน	bpai norn
hacer la cama	ปูที่นอน	bpoo thêe norn
dormirse (vr)	หลับ	làp

pesadilla (f)	ฝันร้าย	făn ráai
ronquido (m)	การกรน	gaan-kron
roncar (vi)	กรน	gron

despertador (m)	นาฬิกาปลุก	naa-lí-gaa bplùk
despertar (vt)	ปลุก	bplùk
despertarse (vr)	ตื่น	dtèun
levantarse (vr)	ลุกขึ้น	lúk khêun
lavarse (vr)	ล้างหน้าล้างตา	láang nâa láang dtaa

61. El humor. La risa. La alegría

humor (m)	อารมณ์ขัน	aa-rom khăn
sentido (m) del humor	อารมณ์	aa-rom
divertirse (vr)	เริงรื่น	rerng rêun
alegre (adj)	เริงรื่น	rerng rêun
júbilo (m)	ความรื่นเริง	khwaam rêun-rerng

sonrisa (f)	รอยยิ้ม	roi yím
sonreír (vi)	ยิ้ม	yím
echarse a reír	เริ่มหัวเราะ	rêrm hŭa rór
reírse (vr)	หัวเราะ	hŭa rór
risa (f)	การหัวเราะ	gaan hŭa rór

anécdota (f)	เรื่องขำขัน	rêuang khăm khăn
gracioso (adj)	ตลก	dtà-lòk
ridículo (adj)	ขบขัน	khòp khăn

bromear (vi)	ล้อเล่น	lór lên
broma (f)	ตลก	dtà-lòk
alegría (f) (emoción)	ความสุขสันต์	khwaam sùk-săn
alegrarse (vr)	โมทนา	moh-thá-naa
alegre (~ de que …)	ยินดี	yin dee

62. La discusión y la conversación. Unidad 1

| comunicación (f) | การสื่อสาร | gaan sèu săan |
| comunicarse (vr) | สื่อสาร | sèu săan |

conversación (f)	การสนทนา	gaan sŏn-thá-naa
diálogo (m)	บทสนทนา	bòt sŏn-thá-naa
discusión (f) (debate)	การหารือ	gaan hăa-reu
debate (m)	การโต้แยง	gaan dtôh yáeng
debatir (vi)	โต้แยง	dtôh yáeng

| interlocutor (m) | คู่สนทนา | khôo sŏn-tá-naa |
| tema (m) | หัวขอ | hŭa khôr |

punto (m) de vista	แง่คิด	ngâe khít
opinión (f)	ความคิดเห็น	khwaam khít hěn
discurso (m)	สุนทรพจน์	sǔn tha ra phót

discusión (f) (del informe, etc.)	การหารือ	gaan hǎa-reu
discutir (vt)	หารือ	hǎa-reu
conversación (f)	การสนทนา	gaan sǒn-thá-naa
conversar (vi)	คุยกัน	khui gan
reunión (f)	การพบกัน	gaan phóp gan
encontrarse (vr)	พบ	phóp

proverbio (m)	สุภาษิต	sù-phaa-sìt
dicho (m)	คำกลาว	kham glàao
adivinanza (f)	ปริศนา	bprìt-sà-nǎa
contar una adivinanza	ถามปริศนา	thǎam bprìt-sà-nǎa
contraseña (f)	รหัสผาน	rá-hàt phàan
secreto (m)	ความลับ	khwaam láp

juramento (m)	คำสาบาน	kham sǎa-baan
jurar (vt)	สาบาน	sǎa baan
promesa (f)	คำสัญญา	kham sǎn-yaa
prometer (vt)	สัญญา	sǎn-yaa

consejo (m)	คำแนะนำ	kham náe nam
aconsejar (vt)	แนะนำ	náe nam
seguir el consejo	ทำตามคำแนะนำ	tham dtaam kham náe nam
escuchar (a los padres)	เชื่อฟัง	chêua fang

noticias (f pl)	ข่าว	khàao
sensación (f)	ข่าวดัง	khàao dang
información (f)	ข้อมูล	khôr moon
conclusión (f)	ขอสรุป	khôr sà-rùp
voz (f)	เสียง	sǐang
cumplido (m)	คำชมเชย	kham chom choie
amable (adj)	ใจดี	jai dee

palabra (f)	คำ	kham
frase (f)	วลี	wá-lee
respuesta (f)	คำตอบ	kham dtòrp

| verdad (f) | ความจริง | khwaam jing |
| mentira (f) | การโกหก | gaan goh-hòk |

pensamiento (m)	ความคิด	khwaam khít
idea (f)	ความคิด	khwaam khít
fantasía (f)	จินตนาการ	jin-dtà-naa gaan

63. La discusión y la conversación. Unidad 2

respetado (adj)	ที่นับถือ	thêe náp thěu
respetar (vt)	นับถือ	náp thěu
respeto (m)	ความนับถือ	khwaam náp thěu
Estimado ...	ทาน	thâan
presentar (~ a sus padres)	แนะนำ	náe nam

conocer a alguien	รู้จัก	róo jàk
intención (f)	ความตั้งใจ	khwaam dtâng jai
tener intención (de …)	ตั้งใจ	dtâng jai
deseo (m)	การขอพร	gaan khŏr phon
desear (vt) (~ buena suerte)	ขอ	khŏr
sorpresa (f)	ความประหลาดใจ	khwaam bprà-làat jai
sorprender (vt)	ทำให้...ประหลาดใจ	tham hâi...bprà-làat jai
sorprenderse (vr)	ประหลาดใจ	bprà-làat jai
dar (vt)	ให้	hâi
tomar (vt)	รับ	ráp
devolver (vt)	ให้คืน	hâi kheun
retornar (vt)	เอาคืน	ao kheun
disculparse (vr)	ขอโทษ	khŏr thôht
disculpa (f)	คำขอโทษ	kham khŏr thôht
perdonar (vt)	ให้อภัย	hâi a-phai
hablar (vi)	คุยกัน	khui gan
escuchar (vt)	ฟัง	fang
escuchar hasta el final	ฟังจนจบ	fang jon jòp
comprender (vt)	เขาใจ	khâo jai
mostrar (vt)	แสดง	sà-daeng
mirar a …	ดู	doo
llamar (vt)	เรียก	rîak
distraer (molestar)	รบกวน	róp guan
molestar (vt)	รบกวน	róp guan
pasar (~ un mensaje)	ส่ง	sòng
petición (f)	ข้อร้องขอ	khŏr rórng khŏr
pedir (vt)	ร้องขอ	rórng khŏr
exigencia (f)	ขอเรียกร้อง	khŏr rîak rórng
exigir (vt)	เรียกร้อง	rîak rórng
motejar (vr)	แซว	saew
burlarse (vr)	ล้อเลียน	lór lian
burla (f)	ขอล้อเลียน	khŏr lór lian
apodo (m)	ชื่อเล่น	chêu lên
alusión (f)	การพูดเป็นนัย	gaan phôot bpen nai
aludir (vi)	พูดเป็นนัย	phôot bpen nai
sobrentender (vt)	หมายความว่า	măai khwaam wâa
descripción (f)	คำพรรณนา	kham phan-ná-naa
describir (vt)	พรรณนา	phan-ná-naa
elogio (m)	คำชม	kham chom
elogiar (vt)	ชม	chom
decepción (f)	ความผิดหวัง	khwaam phìt wăng
decepcionar (vt)	ทำให้...ผิดหวัง	tham hâi...phìt wăng
estar decepcionado	ผิดหวัง	phìt wăng
suposición (f)	ข้อสมมุติ	khŏr sŏm mút
suponer (vt)	สมมุติ	sŏm mút

| advertencia (f) | คำเตือน | kham dteuan |
| prevenir (vt) | เตือน | dteuan |

64. La discusión y la conversación. Unidad 3

| convencer (vt) | เกลี้ยกล่อม | glîak-glôrm |
| calmar (vt) | ทำให้...สงบ | tham hâi...sà-ngòp |

silencio (m) (~ es oro)	ความเงียบ	khwaam ngîap
callarse (vr)	เงียบ	ngîap
susurrar (vi, vt)	กระซิบ	grà síp
susurro (m)	เสียงกระซิบ	sĭang grà síp

francamente (adv)	พูดตรงๆ	phôot dtrorng dtrorng
en mi opinión ...	ในสายตาของ	nai săai dtaa-kŏrng
	ผม/ฉัน...	phŏm/chăn...

detalle (m) (de la historia)	รายละเอียด	raai lá-ìat
detallado (adj)	โดยละเอียด	doi lá-ìat
detalladamente (adv)	อย่างละเอียด	yàang lá-ìat

| pista (f) | คำบอกใบ้ | kham bòrk bâi |
| dar una pista | บอกใบ้ | bòrk bâi |

mirada (f)	การมอง	gaan morng
echar una mirada	มอง	morng
fija (mirada ~)	จอง	jôrng
parpadear (vi)	กระพริบตา	grà phríp dtaa
guiñar un ojo	ขยิบตา	khà-yìp dtaa
asentir con la cabeza	พยักหน้า	phá-yák nâa

suspiro (m)	การถอนหายใจ	gaan thŏrn hăai jai
suspirar (vi)	ถอนหายใจ	thŏrn hăai-jai
estremecerse (vr)	สั่น	sàn
gesto (m)	อิริยาบถ	i-rí-yaa-bòt
tocar (con la mano)	สัมผัส	săm-phàt
asir (~ de la mano)	จับ	jàp
palmear (~ la espalda)	แตะ	dtàe

¡Cuidado!	ระวัง!	rá-wang
¿De veras?	จริงหรือ?	jing rĕu
¿Estás seguro?	คุณแน่ใจหรือ?	khun nâe jai rĕu
¡Suerte!	ขอให้โชคดี!	khŏr hâi chôhk dee
¡Ya veo!	ฉันเข้าใจ!	chăn khâo jai
¡Es una lástima!	น่าเสียดาย!	nâa sĭa-daai

65. El acuerdo. El rechazo

acuerdo (m)	การยินยอม	gaan yin yorm
estar de acuerdo	ยินยอม	yin yorm
aprobación (f)	คำอนุมัติ	kham a-nú-mát
aprobar (vt)	อนุมัติ	a-nú-mát

| rechazo (m) | คำปฏิเสธ | kham bpà-dtì-sàyt |
| negarse (vr) | ปฏิเสธ | bpà-dtì-sàyt |

¡Excelente!	เยี่ยม!	yîam
¡De acuerdo!	ดีเลย!	dee loie
¡Vale!	โอเค!	oh-khay

prohibido (adj)	ไม่ได้รับอนุญาต	mâi dâai ráp a-nú-yâat
está prohibido	ห้าม	hâam
es imposible	มันเป็นไปไม่ได้	man bpen bpai mâi dâai
incorrecto (adj)	ไม่ถูกต้อง	mâi thòok dtôrng

rechazar (vt)	ปฏิเสธ	bpà-dtì-sàyt
apoyar (la decisión)	สนับสนุน	sà-nàp-sà-nŭn
aceptar (vt)	ยอมรับ	yorm ráp

confirmar (vt)	ยืนยัน	yeun yan
confirmación (f)	คำยืนยัน	kham yeun yan
permiso (m)	คำอนุญาต	kham a-nú-yâat
permitir (vt)	อนุญาต	a-nú-yâat
decisión (f)	การตัดสินใจ	gaan dtàt sĭn jai
no decir nada	ไม่พูดอะไร	mâi phôot a-rai

condición (f)	เงื่อนไข	ngêuan khăi
excusa (f) (pretexto)	ข้ออ้าง	khôr âang
elogio (m)	คำชม	kham chom
elogiar (vt)	ชม	chom

66. El éxito. La buena suerte. El Fracaso

éxito (m)	ความสำเร็จ	khwaam săm-rèt
con éxito (adv)	ให้เป็นผลสำเร็จ	hâi bpen phŏn săm-rèt
exitoso (adj)	ที่สำเร็จ	thêe săm-rèt

suerte (f)	โชค	chôhk
¡Suerte!	ขอให้โชคดี!	khŏr hâi chôhk dee
de suerte (día ~)	มีโชค	mee chôhk
afortunado (adj)	มีโชคดี	mee chôhk dee

fiasco (m)	ความล้มเหลว	khwaam lóm lĕo
infortunio (m)	โชคร้าย	chôhk ráai
mala suerte (f)	โชคร้าย	chôhk ráai
fracasado (adj)	ไม่ประสบความสำเร็จ	mâi bprà-sòp khwaam săm-rèt
catástrofe (f)	ความล้มเหลว	khwaam lóm lĕo

orgullo (m)	ความภาคภูมิใจ	khwaam phâak phoom jai
orgulloso (adj)	ภูมิใจ	phoom jai
estar orgulloso	ภูมิใจ	phoom jai

ganador (m)	ผู้ชนะ	phôo chá-ná
ganar (vi)	ชนะ	chá-ná
perder (vi)	แพ้	pháe
tentativa (f)	ความพยายาม	khwaam phá-yaa-yaam

| intentar (tratar) | พยายาม | phá-yaa-yaam |
| chance (f) | โอกาส | oh-gàat |

67. Las discusiones. Las emociones negativas

grito (m)	เสียงตะโกน	sĭang dtà-gohn
gritar (vi)	ตะโกน	dtà-gohn
comenzar a gritar	เริ่มตะโกน	rêrm dtà-gohn

disputa (f), riña (f)	การทะเลาะ	gaan thá-lór
reñir (vi)	ทะเลาะ	thá-lór
escándalo (m) (riña)	ความทะเลาะ	khwaam thá-lór
causar escándalo	ตีโพยตีพาย	dtee phoi dtee phaai
conflicto (m)	ความขัดแย้ง	khwaam khàt yáeng
malentendido (m)	การเข้าใจผิด	gaan khâo jai phìt

insulto (m)	คำดูถูก	kham doo thòok
insultar (vt)	ดูถูก	doo thòok
insultado (adj)	โดนดูถูก	dohn doo thòok
ofensa (f)	ความเคียดแค้น	khwaam khîat-kháen
ofender (vt)	ลวงเกิน	lûang gern
ofenderse (vr)	ถือสา	thĕu săa

indignación (f)	ความโกรธแค้น	khwaam gròht kháen
indignarse (vr)	ขุ่นเคือง	khùn kheuang
queja (f)	คำร้อง	kham rórng
quejarse (vr)	บ่น	bòn

disculpa (f)	คำขอโทษ	kham khŏr thôht
disculparse (vr)	ขอโทษ	khŏr thôht
pedir perdón	ขออภัย	khŏr a-phai

crítica (f)	คำวิจารณ์	kham wí-jaan
criticar (vt)	วิจารณ์	wí-jaan
acusación (f)	การกล่าวหา	gaan glàao hăa
acusar (vt)	กล่าวหา	glàao hăa

venganza (f)	การแก้แค้น	gaan gâe kháen
vengar (vt)	แก้แค้น	gâe kháen
pagar (vt)	แก้แค้น	gâe kháen

desprecio (m)	ความดูหมิ่น	khwaam doo mìn
despreciar (vt)	ดูหมิ่น	doo mìn
odio (m)	ความเกลียดชัง	khwaam glìat chang
odiar (vt)	เกลียด	glìat

nervioso (adj)	กระวนกระวาย	grà won grà waai
estar nervioso	กระวนกระวาย	grà won grà waai
enfadado (adj)	โกรธ	gròht
enfadar (vt)	ทำให้...โกรธ	tham hâi...gròht

humillación (f)	ความเสียดเย้ย	khwaam sìat yóie
humillar (vt)	ฉีกหน้า	chèek nâa
humillarse (vr)	ฉีกหน้าตนเอง	chèek nâa dton ayng

choque (m)	ความตกตะลึง	khwaam dtòk dtà-leung
chocar (vi)	ทำให้...ตกตะลึง	tham hâi...dtòk dtà-leung
molestia (f) (problema)	ปัญหา	bpan-hăa
desagradable (adj)	ไม่น่าพึงพอใจ	mâi nâa pheung phor jai
miedo (m)	ความกลัว	khwaam glua
terrible (tormenta, etc.)	แย	yâe
de miedo (historia ~)	น่ากลัว	nâa glua
horror (m)	ความกลัว	khwaam glua
horrible (adj)	แยมาก	yâe mâak
empezar a temblar	เริ่มตัวสั่น	rêrm dtua sàn
llorar (vi)	ร้องไห้	rórng hâi
comenzar a llorar	เริ่มร้องไห้	rêrm rórng hâi
lágrima (f)	น้ำตา	nám dtaa
culpa (f)	ความผิด	khwaam phìt
remordimiento (m)	ผิด	phìt
deshonra (f)	เสียเกียรติ	sĭa gìat
protesta (f)	การประท้วง	gaan bprà-thúang
estrés (m)	ความว้าวุ่นใจ	khwaam wáa-wûn-jai
molestar (vt)	รบกวน	róp guan
estar furioso	โกรธจัด	gròht jàt
enfadado (adj)	โกรธ	gròht
terminar (vt)	ยุติ	yút-dtì
regañar (vt)	ดุดา	dù dàa
asustarse (vr)	ตกใจ	dtòk jai
golpear (vt)	ตี	dtee
pelear (vi)	สู้	sôo
resolver (~ la discusión)	ยุติ	yút-dtì
descontento (adj)	ไม่พอใจ	mâi phor jai
furioso (adj)	โกรธจัด	gròht jàt
¡No está bien!	มันไม่ค่อยดี	man mâi khôi dee
¡Está mal!	มันไม่ดีเลย	man mâi dee loie

La medicina

68. Las enfermedades

enfermedad (f)	โรค	rôhk
estar enfermo	ป่วย	bpùay
salud (f)	สุขภาพ	sùk-khà-phâap
resfriado (m) (coriza)	น้ำมูกไหล	nám môok lǎi
angina (f)	ตอมทอนซิลอักเสบ	dtòm thorn-sin àk-sàyp
resfriado (m)	หวัด	wàt
resfriarse (vr)	เป็นหวัด	bpen wàt
bronquitis (f)	โรคหลอดลมอักเสบ	rôhk lòrt lom àk-sàyp
pulmonía (f)	โรคปอดบวม	rôhk bpòrt-buam
gripe (f)	ไขหวัดใหญ่	khâi wàt yài
miope (adj)	สายตาสั้น	sǎai dtaa sân
présbita (adj)	สายตายาว	sǎai dtaa yaao
estrabismo (m)	ตาเหล	dtaa lày
estrábico (m) (adj)	เป็นตาเหล่	bpen dtaa kǎy rěu lày
catarata (f)	ตอกระจก	dtôr grà-jòk
glaucoma (f)	ตอหิน	dtôr hǐn
insulto (m)	โรคหลอดเลือดสมอง	rôhk lòrt lêuat sà-mǒrng
ataque (m) cardiaco	อาการหัวใจวาย	aa-gaan hǔa jai waai
infarto (m) de miocardio	กลามเนื้อหัวใจตาย เหตุขาดเลือด	glâam néua hǔa jai dtaai hàyt khàat lêuat
parálisis (f)	อัมพาต	am-má-phâat
paralizar (vt)	ทำให้เป็นอัมพาต	tham hâi bpen am-má-phâat
alergia (f)	ภูมิแพ้	phoom pháe
asma (f)	โรคหืด	rôhk hèut
diabetes (m)	โรคเบาหวาน	rôhk bao wǎan
dolor (m) de muelas	อาการปวดฟัน	aa-gaan bpùat fan
caries (f)	ฟันผุ	fan phù
diarrea (f)	อาการท้องเสีย	aa-gaan thórng sǐa
estreñimiento (m)	อาการทองผูก	aa-gaan thórng phòok
molestia (f) estomacal	อาการปวดทอง	aa-gaan bpùat thórng
envenenamiento (m)	ภาวะอาหารเป็นพิษ	phaa-wá aa hǎan bpen pít
envenenarse (vr)	กินอาหารเป็นพิษ	gin aa hǎan bpen phít
artritis (f)	โรคขออักเสบ	rôhk khôr àk-sàyp
raquitismo (m)	โรคกระดูกออน	rôhk grà-dòok òrn
reumatismo (m)	โรครูมาติก	rôhk roo-maa-dtìk
ateroesclerosis (f)	ภาวะหลอดเลือดแข็ง	phaa-wá lòrt lêuat khǎeng
gastritis (f)	โรคกระเพาะอาหาร	rôhk grà-phór aa-hǎan
apendicitis (f)	ไสติ่งอักเสบ	sâi dtìng àk-sàyp

| colecistitis (m) | โรคถุงน้ำดีอักเสบ | rôhk thŭng nám dee àk-sàyp |
| úlcera (f) | แผลเปื่อย | phlăe bpèuay |

sarampión (m)	โรคหัด	rôhk hàt
rubeola (f)	โรคหัดเยอรมัน	rôhk hàt yer-rá-man
ictericia (f)	โรคดีซ่าน	rôhk dee sâan
hepatitis (f)	โรคตับอักเสบ	rôhk dtàp àk-sàyp

esquizofrenia (f)	โรคจิตเภท	rôhk jìt-dtà-phâyt
rabia (f) (hidrofobia)	โรคพิษสุนัขบ้า	rôhk phít sù-nák bâa
neurosis (f)	โรคประสาท	rôhk bprà-sàat
conmoción (m) cerebral	สมองกระทบกระเทือน	sà-mŏrng grà-thóp grà-theuan

cáncer (m)	มะเร็ง	má-reng
esclerosis (f)	กูรแข็งตัวของเนื่อเยื่อรางกาย	gaan kăeng dtua kŏng néua yêua râang gaai
esclerosis (m) múltiple	โรคปลอกประสาทเสื่อมแข็ง	rôhk bplòk bprà-sàat sèuam kăeng

alcoholismo (m)	โรคพิษสุราเรื้อรัง	rôhk phít sù-raa réua rang
alcohólico (m)	คนขี้เหลา	khon khêe lâo
sífilis (f)	โรคซิฟิลิส	rôhk sí-fí-lít
SIDA (f)	โรคเอดส์	rôhk àyt

tumor (m)	เนื้องอก	néua ngôk
maligno (adj)	ร้าย	ráai
benigno (adj)	ไม่ร้าย	mâi ráai

fiebre (f)	ไข้	khâi
malaria (f)	ไข้มาลาเรีย	kâi maa-laa-ria
gangrena (f)	เนื้อตายเน่า	néua dtaai nâo
mareo (m)	ภาวะเมาคลื่น	phaa-wá mao khlêun
epilepsia (f)	โรคลมบ้าหมู	rôhk lom bâa-mŏo

epidemia (f)	โรคระบาด	rôhk rá-bàat
tifus (m)	โรครากสาดใหญ่	rôhk râak-sàat yài
tuberculosis (f)	วัณโรค	wan-ná-rôhk
cólera (f)	อหิวาตกโรค	a-hì-wâat-gà-rôhk
peste (f)	กาฬโรค	gaan-lá-rôhk

69. Los síntomas. Los tratamientos. Unidad 1

síntoma (m)	อาการ	aa-gaan
temperatura (f)	อุณหภูมิ	un-hà-phoom
fiebre (f)	อุณหภูมิสูง	un-hà-phoom sŏong
pulso (m)	ชีพจร	chêep-phá-jon

mareo (m) (vértigo)	อาการเวียนหัว	aa-gaan wian hŭa
caliente (adj)	ร้อน	rórn
escalofrío (m)	หนาวสั่น	năao sàn
pálido (adj)	หน้าเขียว	nâa sieow
tos (f)	การไอ	gaan ai
toser (vi)	ไอ	ai

estornudar (vi)	จาม	jaam
desmayo (m)	การเป็นลม	gaan bpen lom
desmayarse (vr)	เป็นลม	bpen lom
moradura (f)	ฟกช้ำ	fók chám
chichón (m)	บวม	buam
golpearse (vr)	ชน	chon
magulladura (f)	รอยฟกช้ำ	roi fók chám
magullarse (vr)	ได้รอยช้ำ	dâai roi chám
cojear (vi)	กะโผลกกะเผลก	gà-phlòhk-gà-phlàyk
dislocación (f)	ขอหลุด	khôr lùt
dislocar (vt)	ทำขอหลุด	tham khôr lùt
fractura (f)	กระดูกหัก	grà-dòok hàk
tener una fractura	หักกระดูก	hàk grà-dòok
corte (m) (tajo)	รอยบาด	roi bàat
cortarse (vr)	ทำบาด	tham bàat
hemorragia (f)	การเลือดไหล	gaan lêuat lãi
quemadura (f)	แผลไฟไหม้	phlãe fai mâi
quemarse (vr)	ได้รับแผลไฟไหม้	dâai ráp phlãe fai mâi
pincharse (el dedo)	ตำ	dtam
pincharse (vr)	ตำตัวเอง	dtam dtua ayng
herir (vt)	ทำให้บาดเจ็บ	tham hâi bàat jèp
herida (f)	การบาดเจ็บ	gaan bàat jèp
lesión (f) (herida)	แผล	phlãe
trauma (m)	แผลบาดเจ็บ	phlãe bàat jèp
delirar (vi)	คลุ้มคลั่ง	khlúm khlâng
tartamudear (vi)	พูดตะกุกตะกัก	phôot dtà-gùk-dtà-gàk
insolación (f)	โรคลมแดด	rôhk lom dàet

70. Los síntomas. Los tratamientos. Unidad 2

dolor (m)	ความเจ็บปวด	khwaam jèp bpùat
astilla (f)	เสี้ยน	sîan
sudor (m)	เหงื่อ	ngèua
sudar (vi)	เหงื่อออก	ngèua òrk
vómito (m)	การอาเจียน	gaan aa-jian
convulsiones (f)	การชัก	gaan chák
embarazada (adj)	ตั้งครรภ์	dtâng khan
nacer (vi)	เกิด	gèrt
parto (m)	การคลอด	gaan khlôrt
dar a luz	คลอดบุตร	khlôrt bùt
aborto (m)	การแทงบุตร	gaan tháeng bùt
respiración (f)	การหายใจ	gaan hãai-jai
inspiración (f)	การหายใจเข้า	gaan hãai-jai khâo
espiración (f)	การหายใจออก	gaan hãai-jai òrk
espirar (vi)	หายใจออก	hãai-jai òrk

inspirar (vi)	หายใจเข้า	hăai-jai khâo
inválido (m)	คนพิการ	khon phí-gaan
mutilado (m)	พิการ	phí-gaan
drogadicto (m)	ผู้ติดยาเสพติด	phôo dtìt yaa-sàyp-dtìt
sordo (adj)	หูหนวก	hŏo nùak
mudo (adj)	เป็นใบ้	bpen bâi
sordomudo (adj)	หูหนวกเป็นใบ้	hŏo nùak bpen bâi
loco (adj)	บ้า	bâa
loco (m)	คนบ้า	khon bâa
loca (f)	คนบ้า	khon bâa
volverse loco	เสียสติ	sĭa sà-dtì
gen (m)	ยีน	yeun
inmunidad (f)	ภูมิคุ้มกัน	phoom khúm gan
hereditario (adj)	เป็นกรรมพันธุ์	bpen gam-má-phan
de nacimiento (adj)	แต่กำเนิด	dtàe gam-nèrt
virus (m)	เชื้อไวรัส	chéua wai-rát
microbio (m)	จุลินทรีย์	jù-lin-see
bacteria (f)	แบคทีเรีย	bàek-tee-ria
infección (f)	การติดเชื้อ	gaan dtìt chéua

71. Los síntomas. Los tratamientos. Unidad 3

hospital (m)	โรงพยาบาล	rohng phá-yaa-baan
paciente (m)	ผู้ป่วย	phôo bpùay
diagnosis (f)	การวินิจฉัยโรค	gaan wí-nít-chăi rôhk
cura (f)	การรักษา	gaan rák-săa
tratamiento (m)	การรักษา	gaan rák-săa
	ทางการแพทย์	thaang gaan phâet
curarse (vr)	รับการรักษา	ráp gaan rák-săa
tratar (vt)	รักษา	rák-săa
cuidar (a un enfermo)	รักษา	rák-săa
cuidados (m pl)	การดูแลรักษา	gaan doo lae rák-săa
operación (f)	การผ่าตัด	gaan phàa dtàt
vendar (vt)	พันแผล	phan phlăe
vendaje (m)	การพันแผล	gaan phan phlăe
vacunación (f)	การฉีดวัคซีน	gaan chèet wák-seen
vacunar (vt)	ฉีดวัคซีน	chèet wák-seen
inyección (f)	การฉีดยา	gaan chèet yaa
aplicar una inyección	ฉีดยา	chèet yaa
ataque (m)	มีอาการเฉียบพลัน	mee aa-gaan chìap phlan
amputación (f)	การตัดอวัยวะออก	gaan dtàt a-wai-wá òrk
amputar (vt)	ตัด	dtàt
coma (m)	อาการโคม่า	aa-gaan khoh-mâa
estar en coma	อยู่ในอาการโคม่า	yòo nai aa-gaan khoh-mâa
revitalización (f)	หนวยอภิบาล	nùay à-phí-baan
recuperarse (vr)	ฟื้นตัว	féun dtua

estado (m) (de salud)	อาการ	aa-gaan
consciencia (f)	สติสัมปชัญญะ	sà-dtì săm-bpà-chan-yá
memoria (f)	ความทรงจำ	khwaam song jam

extraer (un diente)	ถอน	thŏrn
empaste (m)	การอุด	gaan ùt
empastar (vt)	อุด	ùt

| hipnosis (f) | การสะกดจิต | gaan sà-gòt jìt |
| hipnotizar (vt) | สะกดจิต | sà-gòt jìt |

72. Los médicos

médico (m)	แพทย์	phâet
enfermera (f)	พยาบาล	phá-yaa-baan
médico (m) personal	แพทย์ส่วนตัว	phâet sùan dtua

dentista (m)	ทันตแพทย์	than-dtà phâet
oftalmólogo (m)	จักษุแพทย์	jàk-sù phâet
internista (m)	อายุรแพทย์	aa-yú-rá-phâet
cirujano (m)	ศัลยแพทย์	săn-yá-phâet

psiquiatra (m)	จิตแพทย์	jìt-dtà-phâet
pediatra (m)	กุมารแพทย์	gù-maan phâet
psicólogo (m)	นักจิตวิทยา	nák jìt wít-thá-yaa
ginecólogo (m)	นรีแพทย์	ná-ree phâet
cardiólogo (m)	หทัยแพทย์	hà-thai phâet

73. La medicina. Las drogas. Los accesorios

medicamento (m), droga (f)	ยา	yaa
remedio (m)	ยา	yaa
prescribir (vt)	จ่ายยา	jàai yaa
receta (f)	ใบสั่งยา	bai sàng yaa

tableta (f)	ยาเม็ด	yaa mét
ungüento (m)	ยาทา	yaa thaa
ampolla (f)	หลอดยา	lòrt yaa
mixtura (f), mezcla (f)	ยาส่วนผสม	yaa sùan phà-sŏm
sirope (m)	น้ำเชื่อม	nám chêuam
píldora (f)	ยาเม็ด	yaa mét
polvo (m)	ยาผง	yaa phŏng

venda (f)	ผ้าพันแผล	phâa phan phlăe
algodón (m) (discos de ~)	สำลี	săm-lee
yodo (m)	ไอโอดีน	ai oh-deen

tirita (f), curita (f)	พลาสเตอร์	phláat-dtêr
pipeta (f)	ที่หยอดตา	thêe yòrt dtaa
termómetro (m)	ปรอท	bpa -ròrt
jeringa (f)	เข็มฉีดยา	khĕm chèet-yaa
silla (f) de ruedas	รถเข็นคนพิการ	rót khĕn khon phí-gaan

muletas (f pl)	ไม้ค้ำยัน	máai khám yan
anestésico (m)	ยาแก้ปวด	yaa gâe bpùat
purgante (m)	ยาระบาย	yaa rá-baai
alcohol (m)	เอธานอล	ay-thaa-norn
hierba (f) medicinal	สมุนไพร ทางการแพทย์	sà-mŭn phrai thaang gaan phâet
de hierbas (té ~)	สมุนไพร	sà-mŭn phrai

74. El fumar. Los productos del tabaco

tabaco (m)	ยาสูบ	yaa sòop
cigarrillo (m)	บุหรี่	bù rèe
cigarro (m)	ซิการ์	sí-gâa
pipa (f)	ไปป์	bpai
paquete (m)	ซอง	sorng

cerillas (f pl)	ไม้ขีด	máai khèet
caja (f) de cerillas	กล่องไม้ขีด	glòrng máai khèet
encendedor (m)	ไฟแช็ก	fai cháek
cenicero (m)	ที่เขี่ยบุหรี่	thêe khìa bù rèe
pitillera (f)	กล่องใส่บุหรี่	glòrng sài bù rèe

| boquilla (f) | ที่ต่อบุหรี่ | thêe dtòr bù rèe |
| filtro (m) | ตัวกรองบุหรี่ | dtua grorng bù rèe |

fumar (vi, vt)	สูบ	sòop
encender un cigarrillo	จุดบุหรี่	jùt bù rèe
tabaquismo (m)	การสูบบุหรี่	gaan sòop bù rèe
fumador (m)	ผู้สูบบุหรี่	pôo sòop bù rèe

colilla (f)	ก้นบุหรี่	gôn bù rèe
humo (m)	ควันบุหรี่	khwan bù rèe
ceniza (f)	ขี้บุหรี่	khêe bù rèe

EL AMBIENTE HUMANO

La ciudad

75. La ciudad. La vida en la ciudad

ciudad (f)	เมือง	meuang
capital (f)	เมืองหลวง	meuang lǔang
aldea (f)	หมู่บ้าน	mòo bâan
plano (m) de la ciudad	แผนที่เมือง	phǎen thêe meuang
centro (m) de la ciudad	ใจกลางเมือง	jai glaang-meuang
suburbio (m)	ชานเมือง	chaan meuang
suburbano (adj)	ชานเมือง	chaan meuang
arrabal (m)	รอบนอกเมือง	rôrp nôrk meuang
afueras (f pl)	เขตรอบเมือง	khàyt rôrp-meuang
barrio (m)	บล็อกผังเมือง	blòrk phǎng meuang
zona (f) de viviendas	บล็อกที่อยู่อาศัย	blòrk thêe yòo aa-sǎi
tráfico (m)	การจราจร	gaan jà-raa-jon
semáforo (m)	ไฟจราจร	fai jà-raa-jon
transporte (m) urbano	ขนส่งมวลชน	khǒn sòng muan chon
cruce (m)	สี่แยก	sèe yâek
paso (m) de peatones	ทางม้าลาย	thaang máa laai
paso (m) subterráneo	อุโมงค์คนเดิน	u-mohng kon dern
cruzar (vt)	ข้าม	khâam
peatón (m)	คนเดินเท้า	khon dern tháo
acera (f)	ทางเท้า	thaang tháo
puente (m)	สะพาน	sà-phaan
muelle (m)	ทางเลียบแม่น้ำ	thaang lîap mâe náam
fuente (f)	น้ำพุ	nám phú
alameda (f)	ทางเลียบสวน	thaang lîap sǔan
parque (m)	สวน	sǔan
bulevar (m)	ถนนกว้าง	thà-nǒn gwâang
plaza (f)	จัตุรัส	jàt-dtù-ràt
avenida (f)	ถนนใหญ่	thà-nǒn yài
calle (f)	ถนน	thà-nǒn
callejón (m)	ซอย	soi
callejón (m) sin salida	ทางตัน	thaang dtan
casa (f)	บ้าน	bâan
edificio (m)	อาคาร	aa-khaan
rascacielos (m)	ตึกระฟ้า	dtèuk rá-fáa
fachada (f)	ด้านหน้าอาคาร	dâan-nâa aa-khaan
techo (m)	หลังคา	lǎng khaa

ventana (f)	หน้าต่าง	nâa dtàang
arco (m)	ซุมประตู	súm bprà-dtoo
columna (f)	เสา	săo
esquina (f)	มุม	mum

escaparate (f)	หน้าต่างร้านค้า	nâa dtàang ráan kháa
letrero (m) (~ luminoso)	ป้ายราน	bpâai ráan
cartel (m)	โปสเตอร์	bpòht-dtêr
cartel (m) publicitario	ป้ายโฆษณา	bpâai khôht-sà-naa
valla (f) publicitaria	กระดานปิดประกาศ โฆษณา	grà-daan bpìt bprà-gàat khôht-sà-naa

basura (f)	ขยะ	khà-yà
cajón (m) de basura	ถังขยะ	thăng khà-yà
tirar basura	ทิ้งขยะ	thíng khà-yà
basurero (m)	ที่ทิ้งขยะ	thêe thíng khà-yà

cabina (f) telefónica	ตู้โทรศัพท์	dtôo thoh-rá-sàp
farola (f)	เสาโคม	săo khohm
banco (m) (del parque)	มานั่ง	máa nâng

policía (m)	เจ้าหน้าที่ตำรวจ	jâo nâa-thêe dtam-rùat
policía (f) (~ nacional)	ตำรวจ	dtam-rùat
mendigo (m)	ขอทาน	khŏr thaan
persona (f) sin hogar	คนไร้บ้าน	khon rái bâan

76. Las instituciones urbanas

tienda (f)	ร้านค้า	ráan kháa
farmacia (f)	ร้านขายยา	ráan khăai yaa
óptica (f)	รานตัดแว่น	ráan dtàt wâen
centro (m) comercial	ศูนย์การค้า	sŏon gaan kháa
supermercado (m)	ซูเปอร์มาร์เก็ต	soo-bper-maa-gèt

panadería (f)	ร้านขนมปัง	ráan khà-nŏm bpang
panadero (m)	คนอบขนมปัง	khon òp khà-nŏm bpang
pastelería (f)	ร้านขนม	ráan khà-nŏm
tienda (f) de comestibles	ร้านขายของชำ	ráan khăai khŏrng cham
carnicería (f)	รานขายเนื้อ	ráan khăai néua

| verdulería (f) | ร้านขายผัก | ráan khăai phàk |
| mercado (m) | ตลาด | dtà-làat |

cafetería (f)	ร้านกาแฟ	ráan gaa-fae
restaurante (m)	รานอาหาร	ráan aa-hăan
cervecería (f)	บาร์	baa
pizzería (f)	รานพิชซ่า	ráan phís-sâa

peluquería (f)	ร้านทำผม	ráan tham phŏm
oficina (f) de correos	โรงไปรษณีย์	rohng bprai-sà-nee
tintorería (f)	รานซักแหง	ráan sák hâeng
estudio (m) fotográfico	ห้องถายภาพ	hôrng thàai phâap
zapatería (f)	รานขายรองเท้า	ráan khăai rorng táo
librería (f)	รานขายหนังสือ	ráan khăai năng-sĕu

tienda (f) deportiva	ร้านขายอุปกรณ์กีฬา	ráan khăai u-bpà-gon gee-laa
arreglos (m pl) de ropa	ร้านซ่อมเสื้อผ้า	ráan sôrm sêua phâa
alquiler (m) de ropa	ร้านเช่าเสื้อออกงาน	ráan châo sêua òrk ngaan
videoclub (m)	ร้านเช่าวิดีโอ	ráan châo wí-dee-oh
circo (m)	โรงละครสัตว์	rohng lá-khon sàt
zoo (m)	สวนสัตว์	sŭan sàt
cine (m)	โรงภาพยนตร์	rohng phâap-phá-yon
museo (m)	พิพิธภัณฑ์	phí-phítha phan
biblioteca (f)	ห้องสมุด	hôrng sà-mùt
teatro (m)	โรงละคร	rohng lá-khon
ópera (f)	โรงอุปรากร	rohng ù-bpà-raa-gon
club (m) nocturno	ไนท์คลับ	nai-khláp
casino (m)	คาสิโน	khaa-sì-noh
mezquita (f)	สุเหร่า	sù-rào
sinagoga (f)	โบสถ์ยิว	bòht yiw
catedral (f)	อาสนวิหาร	aa sŏn wí-hăan
templo (m)	วิหาร	wí-hăan
iglesia (f)	โบสถ์	bòht
instituto (m)	วิทยาลัย	wít-thá-yaa-lai
universidad (f)	มหาวิทยาลัย	má-hăa wít-thá-yaa-lai
escuela (f)	โรงเรียน	rohng rian
prefectura (f)	ศาลากลางจังหวัด	săa-laa glaang jang-wàt
alcaldía (f)	ศาลาเทศบาล	săa-laa thâyt-sà-baan
hotel (m)	โรงแรม	rohng raem
banco (m)	ธนาคาร	thá-naa-khaan
embajada (f)	สถานทูต	sà-thăan thôot
agencia (f) de viajes	บริษัททัวร์	bor-rí-sàt thua
oficina (f) de información	สำนักงาน	săm-nák ngaan
	ศูนย์ข้อมูล	sŏon khôr moon
oficina (f) de cambio	ร้านแลกเงิน	ráan lâek ngern
metro (m)	รถไฟใต้ดิน	rót fai dtâi din
hospital (m)	โรงพยาบาล	rohng phá-yaa-baan
gasolinera (f)	ปั๊มน้ำมัน	bpám náam man
aparcamiento (m)	ลานจอดรถ	laan jòrt rót

77. El transporte urbano

autobús (m)	รถเมล์	rót may
tranvía (m)	รถราง	rót raang
trolebús (m)	รถโดยสารประจำ	rót doi săan bprà-jam
	ทางไฟฟ้า	thaang fai fáa
itinerario (m)	เส้นทาง	sên thaang
número (m)	หมายเลข	măai lâyk
ir en …	ไปด้วย	bpai dûay
tomar (~ el autobús)	ขึ้น	khêun

bajar (~ del tren)	ลง	long
parada (f)	ป้าย	bpâai
próxima parada (f)	ป้ายถัดไป	bpâai thàt bpai
parada (f) final	ป้ายสุดท้าย	bpâai sùt tháai
horario (m)	ตารางเวลา	dtaa-raang way-laa
esperar (aguardar)	รอ	ror
billete (m)	ตั๋ว	dtŭa
precio (m) del billete	ค่าตั๋ว	khâa dtŭa
cajero (m)	คนขายตั๋ว	khon khăai dtŭa
control (m) de billetes	การตรวจตั๋ว	gaan dtrùat dtŭa
cobrador (m)	พนักงานตรวจตั๋ว	phá-nák ngaan dtrùat dtŭa
llegar tarde (vi)	ไปสาย	bpai săai
perder (~ el tren)	พลาด	phlâat
tener prisa	รีบเร่ง	rêep râyng
taxi (m)	แท็กซี่	tháek-sêe
taxista (m)	คนขับแท็กซี่	khon khàp tháek-sêe
en taxi	โดยแท็กซี่	doi tháek-sêe
parada (f) de taxi	ป้ายจอดแท็กซี่	bpâai jòrt tháek sêe
llamar un taxi	เรียกแท็กซี่	rîak tháek sêe
tomar un taxi	ขึ้นรถแท็กซี่	khêun rót tháek-sêe
tráfico (m)	การจราจร	gaan jà-raa-jon
atasco (m)	การจราจรติดขัด	gaan jà-raa-jon dtìt khàt
horas (f pl) de punta	ชั่วโมงเร่งด่วน	chûa mohng râyng dùan
aparcar (vi)	จอด	jòrt
aparcar (vt)	จอด	jòrt
aparcamiento (m)	ลานจอดรถ	laan jòrt rót
metro (m)	รถไฟใต้ดิน	rót fai dtâi din
estación (f)	สถานี	sà-thăa-nee
ir en el metro	ขึ้นรถไฟใต้ดิน	khêun rót fai dtâi din
tren (m)	รถไฟ	rót fai
estación (f)	สถานีรถไฟ	sà-thăa-nee rót fai

78. La exploración del paisaje

monumento (m)	อนุสาวรีย์	a-nú-săa-wá-ree
fortaleza (f)	ป้อม	bpôrm
palacio (m)	วัง	wang
castillo (m)	ปราสาท	bpraa-sàat
torre (f)	หอ	hŏr
mausoleo (m)	สุสาน	sù-săan
arquitectura (f)	สถาปัตยกรรม	sà-thăa-bpàt-dtà-yá-gam
medieval (adj)	ยุคกลาง	yúk glaang
antiguo (adj)	โบราณ	boh-raan
nacional (adj)	แห่งชาติ	hàeng châat
conocido (adj)	ที่มีชื่อเสียง	thêe mee chêu-sĭang
turista (m)	นักท่องเที่ยว	nák thôrng thîeow
guía (m) (persona)	มัคคุเทศก์	mák-khú-thâyt

excursión (f)	ทัศนศึกษา	thát-sà-ná-sèuk-sǎa
mostrar (vt)	แสดง	sà-daeng
contar (una historia)	เล่า	lâo

encontrar (hallar)	หาพบ	hǎa phóp
perderse (vr)	หลงทาง	lǒng thaang
plano (m) (~ de metro)	แผนที่	phǎen thêe
mapa (m) (~ de la ciudad)	แผนที่	phǎen thêe

recuerdo (m)	ของที่ระลึก	khǒrng thêe rá-léuk
tienda (f) de regalos	ร้านขาย	ráan khǎai
	ของที่ระลึก	khǒrng thêe rá-léuk

hacer fotos	ถ่ายภาพ	thàai phâap
fotografiarse (vr)	ได้รับการ	dâai ráp gaan
	ถ่ายภาพให้	thàai phâap hâi

79. Las compras

comprar (vt)	ซื้อ	séu
compra (f)	ของซื้อ	khǒrng séu
hacer compras	ไปซื้อของ	bpai séu khǒrng
compras (f pl)	การชอปปิง	gaan chóp bping

estar abierto (tienda)	เปิด	bpèrt
estar cerrado	ปิด	bpìt

calzado (m)	รองเท้า	rorng tháo
ropa (f), vestido (m)	เสื้อผ้า	sêua phâa
cosméticos (m pl)	เครื่องสำอาง	khrêuang sǎm-aang
productos alimenticios	อาหาร	aa-hǎan
regalo (m)	ของขวัญ	khǒrng khwǎn

vendedor (m)	พนักงานขาย	phá-nák ngaan khǎai
vendedora (f)	พนักงานขาย	phá-nák ngaan khǎai

caja (f)	ที่จ่ายเงิน	thêe jàai ngern
espejo (m)	กระจก	grà-jòk
mostrador (m)	เคาน์เตอร์	khao-dtêr
probador (m)	ห้องลองเสื้อผ้า	hôrng lorng sêua phâa

probar (un vestido)	ลอง	lorng
quedar (una ropa, etc.)	เหมาะ	mò
gustar (vi)	ชอบ	chôrp

precio (m)	ราคา	raa-khaa
etiqueta (f) de precio	ป้ายราคา	bpâai raa-khaa
costar (vt)	ราคา	raa-khaa
¿Cuánto?	ราคาเท่าไหร่?	raa-khaa thâo rài
descuento (m)	ลดราคา	lót raa-khaa

no costoso (adj)	ไม่แพง	mâi phaeng
barato (adj)	ถูก	thòok
caro (adj)	แพง	phaeng
Es caro	มันราคาแพง	man raa-khaa phaeng

alquiler (m)	การเช่า	gaan châo
alquilar (vt)	เช่า	châo
crédito (m)	สินเชื่อ	sĭn chêua
a crédito (adv)	ซื้อเงินเชื่อ	séu ngern chêua

80. El dinero

dinero (m)	เงิน	ngern
cambio (m)	การแลกเปลี่ยนสกุลเงิน	gaan lâek bplìan sà-gun ngern
curso (m)	อัตราแลกเปลี่ยนสกุลเงิน	àt-dtraa lâek bplìan sà-gun ngern
cajero (m) automático	เอทีเอ็ม	ay-thee-em
moneda (f)	เหรียญ	rĭan
dólar (m)	ดอลลาร์	dorn-lâa
euro (m)	ยูโร	yoo-roh
lira (f)	ลีราอิตาลี	lee-raa ì-dtaa-lee
marco (m) alemán	มารค	mâak
franco (m)	ฟรังค์	frang
libra esterlina (f)	ปอนด์สเตอร์ลิง	bporn sà-dtêr-ling
yen (m)	เยน	yayn
deuda (f)	หนี้	nêe
deudor (m)	ลูกหนี้	lôok nêe
prestar (vt)	ให้ยืม	hâi yeum
tomar prestado	ขอยืม	khŏr yeum
banco (m)	ธนาคาร	thá-naa-khaan
cuenta (f)	บัญชี	ban-chee
ingresar (~ en la cuenta)	ฝาก	fàak
ingresar en la cuenta	ฝากเงินเข้าบัญชี	fàak ngern khâo ban-chee
sacar de la cuenta	ถอน	thŏrn
tarjeta (f) de crédito	บัตรเครดิต	bàt khray-dìt
dinero (m) en efectivo	เงินสด	ngern sòt
cheque (m)	เช็ค	chék
sacar un cheque	เขียนเช็ค	khĭan chék
talonario (m)	สมุดเช็ค	sà-mùt chék
cartera (f)	กระเป๋าเงิน	grà-bpăo ngern
monedero (m)	กระเป๋าสตางค์	grà-bpăo sà-dtaang
caja (f) fuerte	ตู้เซฟ	dtôo sâyf
heredero (m)	ทายาท	thaa-yâat
herencia (f)	มรดก	mor-rá-dòrk
fortuna (f)	เงินจำนวนมาก	ngern jam-nuan mâak
arriendo (m)	สัญญาเช่า	săn-yaa châo
alquiler (m) (dinero)	ค่าเช่า	kâa châo
alquilar (~ una casa)	เช่า	châo
precio (m)	ราคา	raa-khaa
coste (m)	ราคา	raa-khaa

suma (f)	จำนวนเงินรวม	jam-nuan ngern ruam
gastar (vt)	จ่าย	jàai
gastos (m pl)	ค่าจ่าย	khâa jàai
economizar (vi, vt)	ประหยัด	bprà-yàt
económico (adj)	ประหยัด	bprà-yàt

pagar (vi, vt)	จ่าย	jàai
pago (m)	การจ่ายเงิน	gaan jàai ngern
cambio (m) (devolver el ~)	เงินทอน	ngern thorn

impuesto (m)	ภาษี	phaa-sěe
multa (f)	ค่าปรับ	khâa bpràp
multar (vt)	ปรับ	bpràp

81. La oficina de correos

oficina (f) de correos	โรงไปรษณีย์	rohng bprai-sà-nee
correo (m) (cartas, etc.)	จดหมาย	jòt mǎai
cartero (m)	บุรุษไปรษณีย์	bù-rùt bprai-sà-nee
horario (m) de apertura	เวลาทำการ	way-laa tham gaan

carta (f)	จดหมาย	jòt mǎai
carta (f) certificada	จดหมายลงทะเบียน	jòt mǎai long thá-bian
tarjeta (f) postal	ไปรษณียบัตร	bprai-sà-nee-yá-bàt
telegrama (m)	โทรเลข	thoh-rá-lâyk
paquete (m) postal	พัสดุ	phát-sà-dù
giro (m) postal	การโอนเงิน	gaan ohn ngern

recibir (vt)	รับ	ráp
enviar (vt)	ฝาก	fàak
envío (m)	การฝาก	gaan fàak

dirección (f)	ที่อยู่	thêe yòo
código (m) postal	รหัสไปรษณีย์	rá-hàt bprai-sà-nee
expedidor (m)	ผู้ฝาก	phôo fàak
destinatario (m)	ผู้รับ	phôo ráp

| nombre (m) | ชื่อ | chêu |
| apellido (m) | นามสกุล | naam sà-gun |

| tarifa (f) | อัตราค่าส่งไปรษณีย์ | àt-dtraa khâa sòng bprai-sà-nee |

| ordinario (adj) | มาตรฐาน | mâat-dtrà-thǎan |
| económico (adj) | ประหยัด | bprà-yàt |

peso (m)	น้ำหนัก	nám nàk
pesar (~ una carta)	มีน้ำหนัก	mee nám nàk
sobre (m)	ซอง	sorng
sello (m)	แสตมป์ไปรษณีย์	sà-dtaem bprai-sà-nee
poner un sello	แสตมป์ตราประทับบนซอง	sà-dtaem dtraa bprà-tháp bon song

La vivienda. La casa. El hogar

82. La casa. La vivienda

casa (f)	บ้าน	bâan
en casa (adv)	ที่บ้าน	thêe bâan
patio (m)	สนาม	sà-năam
verja (f)	รั้ว	rúa
ladrillo (m)	อิฐ	ìt
de ladrillo (adj)	อิฐ	ìt
piedra (f)	หิน	hĭn
de piedra (adj)	หิน	hĭn
hormigón (m)	คอนกรีต	khorn-grèet
de hormigón (adj)	คอนกรีต	khorn-grèet
nuevo (adj)	ใหม่	mài
viejo (adj)	เก่า	gào
deteriorado (adj)	เสื่อมสภาพ	sèuam sà-phâap
moderno (adj)	ทันสมัย	than sà-măi
de muchos pisos	ที่มีหลายชั้น	thêe mee lăai chán
alto (adj)	สูง	sŏong
piso (m)	ชั้น	chán
de un solo piso	ชั้นเดียว	chán dieow
piso (m) bajo	ชั้นล่าง	chán lâang
piso (m) alto	ชั้นบนสุด	chán bon sùt
techo (m)	หลังคา	lăng khaa
chimenea (f)	ปล่องควัน	bplòrng khwan
tejas (f pl)	กระเบื้องหลังคา	grà-bêuang lăng khaa
de tejas (adj)	กูระเบื้อง	grà-bêuang
desván (m)	ห้องใต้หลังคา	hôrng dtâi lăng-khaa
ventana (f)	หน้าต่าง	nâa dtàang
vidrio (m)	แก้ว	gâew
alféizar (m)	ชั้นติดผนัง	chán dtìt phà-năng
	ใตหนาตาง	dtâi nâa dtàang
contraventanas (f pl)	ชัตเตอร์	chát-dtêr
pared (f)	ฝาผนัง	făa phà-năng
balcón (m)	ระเบียง	rá-biang
gotera (f)	รางน้ำ	raang náam
arriba (estar ~)	ชั้นบน	chán bon
subir (vi)	ขึ้นไปข้างบน	khêun bpai khâang bon
descender (vi)	ลง	long
mudarse (vt)	ย้ายไป	yáai bpai

83. La casa. La entrada. El ascensor

entrada (f)	ทางเข้า	thaang khâo
escalera (f)	บันได	ban-dai
escalones (m)	ขั้นบันได	khân ban-dai
baranda (f)	ราวบันได	raao ban-dai
vestíbulo (m)	หองโถง	hôrng thŏhng
buzón (m)	ตู้จดหมาย	dtôo jòt măai
contenedor (m) de basura	ถังขยะ	thăng khà-yà
bajante (f) de basura	ชองทิ้งขยะ	chôrng thíng khà-yà
ascensor (m)	ลิฟต์	líf
ascensor (m) de carga	ลิฟต์ขนของ	líf khŏn khŏrng
cabina (f)	กรงลิฟต์	grorng líf
ir en el ascensor	ขึ้นลิฟต	khêun líf
apartamento (m)	อพาร์ตเมนต์	a-phâat-mayn
inquilinos (m)	ผูอาศัย	phôo aa-săi
vecino (m)	เพื่อนบาน	phêuan bâan
vecina (f)	เพื่อนบาน	phêuan bâan
vecinos (m pl)	เพื่อนบาน	phêuan bâan

84. La casa. Las puertas. Los candados

puerta (f)	ประตู	bprà-dtoo
portón (m)	ประตูรั้ว	bprà-dtoo rúa
tirador (m)	ลูกบิดประตู	lôok bìt bprà-dtoo
abrir el cerrojo	ไข	khăi
abrir (vt)	เปิด	bpèrt
cerrar (vt)	ปิด	bpìt
llave (f)	ลูกกุญแจ	lôok gun-jae
manojo (m) de llaves	พวง	phuang
crujir (vi)	ออดแอ๊ด	órt-áet
crujido (m)	เสียงออดแอ๊ด	sĭang órt-áet
gozne (m)	บานพับ	baan pháp
felpudo (m)	ที่เช็ดเทา	thêe chét tháo
cerradura (f)	แม่กุญแจ	mâe gun-jae
ojo (m) de cerradura	รูกุญแจ	roo gun-jae
cerrojo (m)	ไมที่วางขวาง	máai thêe waang khwăang
pestillo (m)	กลอนประตู	glorn bprà-dtoo
candado (m)	ดอกกุญแจ	dòrk gun-jae
tocar el timbre	กดออด	gòt òrt
campanillazo (f)	เสียงดัง	sĭang dang
timbre (m)	กระดิ่งประตู	grà-dìng bprà-dtoo
botón (m)	ปุ่มออดหนาประตู	bpùm òrt nâa bprà-dtoo
llamada (f)	เสียงเคาะ	sĭang khór
llamar (vi)	เคาะ	khór
código (m)	รหัส	rá-hàt
cerradura (f) de contraseña	กุญแจรหัส	gun-jae rá-hàt

telefonillo (m)	อินเตอร์คอม	in-dtêr-khom
número (m)	เลข	lâyk
placa (f) de puerta	ป้ายหน้าประตู	bpâai nâa bprà-dtoo
mirilla (f)	ช่องตาแมว	chôrng dtaa maew

85. La casa de campo

aldea (f)	หมู่บ้าน	mòo bâan
huerta (f)	สวนผัก	sǔan phàk
empalizada (f)	รั้ว	rúa
valla (f)	รั้วปักดิน	rúa bpàk din
puertecilla (f)	ประตูรั้วเล็กๆ	bprà-dtoo rúa lék lék
granero (m)	ยุ้งฉาง	yúng chǎang
sótano (m)	ห้องใต้ดิน	hôrng dtâi din
cobertizo (m)	โรงนา	rohng naa
pozo (m)	บ่อน้ำ	bòr náam
estufa (f)	เตา	dtao
calentar la estufa	จุดไฟ	jùt fai
leña (f)	ฟืน	feun
leño (m)	ท่อน	thôrn
veranda (f)	เฉลียงหน้าบ้าน	chà-lǐang nâa bâan
terraza (f)	ระเบียง	rá-biang
porche (m)	บันไดทางเข้าบ้าน	ban-dai thaang khâo bâan
columpio (m)	ชิงช้า	ching cháa

86. El castillo. El palacio

castillo (m)	ปราสาท	bpraa-sàat
palacio (m)	วัง	wang
fortaleza (f)	ป้อม	bpôrm
muralla (f)	กำแพง	gam-phaeng
torre (f)	หอ	hǒr
torre (f) principal	หอกลาง	hǒr klaang
rastrillo (m)	ประตูชักรอก	bprà-dtoo chák rôrk
pasaje (m) subterráneo	ทางใต้ดิน	taang dtâi din
foso (m) del castillo	คูเมือง	khoo meuang
cadena (f)	โซ่	sôh
aspillera (f)	ช่องยิงธนู	chôrng ying thá-noo
magnífico (adj)	ภัทร	phát
majestuoso (adj)	โอ่โถง	òh thǒhng
inexpugnable (adj)	ที่ไม่สามารถ	thêe mâi sǎa-mâat
	เจาะเขาไปถึง	jòr khâo bpai thěung
medieval (adj)	ยุคกลาง	yúk glaang

87. El apartamento

apartamento (m)	อพาร์ตเมนต์	a-phâat-mayn
habitación (f)	ห้อง	hôrng
dormitorio (m)	ห้องนอน	hôrng norn
comedor (m)	ห้องรับประทานอาหาร	hôrng ráp bprà-thaan aa-hăan
salón (m)	ห้องนั่งเล่น	hôrng nâng lên
despacho (m)	ห้องทำงาน	hôrng tham ngaan
antecámara (f)	ห้องเข้า	hôrng khâo
cuarto (m) de baño	ห้องน้ำ	hôrng náam
servicio (m)	ห้องส้วม	hôrng sûam
techo (m)	เพดาน	phay-daan
suelo (m)	พื้น	phéun
rincón (m)	มุม	mum

88. El apartamento. La limpieza

hacer la limpieza	ทำความสะอาด	tham khwaam sà-àat
quitar (retirar)	เก็บ	gèp
polvo (m)	ฝุ่น	fùn
polvoriento (adj)	มีฝุ่นเยอะ	mee fùn yúh
limpiar el polvo	ปัดกวาด	bpàt gwàat
aspirador (m)	เครื่องดูดฝุ่น	khrêuang dòot fùn
limpiar con la aspiradora	ดูดฝุ่น	dòot fùn
barrer (vi, vt)	กวาด	gwàat
barreduras (f pl)	ฝุ่นกวาด	fùn gwàat
orden (m)	ความสะอาด	khwaam sà-àat
desorden (m)	ความไม่เป็นระเบียบ	khwaam mâi bpen rá-bìap
fregona (f)	ไม้ถูพื้น	mái thŏo phéun
trapo (m)	ผ้าเช็ดพื้น	phâa chét phéun
escoba (f)	ไม้กวาดสั่น	máai gwàat sân
cogedor (m)	ที่ตักผง	têe dtàk phŏng

89. Los muebles. El interior

muebles (m pl)	เครื่องเรือน	khrêuang reuan
mesa (f)	โต๊ะ	dtó
silla (f)	เก้าอี้	gâo-êe
cama (f)	เตียง	dtiang
sofá (m)	โซฟา	soh-faa
sillón (m)	เก้าอี้เท้าแขน	gâo-êe tháo khăen
librería (f)	ตู้หนังสือ	dtôo năng-sĕu
estante (m)	ชั้นวาง	chán waang
armario (m)	ตู้เสื้อผ้า	dtôo sêua phâa

| percha (f) | ที่แขวนเสื้อ | thêe khwǎen sêua |
| perchero (m) de pie | ไมแขวนเสื้อ | mái khwǎen sêua |

| cómoda (f) | ตู้ลิ้นชัก | dtôo lín chák |
| mesa (f) de café | โต๊ะกาแฟ | dtó gaa-fae |

espejo (m)	กระจก	grà-jòk
tapiz (m)	พรม	phrom
alfombra (f)	พรมเช็ดเท้า	phrom chét tháo

chimenea (f)	เตาผิง	dtao phǐng
candela (f)	เทียน	thian
candelero (m)	เชิงเทียน	cherng thian

cortinas (f pl)	ผ้าแขวน	phâa khwǎen
empapelado (m)	วอลเปเปอร์	worn-bpay-bper
estor (m) de láminas	บานเกล็ดหน้าต่าง	baan glèt nâa dtàang

lámpara (f) de mesa	โคมไฟตั้งโต๊ะ	khohm fai dtâng dtó
candil (m)	ไฟติดผนัง	fai dtìt phà-nǎng
lámpara (f) de pie	โคมไฟตั้งพื้น	khohm fai dtâng phéun
lámpara (f) de araña	โคมระย้า	khohm rá-yáa

pata (f) (~ de la mesa)	ขา	khǎa
brazo (m)	ที่พักแขน	thêe phák khǎen
espaldar (m)	พนักพิง	phá-nák phing
cajón (m)	ลิ้นชัก	lín chák

90. Los accesorios de la cama

ropa (f) de cama	ชุดผ้าปูที่นอน	chút phâa bpoo thêe norn
almohada (f)	หมอน	mǒrn
funda (f)	ปลอกหมอน	bplòk mǒrn
manta (f)	ผ้าห่วย	phâa phǔay
sábana (f)	ผ้าปู	phâa bpoo
sobrecama (f)	ผ้าคลุมเตียง	phâa khlum dtiang

91. La cocina

cocina (f)	ห้องครัว	hôrng khrua
gas (m)	แก๊ส	gáet
cocina (f) de gas	เตาแก๊ส	dtao gàet
cocina (f) eléctrica	เตาไฟฟ้า	dtao fai-fáa
horno (m)	เตาอบ	dtao òp
horno (m) microondas	เตาอบไมโครเวฟ	dtao òp mai-khroh-we p

frigorífico (m)	ตู้เย็น	dtôo yen
congelador (m)	ตู้แช่แข็ง	dtôo châe khǎeng
lavavajillas (m)	เครื่องล้างจาน	khrêuang láang jaan
picadora (f) de carne	เครื่องบดเนื้อ	khrêuang bòt néua
exprimidor (m)	เครื่องคั้น น้ำผลไม้	khrêuang khán náam phǒn-lá-mái

tostador (m)	เครื่องปิ้ง	khrêuang bpîng
	ขนมปัง	khà-nŏm bpang
batidora (f)	เครื่องปั่น	khrêuang bpàn
cafetera (f) (aparato de cocina)	เครื่องชงกาแฟ	khrêuang chong gaa-fae
cafetera (f) (para servir)	หม้อกาแฟ	môr gaa-fae
molinillo (m) de café	เครื่องบดกาแฟ	khrêuang bòt gaa-fae
hervidor (m) de agua	กาน้ำ	gaa náam
tetera (f)	กาน้ำชา	gaa náam chaa
tapa (f)	ฝา	făa
colador (m) de té	ที่กรองชา	thêe grorng chaa
cuchara (f)	ช้อน	chórn
cucharilla (f)	ช้อนชา	chórn chaa
cuchara (f) de sopa	ช้อนซุป	chórn súp
tenedor (m)	ส้อม	sôrm
cuchillo (m)	มีด	mêet
vajilla (f)	ถ้วยชาม	thûay chaam
plato (m)	จาน	jaan
platillo (m)	จานรอง	jaan rorng
vaso (m) de chupito	แก้วช็อต	gâew chórt
vaso (m) (~ de agua)	แก้ว	gâew
taza (f)	ถ้วย	thûay
azucarera (f)	โถน้ำตาล	thŏh náam dtaan
salero (m)	กระปุกเกลือ	grà-bpùk gleua
pimentero (m)	กระปุกพริกไท	grà-bpùk phrík thai
mantequera (f)	ที่ใส่เนย	thêe sài noie
cacerola (f)	หม้อตุ๋ม	môr dtôm
sartén (f)	กระทะ	grà-thá
cucharón (m)	กระบวย	grà-buay
colador (m)	กระชอน	grà chorn
bandeja (f)	ถาด	thàat
botella (f)	ขวด	khùat
tarro (m) de vidrio	ขวดโหล	khùat lŏh
lata (f) de hojalata	กระป๋อง	grà-bpŏrng
abrebotellas (m)	ที่เปิดขวด	thêe bpèrt khùat
abrelatas (m)	ที่เปิดกระป๋อง	thêe bpèrt grà-bpŏrng
sacacorchos (m)	ที่เปิดจุก	thêe bpèrt jùk
filtro (m)	ที่กรอง	thêe grorng
filtrar (vt)	กรอง	grorng
basura (f)	ขยะ	khà-yà
cubo (m) de basura	ถังขยะ	thăng khà-yà

92. El baño

cuarto (m) de baño	ห้องน้ำ	hôrng náam
agua (f)	น้ำ	nám

grifo (m)	ก๊อกน้ำ	gòk náam
agua (f) caliente	น้ำร้อน	nám rórn
agua (f) fría	น้ำเย็น	nám yen
pasta (f) de dientes	ยาสีฟัน	yaa sěe fan
limpiarse los dientes	แปรงฟัน	bpraeng fan
cepillo (m) de dientes	แปรงสีฟัน	bpraeng sěe fan
afeitarse (vr)	โกน	gohn
espuma (f) de afeitar	โฟมโกนหนวด	fohm gohn nùat
maquinilla (f) de afeitar	มีดโกน	mêet gohn
lavar (vt)	ล้าง	láang
darse un baño	อาบ	àap
ducha (f)	ฝักบัว	fàk bua
darse una ducha	อาบน้ำฝักบัว	àap náam fàk bua
baño (m)	อ่างอาบน้ำ	àang àap náam
inodoro (m)	โถส้วมโครก	thǒh chák khrôhk
lavabo (m)	อ่างล้างหน้า	àang láang-nâa
jabón (m)	สบู่	sà-bòo
jabonera (f)	ที่ใส่สบู่	thêe sài sà-bòo
esponja (f)	ฟองน้ำ	forng náam
champú (m)	แชมพู	chaem-phoo
toalla (f)	ผ้าเช็ดตัว	phâa chét dtua
bata (f) de baño	เสื้อคลุมอาบน้ำ	sêua khlum àap náam
colada (f), lavado (m)	การซักผ้า	gaan sák phâa
lavadora (f)	เครื่องซักผ้า	khrêuang sák phâa
lavar la ropa	ซักผ้า	sák phâa
detergente (m) en polvo	ผงซักฟอก	phǒng sák-fôrk

93. Los aparatos domésticos

televisor (m)	ทีวี	thee-wee
magnetófono (m)	เครื่องบันทึกเทป	khrêuang ban-théuk thâyp
vídeo (m)	เครื่องบันทึก วิดีโอ	khrêuang ban-théuk wí-dee-oh
radio (f)	วิทยุ	wít-thá-yú
reproductor (m) (~ MP3)	เครื่องเล่น	khrêuang lên
proyector (m) de vídeo	โปรเจ็คเตอร์	bproh-jèk-dtêr
sistema (m) home cinema	เครื่องฉายภาพ ยนตร์ที่บ้าน	khhrêuang chǎai phâap-phá yon thêe bâan
reproductor (m) de DVD	เครื่องเล่น DVD	khrêuang lên dee-wee-dee
amplificador (m)	เครื่องขยายเสียง	khrêuang khà-yǎai sǐang
videoconsola (f)	เครื่องเกมคอนโซล	khrêuang gaym khorn sohn
cámara (f) de vídeo	กล้องถ่ายวิดีโอ	glôrng thàai wí-dee-oh
cámara (f) fotográfica	กล้องถ่ายรูป	glôrng thàai rôop
cámara (f) digital	กล้องดิจิตอล	glôrng dì-jì-dton
aspirador (m)	เครื่องดูดฝุ่น	khrêuang dòot fùn

| plancha (f) | เตารีด | dtao rêet |
| tabla (f) de planchar | กระดานรองรีด | grà-daan rorng rêet |

teléfono (m)	โทรศัพท์	thoh-rá-sàp
teléfono (m) móvil	มือถือ	meu thĕu
máquina (f) de escribir	เครื่องพิมพ์ดีด	khrêuang phim dèet
máquina (f) de coser	จักรเย็บผ้า	jàk yép phâa

micrófono (m)	ไมโครโฟน	mai-khroh-fohn
auriculares (m pl)	หูฟัง	hŏo fang
mando (m) a distancia	รีโมตทีวี	ree môht thee wee

CD (m)	CD	see-dee
casete (m)	เทป	thâyp
disco (m) de vinilo	จานเสียง	jaan sĭang

94. Los arreglos. La renovación

renovación (f)	การซ่อมแซม	gaan sôrm saem
renovar (vt)	ซ่อมแซม	sôrm saem
reparar (vt)	ซ่อมแซม	sôrm saem
poner en orden	สะสาง	sà-săang
rehacer (vt)	ทำใหม่	tham mài

pintura (f)	สี	sĕe
pintar (las paredes)	ทาสี	thaa sĕe
pintor (m)	ช่างทาสีบ้าน	châang thaa sĕe bâan
brocha (f)	แปรงทาสี	bpraeng thaa sĕe

| cal (f) | สารฟอกขาว | săan fôrk khăao |
| encalar (vt) | ฟอกขาว | fôrk khăao |

empapelado (m)	วอลเปเปอร์	worn-bpay-bper
empapelar (vt)	ติดวอลเปเปอร์	dtìt wor lá-bpay-bper
barniz (m)	น้ำมันชักเงา	náam man chák ngao
cubrir con barniz	เคลือบ	khlêuap

95. La plomería

agua (f)	น้ำ	nám
agua (f) caliente	น้ำร้อน	nám rórn
agua (f) fría	น้ำเย็น	nám yen
grifo (m)	ก็อกน้ำ	gòk náam

gota (f)	หยด	yòt
gotear (el grifo)	ตก	dtòk
gotear (cañería)	รั่ว	rûa
escape (f) de agua	การรั่ว	gaan rûa
charco (m)	หลุมน้ำ	lòm nám

| tubo (m) | ท่อ | thôr |
| válvula (f) | วาลว | waao |

estar atascado	อุดตัน	ùt dtan
instrumentos (m pl)	เครื่องมือ	khrêuang meu
llave (f) inglesa	ประแจคอม้า	bprà-jae kor máa
destornillar (vt)	คลายเกลียวออก	khlaai glieow òrk
atornillar (vt)	ขันใหแนน	khăn hâi nâen
desatascar (vt)	แก้การอุดตัน	gâe gaan ùt dtan
fontanero (m)	ช่างประปา	châang bprà-bpaa
sótano (m)	ชั้นใต้ดิน	chán dtâi din
alcantarillado (m)	ระบบท่อน้ำทิ้ง	rá-bòp thôr náam thíng

96. El fuego. El Incendio

fuego (m)	ไฟไหม้	fai mâi
llama (f)	เปลวไฟ	bpleo fai
chispa (f)	ประกายไฟ	bprà-gaai fai
humo (m)	ควัน	khwan
antorcha (f)	คบเพลิง	khóp phlerng
hoguera (f)	กองไฟ	gorng fai
gasolina (f)	น้ำมันเชื้อเพลิง	nám man chéua phlerng
queroseno (m)	น้ำมันก๊าด	nám man gáat
inflamable (adj)	ติดไฟได้	dtìt fai dâai
explosivo (adj)	ที่ระเบิดได้	thêe rá-bèrt dâai
PROHIBIDO FUMAR	ห้ามสูบบุหรี่	hâam sòop bù rèe
seguridad (f)	ความปลอดภัย	khwaam bplòrt phai
peligro (m)	อันตราย	an-dtà-raai
peligroso (adj)	อันตราย	an-dtà-raai
prenderse fuego	ติดไฟ	dtìt fai
explosión (f)	การระเบิด	gaan rá-bèrt
incendiar (vt)	เผา	phăo
incendiario (m)	ผู้ลอบวางเพลิง	phôo lôp waang phlerng
incendio (m) provocado	การลอบวางเพลิง	gaan lôp waang phlerng
estar en llamas	ไฟลุกโชน	fai lúk-chohn
arder (vi)	ไหม้	mâi
incendiarse (vr)	เผาให้ราบ	phăo hâi râap
llamar a los bomberos	เรียกนักดับเพลิง	rîak nák dàp phlerng
bombero (m)	นักดับเพลิง	nák dàp phlerng
coche (m) de bomberos	รถดับเพลิง	rót dàp phlerng
cuerpo (m) de bomberos	สถานีดับเพลิง	sà-thăa-nee dàp phlerng
escalera (f) telescópica	บันไดรถดับเพลิง	ban-dai rót dàp phlerng
manguera (f)	ท่อดับเพลิง	thôr dàp phlerng
extintor (m)	ที่ดับเพลิง	thêe dàp phlerng
casco (m)	หมวกนิรภัย	mùak ní-rá-phai
sirena (f)	สัญญาณเตือนภัย	săn-yaan dteuan phai
gritar (vi)	ร้อง	rórng
pedir socorro	ขอช่วย	khŏr chûay
socorrista (m)	นักกู้ภัย	nák gôo phai

salvar (vt)	ช่วยชีวิต	chûay chee-wít
llegar (vi)	มา	maa
apagar (~ el incendio)	ดับเพลิง	dàp phlerng
agua (f)	น้ำ	nám
arena (f)	ทราย	saai

ruinas (f pl)	ซาก	sâak
colapsarse (vr)	ถล่ม	thà-lòm
hundirse (vr)	ถล่มทลาย	thà-lòm thá-laai
derrumbarse (vr)	ถล่ม	thà-lòm

| trozo (m) (~ del muro) | ส่วนสะเก็ด | sùan sà-gèt |
| ceniza (f) | ขี้เถ้า | khêe thâo |

| morir asfixiado | ขาดอากาศตาย | khàat aa-gàat dtaai |
| perecer (vi) | เสียชีวิต | sĭa chee-wít |

LAS ACTIVIDADES DE LA GENTE

El trabajo. Los negocios. Unidad 1

97. La banca

banco (m)	ธนาคาร	thá-naa-khaan
sucursal (f)	สาขา	săa-khăa
asesor (m) (~ fiscal)	พนักงานธนาคาร	phá-nák ngaan thá-naa-khaan
gerente (m)	ผู้จัดการ	phôo jàt gaan
cuenta (f)	บัญชีธนาคาร	ban-chee thá-naa-kaan
numero (m) de la cuenta	หมายเลขบัญชี	măai lâyk ban-chee
cuenta (f) corriente	กระแสรายวัน	grà-săe raai wan
cuenta (f) de ahorros	บัญชีออมทรัพย์	ban-chee orm sáp
abrir una cuenta	เปิดบัญชี	bpèrt ban-chee
cerrar la cuenta	ปิดบัญชี	bpìt ban-chee
ingresar en la cuenta	ฝากเงินเข้าบัญชี	fàak ngern khâo ban-chee
sacar de la cuenta	ถอน	thŏrn
depósito (m)	การฝาก	gaan fàak
hacer un depósito	ฝาก	fàak
giro (m) bancario	การโอนเงิน	gaan ohn ngern
hacer un giro	โอนเงิน	ohn ngern
suma (f)	จำนวนเงินรวม	jam-nuan ngern ruam
¿Cuánto?	เทาไหร?	thâo rài
firma (f) (nombre)	ลายมือชื่อ	laai meu chêu
firmar (vt)	ลงนาม	long naam
tarjeta (f) de crédito	บัตรเครดิต	bàt khray-dìt
código (m)	รหัส	rá-hàt
número (m) de tarjeta de crédito	หมายเลขบัตรเครดิต	măai lâyk bàt khray-dìt
cajero (m) automático	เอทีเอ็ม	ay-thee-em
cheque (m)	เช็ค	chék
sacar un cheque	เขียนเช็ค	khĭan chék
talonario (m)	สมุดเช็ค	sà-mùt chék
crédito (m)	เงินกู้	ngern gôo
pedir el crédito	ขอสินเชื่อ	khŏr sĭn chêua
obtener un crédito	กู้เงิน	gôo ngern
conceder un crédito	ให้กู้เงิน	hâi gôo ngern
garantía (f)	การรับประกัน	gaan ráp bprà-gan

98. El teléfono. Las conversaciones telefónicas

teléfono (m)	โทรศัพท์	thoh-rá-sàp
teléfono (m) móvil	มือถือ	meu thĕu
contestador (m)	เครื่องพูดตอบ	khrêuang phôot dtòp
llamar, telefonear	โทรศัพท์	thoh-rá-sàp
llamada (f)	การโทรศัพท์	gaan thoh-rá-sàp
marcar un número	หมุนหมายเลขโทรศัพท์	mŭn măai lâyk thoh-rá-sàp
¿Sí?, ¿Dígame?	สวัสดี!	sà-wàt-dee
preguntar (vt)	ถาม	thăam
responder (vi, vt)	รับสาย	ráp săai
oír (vt)	ได้ยิน	dâai yin
bien (adv)	ดี	dee
mal (adv)	ไม่ดี	mâi dee
ruidos (m pl)	เสียงรบกวน	sĭang róp guan
auricular (m)	ตัวรับสัญญาณ	dtua ráp săn-yaan
descolgar (el teléfono)	รับสาย	ráp săai
colgar el auricular	วางสาย	waang săai
ocupado (adj)	ไม่ว่าง	mâi wâang
sonar (teléfono)	ดัง	dang
guía (f) de teléfonos	สมุดโทรศัพท์	sà-mùt thoh-rá-sàp
local (adj)	ในประเทศ	nai bprà-thâyt
llamada (f) local	โทรในประเทศ	thoh nai bprà-thâyt
de larga distancia	ระยะไกล	rá-yá glai
llamada (f) de larga distancia	โทรระยะไกล	thoh-rá-yá glai
internacional (adj)	ต่างประเทศ	dtàang bprà-thâyt
llamada (f) internacional	โทรต่างประเทศ	thoh dtàang bprà-thâyt

99. El teléfono celular

teléfono (m) móvil	มือถือ	meu thĕu
pantalla (f)	หน้าจอ	nâa jor
botón (m)	ปุ่ม	bpùm
tarjeta SIM (f)	ซิมการ์ด	sím gàat
pila (f)	แบตเตอรี่	bàet-dter-rêe
descargarse (vr)	หมด	mòt
cargador (m)	ที่ชาร์จ	thêe châat
menú (m)	เมนู	may-noo
preferencias (f pl)	การตั้งค่า	gaan dtâng khâa
melodía (f)	เสียงเพลง	sĭang phlayng
seleccionar (vt)	เลือก	lêuak
calculadora (f)	เครื่องคิดเลข	khrêuang khít lâyk
contestador (m)	ขอความเสียง	khôr khwaam sĭang
despertador (m)	นาฬิกาปลุก	naa-lí-gaa bplùk

contactos (m pl)	รายชื่อผู้ติดต่อ	raai chêu phôo dtìt dtòr
mensaje (m) de texto	SMS	es-e-mes
abonado (m)	ผู้สมัครรับบริการ	phôo sà-màk ráp bor-rí-gaan

100. Los artículos de escritorio

| bolígrafo (m) | ปากกาลูกลื่น | bpàak gaa lôok lêun |
| pluma (f) estilográfica | ปากกาหมึกซึม | bpàak gaa mèuk seum |

lápiz (f)	ดินสอ	din-sŏr
marcador (m)	ปากกาเน้น	bpàak gaa náyn
rotulador (m)	ปากกาเมจิด	bpàak gaa may jìk

| bloc (m) de notas | สมุดจด | sà-mùt jòt |
| agenda (f) | สมุดบันทึกรายวัน | sà-mùt ban-théuk raai wan |

regla (f)	ไม้บรรทัด	máai ban-thát
calculadora (f)	เครื่องคิดเลข	khrêuang khít lâyk
goma (f) de borrar	ยางลบ	yaang lóp
chincheta (f)	เป๊ก	bpáyk
clip (m)	ลวดหนีบกระดาษ	lûat nèep grà-dàat

pegamento (m)	กาว	gaao
grapadora (f)	ที่เย็บกระดาษ	thêe yép grà-dàat
perforador (m)	ที่เจาะรูกระดาษ	thêe jòr roo grà-dàat
sacapuntas (m)	ที่เหลาดินสอ	thêe lăo din-sŏr

El trabajo. Los negocios. Unidad 2

101. Los medios masivos

periódico (m)	หนังสือพิมพ์	nǎng-sěu phim
revista (f)	นิตยสาร	nít-dtà-yá-sǎan
prensa (f)	สื่อสิ่งพิมพ์	sèu sìng phim
radio (f)	วิทยุ	wít-thá-yú
estación (f) de radio	สถานีวิทยุ	sà-thǎa-nee wít-thá-yú
televisión (f)	โทรทัศน์	thoh-rá-thát

presentador (m)	ผู้ประกาศข่าว	phôo bprà-gàat khàao
presentador (m) de noticias	ผู้ประกาศข่าว	phôo bprà-gàat khàao
comentarista (m)	ผู้อธิบาย	phôo à-thí-baai

periodista (m)	นักข่าว	nák khàao
corresponsal (m)	ผู้รายงานข่าว	phôo raai ngaan khàao
corresponsal (m) fotográfico	ช่างภาพ	châang phâap
	หนังสือพิมพ์	nǎng-sěu phim
reportero (m)	ผู้รายงาน	phôo raai ngaan

redactor (m)	บรรณาธิการ	ban-naa-thí-gaan
redactor jefe (m)	หัวหน้าบรรณาธิการ	hǔa nâa ban-naa-thí-gaan

suscribirse (vr)	รับ	ráp
suscripción (f)	การรับ	gaan ráp
suscriptor (m)	ผู้รับ	phôo ráp
leer (vi, vt)	อ่าน	àan
lector (m)	ผู้อ่าน	phôo àan

tirada (f)	การเผยแพร่	gaan phǒie-phrâe
mensual (adj)	รายเดือน	raai deuan
semanal (adj)	รายสัปดาห์	raai sàp-daa
número (m)	ฉบับ	chà-bàp
nuevo (~ número)	ใหม่	mài

titular (m)	ข่าวพาดหัว	khàao phâat hǔa
noticia (f)	บทความสั้นๆ	bòt khwaam sân sân
columna (f)	คอลัมน์	khor lam
artículo (m)	บทความ	bòt khwaam
página (f)	หน้า	nâa

reportaje (m)	การรายงานข่าว	gaan raai ngaan khàao
evento (m)	เหตุการณ์	hàyt gaan
sensación (f)	ข่าวดัง	khàao dang
escándalo (m)	เรื่องอื้อฉาว	rêuang êu chǎao
escandaloso (adj)	อื้อฉาว	êu chǎao
gran (~ escándalo)	ใหญ่	yài
emisión (f)	รายการ	raai gaan
entrevista (f)	การสัมภาษณ์	gaan sǎm-phâat

| transmisión (f) en vivo | ถ่ายทอดสด | thàai thôrt sòt |
| canal (m) | ช่อง | chôrng |

102. La agricultura

agricultura (f)	เกษตรกรรม	gà-sàyt-dtra -gam
campesino (m)	ชาวนาผู้ชาย	chaao naa phôo chaai
campesina (f)	ชาวนาผู้หญิง	chaao naa phôo yǐng
granjero (m)	ชาวนา	chaao naa

| tractor (m) | รถแทร็คเตอร์ | rót tráek-dtêr |
| cosechadora (f) | เครื่องเก็บเกี่ยว | khrêuang gèp gìeow |

arado (m)	คันไถ	khan thǎi
arar (vi, vt)	ไถ	thǎi
labrado (m)	ที่ดินที่ไถพรวน	thêe din thêe thǎi phruan
surco (m)	ร่องดิน	rôrng din

sembrar (vi, vt)	หว่าน	wàan
sembradora (f)	เครื่องหว่านเมล็ด	khrêuang wàan má-lét
siembra (f)	การหว่าน	gaan wàan

| guadaña (f) | เคียว | khieow |
| segar (vi, vt) | ถาง | thǎang |

| pala (f) | พลั่ว | phlûa |
| layar (vt) | ขุด | khùt |

azada (f)	จอบ	jòrp
sachar, escardar	ถาก	thàak
mala hierba (f)	วัชพืช	wát-chá-phêut

regadera (f)	กระป๋องรดน้ำ	grà-bpǒrng rót náam
regar (plantas)	รดน้ำ	rót náam
riego (m)	การรดน้ำ	gaan rót nám

| horquilla (f) | ส้อมเสียบ | sôrm sìap |
| rastrillo (m) | คราด | khrâat |

fertilizante (m)	ปุ๋ย	bpǔi
abonar (vt)	ใส่ปุ๋ย	sài bpǔi
estiércol (m)	ปุ๋ยคอก	bpǔi khôrk

campo (m)	ทุ่งนา	thûng naa
prado (m)	ทุ่งหญ้า	thûng yâa
huerta (f)	สวนผัก	sǔan phàk
jardín (m)	สวนผลไม้	sǔan phǒn-lá-máai

pacer (vt)	เล็มหญ้า	lem yâa
pastor (m)	คนเลี้ยงสัตว์	khon líang sàt
pastadero (m)	ทุ่งเลี้ยงสัตว์	thûng líang sàt

| ganadería (f) | การขยายพันธุ์สัตว์ | gaan khà-yǎai phan sàt |
| cría (f) de ovejas | การขยายพันธุ์แกะ | gaan khà-yǎai phan gàe |

plantación (f)	ที่เพาะปลูก	thêe phór bplòok
hilera (f) (~ de cebollas)	แถว	thǎe
invernadero (m)	เรือนกระจกร้อน	reuan grà-jòk rón
sequía (f)	ภัยแล้ง	phai láeng
seco, árido (adj)	แลง	láeng
grano (m)	ธัญพืช	than-yá-phêut
cereales (m pl)	ผลผลิตธัญพืช	phǒn phà-lìt than-yá-phêut
recolectar (vt)	เก็บเกี่ยว	gèp gìeow
molinero (m)	เจ้าของโรงโม่	jâo khǒrng rohng môh
molino (m)	โรงสี	rohng sěe
moler (vt)	โม่	môh
harina (f)	แป้ง	bpâeng
paja (f)	ฟาง	faang

103. La construcción. Los métodos de construcción

obra (f)	สถานที่ก่อสร้าง	sà-thǎan thêe gòr sâang
construir (vt)	สร้าง	sâang
albañil (m)	คนงานก่อสร้าง	khon ngaan gòr sâang
proyecto (m)	โครงการ	khrohng gaan
arquitecto (m)	สถาปนิก	sà-thǎa-bpà-ník
obrero (m)	คนงาน	khon ngaan
cimientos (m pl)	รากฐาน	râak thǎan
techo (m)	หลังคา	lǎng khaa
pila (f) de cimentación	เสาเข็ม	sǎo khěm
muro (m)	กำแพง	gam-phaeng
armadura (f)	เหล็กเส้นเสริมแรง	lèk sên sěrm raeng
andamio (m)	นั่งราน	nâng ráan
hormigón (m)	คอนกรีต	khorn-grèet
granito (m)	หินแกรนิต	hǐn grae-nít
piedra (f)	หิน	hǐn
ladrillo (m)	อิฐ	ìt
arena (f)	ทราย	saai
cemento (m)	ปูนซีเมนต์	bpoon see-mayn
estuco (m)	พลาสเตอร์	phláat-dtêr
estucar (vt)	ฉาบ	chàap
pintura (f)	สี	sěe
pintar (las paredes)	ทาสี	thaa sěe
barril (m)	ถัง	thǎng
grúa (f)	ปั้นจั่น	bpân jàn
levantar (vt)	ยก	yók
bajar (vt)	ลด	lót
bulldózer (m)	รถดันดิน	rót dan din
excavadora (f)	รถขุด	rót khùt

cuchara (f)	ช้อนขุด	chórn khùt
cavar (vt)	ขุด	khùt
casco (m)	หมวกนิรภัย	mùak ní-rá-phai

Las profesiones y los oficios

104. La búsqueda de trabajo. El despido del trabajo

trabajo (m)	งาน	ngaan
empleados (pl)	พนักงาน	phá-nák ngaan
personal (m)	พนักงาน	phá-nák ngaan
carrera (f)	อาชีพ	aa-chêep
perspectiva (f)	โอกาส	oh-gàat
maestría (f)	ทักษะ	thák-sà
selección (f)	การคัดเลือก	gaan khát lêuak
agencia (f) de empleo	สำนักงาน จัดหางาน	sǎm-nák ngaan jàt hǎa ngaan
curriculum vitae (m)	ประวัติย่อ	bprà-wàt yôr
entrevista (f)	สัมภาษณ์งาน	sǎm-phâat ngaan
vacancia (f)	ตำแหน่งว่าง	dtam-nàeng wâang
salario (m)	เงินเดือน	ngern deuan
salario (m) fijo	เงินเดือน	ngern deuan
remuneración (f)	คาแรง	khâa raeng
puesto (m) (trabajo)	ตำแหน่ง	dtam-nàeng
deber (m)	หน้าที่	nâa thêe
gama (f) de deberes	หน้าที่	nâa thêe
ocupado (adj)	ไม่ว่าง	mâi wâang
despedir (vt)	ไล่ออก	lâi òrk
despido (m)	การไล่ออก	gaan lâi òrk
desempleo (m)	การว่างงาน	gaan wâang ngaan
desempleado (m)	คนว่างงาน	khon wâang ngaan
jubilación (f)	การเกษียณอายุ	gaan gà-sǐan aa-yú
jubilarse	เกษียณ	gà-sǐan

105. Los negociantes

director (m)	ผู้อำนวยการ	phôo am-nuay gaan
gerente (m)	ผู้จัดการ	phôo jàt gaan
jefe (m)	หัวหน้า	hǔa-nâa
superior (m)	ผู้บังคับบัญชา	phôo bang-kháp ban-chaa
superiores (m pl)	คณะผู้บังคับบัญชา	khá-ná phôo bang-kháp ban-chaa
presidente (m)	ประธานาธิปดี	bprà-thaa-naa-thí-bor-dee
presidente (m) (de compañía)	ประธาน	bprà-thaan
adjunto (m)	รอง	rorng

asistente (m)	ผู้ช่วย	phôo chûay
secretario, -a (m, f)	เลขา	lay-khăa
secretario (m) particular	ผู้ช่วยส่วนบุคคล	phôo chûay sùan bùk-khon
hombre (m) de negocios	นักธุรกิจ	nák thú-rá-gìt
emprendedor (m)	ผู้ประกอบการ	phôo bprà-gòp gaan
fundador (m)	ผู้ก่อตั้ง	phôo gòr dtâng
fundar (vt)	ก่อตั้ง	gòr dtâng
institutor (m)	ผู้ก่อตั้ง	phôo gòr dtâng
compañero (m)	หุ้นส่วน	hûn sùan
accionista (m)	ผู้ถือหุ้น	phôo thĕu hûn
millonario (m)	เศรษฐีเงินล้าน	sàyt-thĕe ngern láan
multimillonario (m)	มหาเศรษฐี	má-hăa sàyt-thĕe
propietario (m)	เจ้าของ	jâo khŏrng
terrateniente (m)	เจ้าของที่ดิน	jâo khŏrng thêe din
cliente (m)	ลูกค้า	lôok kháa
cliente (m) habitual	ลูกค้าประจำ	lôok kháa bprà-jam
comprador (m)	ลูกค้า	lôok kháa
visitante (m)	ผู้เขารวม	phôo khâo rûam
profesional (m)	ผู้เป็นมืออาชีพ	phôo bpen meu aa-chêep
experto (m)	ผู้เชี่ยวชาญ	phôo chîeow-chaan
especialista (m)	ผู้ชำนาญ	phôo cham-naan
	เฉพาะทาง	chà-phó thaang
banquero (m)	พนักงาน	phá-nák ngaan
	ธนาคาร	thá-naa-khaan
broker (m)	นายหน้า	naai nâa
cajero (m)	แคชเชียร์	khâet chia
contable (m)	นักบัญชี	nák ban-chee
guardia (m) de seguridad	ยาม	yaam
inversionista (m)	ผู้ลงทุน	phôo long thun
deudor (m)	ลูกหนี้	lôok nêe
acreedor (m)	เจ้าหนี้	jâo nêe
prestatario (m)	ผู้ยืม	phôo yeum
importador (m)	ผู้นำเข้า	phôo nam khâo
exportador (m)	ผู้ส่งออก	phôo sòng òrk
productor (m)	ผู้ผลิต	phôo phà-lìt
distribuidor (m)	ผู้จัดจำหน่าย	phôo jàt jam-nàai
intermediario (m)	คนกลาง	khon glaang
asesor (m) (~ fiscal)	ที่ปรึกษา	thêe bprèuk-săa
representante (m)	พนักงานขาย	phá-nák ngaan khăai
agente (m)	ตัวแทน	dtua thaen
agente (m) de seguros	ตัวแทนประกัน	dtua thaen bprà-gan

106. Los trabajos de servicio

cocinero (m)	ดูนครัว	khon khrua
jefe (m) de cocina	กุก	gúk
panadero (m)	ช่างอบขนมปัง	châang òp khà-nŏm bpang
barman (m)	บาร์เทนเดอร์	baa-thayn-dêr
camarero (m)	พนักงานเสิร์ฟชาย	phá-nák ngaan sèrf chaai
camarera (f)	พนักงานเสิร์ฟหญิง	phá-nák ngaan sèrf yĭng
abogado (m)	ทนายความ	thá-naai khwaam
jurista (m)	นักกฎหมาย	nák gòt măai
notario (m)	พนักงานจดทะเบียน	phá-nák ngaan jòt thá-bian
electricista (m)	ช่างไฟฟ้า	châang fai-fáa
fontanero (m)	ช่างประปา	châang bprà-bpaa
carpintero (m)	ช่างไม้	châang máai
masajista (m)	หมอนวดชาย	mŏr nûat chaai
masajista (f)	หมอนวดหญิง	mŏr nûat yĭng
médico (m)	แพทย์	phâet
taxista (m)	คนขับแท็กซี่	khon khàp tháek-sêe
chófer (m)	คนขับ	khon khàp
repartidor (m)	คนส่งของ	khon sòng khŏrng
camarera (f)	แม่บ้าน	mâe bâan
guardia (m) de seguridad	ยาม	yaam
azafata (f)	พนักงานต้อนรับบนเครื่องบิน	phá-nák ngaan dtôrn ráp bon khrêuang bin
profesor (m) (~ de baile, etc.)	อาจารย์	aa-jaan
bibliotecario (m)	บรรณารักษ์	ban-naa-rák
traductor (m)	นักแปล	nák bplae
intérprete (m)	ล่าม	lâam
guía (m)	มัคคุเทศก์	mák-khú-thâyt
peluquero (m)	ช่างทำผม	châang tham phŏm
cartero (m)	บุรุษไปรษณีย์	bù-rùt bprai-sà-nee
vendedor (m)	คนขายของ	khon khăai khŏrng
jardinero (m)	ชาวสวน	chaao sŭan
servidor (m)	คนใช้	khon chái
criada (f)	สาวใช้	săao chái
mujer (f) de la limpieza	คนทำความสะอาด	khon tham khwaam sà-àat

107. La profesión militar y los rangos

soldado (m) raso	พลทหาร	phon-thá-hăan
sargento (m)	สิบเอก	sìp àyk
teniente (m)	ร้อยโท	rói thoh
capitán (m)	ร้อยเอก	rói àyk
mayor (m)	พลตรี	phon-dtree

coronel (m)	พันเอก	phan àyk
general (m)	นายพล	naai phon
mariscal (m)	จอมพล	jorm phon
almirante (m)	พลเรือเอก	phon reua àyk

militar (m)	ทางทหาร	thaang thá-hǎan
soldado (m)	ทหาร	thá-hǎan
oficial (m)	นายทหาร	naai thá-hǎan
comandante (m)	ผู้บัญชาการ	phôo ban-chaa gaan

guardafronteras (m)	ยามเฝ้าชายแดน	yaam fâo chaai daen
radio-operador (m)	พลวิทยุ	phon wít-thá-yú
explorador (m)	ทหารพราน	thá-hǎan phraan
zapador (m)	ทหารช่าง	thá-hǎan châang
tirador (m)	พลแมนปืน	phon mâen bpeun
navegador (m)	ตนหน	dtôn hǒn

108. Los oficiales. Los sacerdotes

| rey (m) | กษัตริย์ | gà-sàt |
| reina (f) | ราชินี | raa-chí-nee |

| príncipe (m) | เจ้าชาย | jâo chaai |
| princesa (f) | เจาหญิง | jâo yǐng |

| zar (m) | ซาร์ | saa |
| zarina (f) | ซารีนา | saa-ree-naa |

presidente (m)	ประธานาธิบดี	bprà-thaa-naa-thí-bor-dee
ministro (m)	รัฐมนตรี	rát-thà-mon-dtree
primer ministro (m)	นายกรัฐมนตรี	naa-yók rát-thà-mon-dtree
senador (m)	สมาชิกวุฒิสภา	sà-maa-chík wút-thí sà-phaa

diplomático (m)	นักการทูต	nák gaan thôot
cónsul (m)	กงสุล	gong-sǔn
embajador (m)	เอกอัครราชทูต	àyk-gà-àk-krá-râat-chá-tôot
consejero (m)	เจาหน้าที่การทูต	jâo nâa-thêe gaan thôot

funcionario (m)	ข้าราชการ	khâa râat-chá-gaan
prefecto (m)	เจ้าหน้าที่	jâo nâa-thêe
alcalde (m)	นายกเทศมนตรี	naa-yók thâyt-sà-mon-dtree

| juez (m) | ผู้พิพากษา | phôo phí-phâak-sǎa |
| fiscal (m) | อัยการ | ai-yá-gaan |

| misionero (m) | ผู้สอนศาสนา | phôo sǒrn sàat-sà-nǎa |
| monje (m) | พระ | phrá |

| abad (m) | เจ้าอาวาส | jâo aa-wâat |
| rabino (m) | พระในศาสนายิว | phrá nai sàat-sà-nǎa yiw |

visir (m)	วีซีร์	wee see
sha (m), shah (m)	กษัตริย์อิหร่าน	gà-sàt i-ràan
jeque (m)	หัวหน้าเผ่าอาหรับ	hǔa nâa phào aa-ràp

109. Las profesiones agrícolas

apicultor (m)	คนเลี้ยงผึ้ง	khon líang phêung
pastor (m)	คนเลี้ยงปศุสัตว์	khon líang bpà-sù-sàt
agrónomo (m)	นักปฐพีวิทยา	nák bpà-tà-phee wít-thá-yaa
ganadero (m)	ผู้ขยายพันธุ์สัตว์	phôo khà-yǎai phan sàt
veterinario (m)	สัตวแพทย์	sàt phâet
granjero (m)	ชาวนา	chaao naa
vinicultor (m)	ผู้ผลิตไวน์	phôo phà-lìt wai
zoólogo (m)	นักสัตววิทยา	nák sàt wít-thá-yaa
cowboy (m)	โคบาล	khoh-baan

110. Las profesiones artísticas

actor (m)	นักแสดงชาย	nák sà-daeng chaai
actriz (f)	นักแสดงหญิง	nák sà-daeng yǐng
cantante (m)	นักร้องชาย	nák rórng chaai
cantante (f)	นักรองหญิง	nák rórng yǐng
bailarín (m)	นักเต้นชาย	nák dtên chaai
bailarina (f)	นักเตนหญิง	nák dtên yǐng
artista (m)	นักแสดงชาย	nák sà-daeng chaai
artista (f)	นักแสดงหญิง	nák sà-daeng yǐng
músico (m)	นักดนตรี	nák don-dtree
pianista (m)	นักเปียโน	nák bpia noh
guitarrista (m)	ผู้เลนกีตาร์	phôo lên gee-dtâa
director (m) de orquesta	ผู้ควบคุม วงดนตรี	phôo khûap khum wong don-dtree
compositor (m)	นักแต่งเพลง	nák dtàeng phlayng
empresario (m)	ผู้ควบคุม การแสดง	phôo khûap khum gaan sà-daeng
director (m) de cine	ผู้กำกับ ภาพยนตร์	phôo gam-gàp phâap-phá-yon
productor (m)	ผู้อำนวยการสร้าง	phôo am-nuay gaan sâang
guionista (m)	คนเขียนบท ภาพยนตร์	khon khǐan bòt phâap-phá-yon
crítico (m)	นักวิจารณ์	nák wí-jaan
escritor (m)	นักเขียน	nák khǐan
poeta (m)	นักกวี	nák gà-wee
escultor (m)	ช่างสลัก	châang sà-làk
pintor (m)	ชางวาดรูป	châang wâat rôop
malabarista (m)	นักมายากล โยนของ	nák maa-yaa gon yohn khǒrng
payaso (m)	ตัวตลก	dtua dtà-lòk
acróbata (m)	นักกายกรรม	nák gaai-yá-gam
ilusionista (m)	นักเลนกล	nák lên gon

111. Profesiones diversas

médico (m)	แพทย์	phâet
enfermera (f)	พยาบาล	phá-yaa-baan
psiquiatra (m)	จิตแพทย์	jìt-dtà-phâet
estomatólogo (m)	ทันตแพทย์	than-dtà phâet
cirujano (m)	ศัลยแพทย์	săn-yá-phâet
astronauta (m)	นักบินอวกาศ	nák bin a-wá-gàat
astrónomo (m)	นักดาราศาสตร์	nák daa-raa sàat
piloto (m)	นักบิน	nák bin
conductor (m) (chófer)	คนขับ	khon khàp
maquinista (m)	คนขับรถไฟ	khon khàp rót fai
mecánico (m)	ช่างเครื่อง	châang khrêuang
minero (m)	คนงานเหมือง	khon ngaan mĕuang
obrero (m)	คนงาน	khon ngaan
cerrajero (m)	ช่างโลหะ	châang loh-hà
carpintero (m)	ช่างไม้	châang máai
tornero (m)	ช่างกลึง	châang gleung
albañil (m)	คนงานก่อสร้าง	khon ngaan gòr sâang
soldador (m)	ช่างเชื่อม	châang chêuam
profesor (m) (título)	ศาสตราจารย์	sàat-sà-dtraa-jaan
arquitecto (m)	สถาปนิก	sà-thăa-bpà-ník
historiador (m)	นักประวัติศาสตร์	nák bprà-wàt sàat
científico (m)	นักวิทยาศาสตร	nák wít-thá-yaa sàat
físico (m)	นักฟิสิกส์	nák fí-sìk
químico (m)	นักเคมี	nák khay-mee
arqueólogo (m)	นักโบราณคดี	nák boh-raan-ná-khá-dee
geólogo (m)	นักธรณีวิทยา	nák thor-rá-nee wít-thá-yaa
investigador (m)	ผู้วิจัย	phôo wí-jai
niñera (f)	พี่เลี้ยงเด็ก	phêe líang dèk
pedagogo (m)	อาจารย์	aa-jaan
redactor (m)	บรรณาธิการ	ban-naa-thí-gaan
redactor jefe (m)	หัวหน้าบรรณาธิการ	hŭa nâa ban-naa-thí-gaan
corresponsal (m)	ผู้สื่อข่าว	phôo sèu khàao
mecanógrafa (f)	พนักงานพิมพ์ดีด	phá-nák ngaan phim dèet
diseñador (m)	นักออกแบบ	nák òrk bàep
especialista (m) en ordenadores	ผู้เชี่ยวชาญด้านคอมพิวเตอร์	pôo chîeow-chaan dâan khorm-piw-dtêr
programador (m)	นักเขียนโปรแกรม	nák khĭan bproh-graem
ingeniero (m)	วิศวกร	wít-sà-wá-gon
marino (m)	กะลาสี	gà-laa-sĕe
marinero (m)	คนเรือ	khon reua
socorrista (m)	นักกู้ภัย	nák gôo phai
bombero (m)	เจ้าหน้าที่ดับเพลิง	jâo nâa-thêe dàp phlerng
policía (m)	เจ้าหน้าที่ตำรวจ	jâo nâa-thêe dtam-rùat

vigilante (m) nocturno	คนยาม	khon yaam
detective (m)	นักสืบ	nák sèup
aduanero (m)	เจ้าหน้าที่ศุลกากร	jâo nâa-thêe sŭn-lá-gaa-gon
guardaespaldas (m)	ผู้คุมกัน	phôo khúm gan
guardia (m) de prisiones	ผู้คุม	phôo khum
inspector (m)	ผู้ตรวจการ	phôo dtrùat gaan
deportista (m)	นักกีฬา	nák gee-laa
entrenador (m)	โค้ช	khóht
carnicero (m)	คนขายเนื้อ	khon khăai néua
zapatero (m)	คนซ่อมรองเท้า	khon sôrm rorng tháo
comerciante (m)	คนค้า	khon kháa
cargador (m)	คนงานยกของ	khon ngaan yók khŏrng
diseñador (m) de modas	นักออกแบบแฟชั่น	nák òrk bàep fae-chân
modelo (f)	นางแบบ	naang bàep

112. Los trabajos. El estatus social

escolar (m)	นักเรียน	nák rian
estudiante (m)	นักศึกษา	nák sèuk-săa
filósofo (m)	นักปราชญ์	nák bpràat
economista (m)	นักเศรษฐศาสตร์	nák sàyt-thà-sàat
inventor (m)	นักประดิษฐ์	nák bprà-dìt
desempleado (m)	คนว่างงาน	khon wâang ngaan
jubilado (m)	ผู้เกษียณอายุ	phôo gà-sĭan aa-yú
espía (m)	สายลับ	săai láp
prisionero (m)	นักโทษ	nák thôht
huelguista (m)	คนนัดหยุดงาน	kon nát yùt ngaan
burócrata (m)	อำมาตย	am-màat
viajero (m)	นักเดินทาง	nák dern-thaang
homosexual (m)	ผู้รักเพศเดียวกัน	phôo rák phâyt dieow gan
hacker (m)	แฮ็กเกอร	háek-gêr
hippie (m)	ฮิปปี้	híp-bpêe
bandido (m)	โจร	john
sicario (m)	นักฆ่า	nák khâa
drogadicto (m)	ผู้ติดยาเสพติด	phôo dtìt yaa-sàyp-dtìt
narcotraficante (m)	ผู้ค้ายาเสพติด	phôo kháa yaa-sàyp-dtìt
prostituta (f)	โสเภณี	sŏh-phay-nee
chulo (m), proxeneta (m)	แมงดา	maeng-daa
brujo (m)	พ่อมด	phôr mót
bruja (f)	แม่มด	mâe mót
pirata (m)	โจรสลัด	john sà-làt
esclavo (m)	ทาส	thâat
samurai (m)	ซามูไร	saa-moo-rai
salvaje (m)	คนป่าเถื่อน	khon bpàa thèuan

Los deportes

113. Tipos de deportes. Deportistas

deportista (m)	นักกีฬา	nák gee-laa
tipo (m) de deporte	ประเภทกีฬา	bprà-phâyt gee-laa
baloncesto (m)	บาสเก็ตบอล	bàat-gèt-bon
baloncestista (m)	ผู้เลนบาสเก็ตบอล	phôo lâyn bàat-gèt-bon
béisbol (m)	เบสบอล	bàyt-bon
beisbolista (m)	ผู้เลนเบสบอล	phôo lâyn bàyt bon
fútbol (m)	ฟุตบอล	fút bon
futbolista (m)	นักฟุตบอล	nák fút-bon
portero (m)	ผู้รักษาประตู	phôo rák-sǎa bprà-dtoo
hockey (m)	ฮอกกี้	hôk-gêe
jugador (m) de hockey	ผู้เลนฮอกกี้	phôo lâyn hôk-gêe
voleibol (m)	วอลเลย์บอล	won-lây-bon
voleibolista (m)	ผู้เลนวอลเลยบอล	phôo lâyn won-lây-bon
boxeo (m)	การชกมวย	gaan chók muay
boxeador (m)	นักมวย	nák muay
lucha (f)	การมวยปล้ำ	gaan muay bplâm
luchador (m)	นักมวยปล้ำ	nák muay bplâm
kárate (m)	คาราเต้	khaa-raa-dtây
karateka (m)	นักคาราเต้	nák khaa-raa-dtây
judo (m)	ยูโด	yoo-doh
judoka (m)	นักยูโด	nák yoo-doh
tenis (m)	เทนนิส	then-nít
tenista (m)	นักเทนนิส	nák then-nít
natación (f)	กีฬาว่ายน้ำ	gee-laa wâai náam
nadador (m)	นักวายน้ำ	nák wâai náam
esgrima (f)	กีฬาฟันดาบ	gee-laa fan dàap
esgrimidor (m)	นักฟันดาบ	nák fan dàap
ajedrez (m)	หมากรุก	màak rúk
ajedrecista (m)	ผู้เลนหมากรุก	phôo lên màak rúk
alpinismo (m)	การปีนเขา	gaan bpeen khǎo
alpinista (m)	นักปีนเขา	nák bpeen khǎo
carrera (f)	การวิ่ง	gaan wîng

corredor (m)	นักวิ่ง	nák wîng
atletismo (m)	กรีฑา	gree thaa
atleta (m)	นักกรีฑา	nák gree thaa
deporte (m) hípico	กีฬาขี่ม้า	gee-laa khèe máa
jinete (m)	นักขี่ม้า	nák khèe máa
patinaje (m) artístico	สเก็ตลีลา	sà-gèt lee-laa
patinador (m)	นักแสดงสเก็ตลีลา	nák sà-daeng sà-gèt lee-laa
patinadora (f)	นักแสดงสเก็ตลีลา	nák sà-daeng sà-gèt lee-laa
levantamiento (m) de pesas	กีฬายกน้ำหนัก	gee-laa yók náam nàk
levantador (m) de pesos	นักยกน้ำหนัก	nák yók nám nàk
carreras (f pl) de coches	การแข่งรถ	gaan khàeng rót
piloto (m) de carreras	นักแข่งรถ	nák khàeng rót
ciclismo (m)	การแข่งจักรยาน	gaan khàeng jàk-grà-yaan
ciclista (m)	นักแข่งจักรยาน	nák khàeng jàk-grà-yaan
salto (m) de longitud	กีฬากระโดดไกล	gee-laa grà-dòht glai
salto (m) con pértiga	กีฬากระโดดค้ำถ่อ	gee-laa grà dòht khám thòr
saltador (m)	นักกระโดด	nák grà dòht

114. Tipos de deportes. Miscelánea

fútbol (m) americano	อเมริกันฟุตบอล	a-may-rí-gan fút bon
bádminton (m)	แบดมินตัน	bàet-min-dtân
biatlón (m)	ไบแอธลอน	bpai-oht-lon
billar (m)	บิลเลียด	bin-lîat
bobsleigh (m)	การขับเลื่อน น้ำแข็ง	gaan khàp lêuan náam khǎeng
culturismo (m)	การเพาะกาย	gaan phór gaai
waterpolo (m)	กีฬาโปโลน้ำ	gee-laa bpoh loh nám
balonmano (m)	แฮนด์บอล	haen-bon
golf (m)	กอล์ฟ	góf
remo (m)	การพายเรือ	gaan phaai reua
buceo (m)	การดำน้ำ	gaan dam náam
esquí (m) de fondo	การแข่งสกี ตามเส้นทาง	gaan khàeng sà-gee dtaam sên thaang
tenis (m) de mesa	กีฬาปิงปอง	gee-laa bping-bpong
vela (f)	การแล่นเรือใบ	gaan lâen reua bai
rally (m)	การแข่งแรลลี่	gaan khàeng rae lá-lêe
rugby (m)	รักบี้	rák-bêe
snowboarding (m)	สโนว์บอร์ด	sà-nõh bòt
tiro (m) con arco	การยิงธนู	gaan ying thá-noo

115. El gimnasio

| barra (f) de pesas | บาร์เบลล์ | baa bayn |
| pesas (f pl) | ที่ยกน้ำหนัก | thêe yók nám nàk |

aparato (m) de ejercicios	เครื่องออกกำลังกาย	khrêuang òk gam-lang gaai
bicicleta (f) estática	จักรยานออก	jàk-grà-yaan òk
	กำลังกาย	gam-lang gaai
cinta (f) de correr	ลู่วิ่งออกกำลังกาย	lôo wîng òk gam-lang gaai
barra (f) fija	บาร์เดี่ยว	baa dìeow
barras (f pl) paralelas	บาร์คู่	baa khôo
potro (m)	ม้าขวาง	máa khwǎang
colchoneta (f)	เสื่อออกกำลังกาย	sèua òrk gam-lang gaai
comba (f)	กระโดดเชือก	grà dòht chêuak
aeróbica (f)	แอโรบิก	ae-roh-bìk
yoga (m)	โยคะ	yoh-khá

116. Los deportes. Miscelánea

Juegos (m pl) Olímpicos	กีฬาโอลิมปิก	gee-laa oh-lim-bpìk
vencedor (m)	ผู้ชนะ	phôo chá-ná
vencer (vi)	ชนะ	chá-ná
ganar (vi)	ชนะ	chá-ná
líder (m)	ผู้นำ	phôo nam
llevar la delantera	นำ	nam
primer puesto (m)	อันดับที่หนึ่ง	an-dàp thêe nèung
segundo puesto (m)	อันดับที่สอง	an-dàp thêe sǒrng
tercer puesto (m)	อันดับที่สาม	an-dàp thêe sǎam
medalla (f)	เหรียญรางวัล	rǐan raang-wan
trofeo (m)	ถ้วยรางวัล	thûay raang-wan
copa (f) (trofeo)	เวท	wâyt
premio (m)	รางวัล	raang-wan
premio (m) principal	รางวัลหลัก	raang-wan làk
record (m)	สถิติ	sà-thì-dtì
establecer un record	ทำสถิติ	tham sà-thì-dtì
final (m)	รอบสุดท้าย	rôrp sùt tháai
de final (adj)	สุดท้าย	sùt tháai
campeón (m)	แชมเปี้ยน	chaem-bpîan
campeonato (m)	ชิงแชมป์	ching chaem
estadio (m)	สนาม	sà-nǎam
gradería (f)	อัฒจันทร์	àt-tá-jan
hincha (m)	แฟน	faen
adversario (m)	คู่ต่อสู้	khôo dtòr sôo
arrancadero (m)	เส้นเริ่ม	sên rêrm
línea (f) de meta	เส้นชัย	sên chai
derrota (f)	ความพ่ายแพ้	khwaam phâai pháe
perder (vi)	แพ้	pháe
árbitro (m)	กรรมการ	gam-má-gaan

jurado (m)	คณะผู้ตัดสิน	khá-ná phôo dtàt sĭn
cuenta (f)	คะแนน	khá-naen
empate (m)	เสมอ	sà-mĕr
empatar (vi)	ได้คะแนนเท่ากัน	dâai khá-naen thâo gan
punto (m)	แต้ม	dtâem
resultado (m)	ผลลัพธ์	phŏn láp
tiempo (m)	ช่วง	chûang
descanso (m)	ช่วงพักครึ่ง	chûang phák khrêung
droga (f), doping (m)	การใช้สารต้องห้ามทางการกีฬา	gaan chái săan dtôrng hâam thaang gaan gee-laa
penalizar (vt)	ทำโทษ	tham thôht
descalificar (vt)	ตัดสิทธิ์	dtàt sìt
aparato (m)	อุปกรณ์	ù-bpà-gon
jabalina (f)	แหลน	lăen
peso (m) (lanzamiento de ~)	ลูกเหล็ก	lôok lèk
bola (f) (billar, etc.)	ลูก	lôok
objetivo (m)	เล็งเป้า	leng bpâo
blanco (m)	เป้านิ่ง	bpâo nîng
tirar (vi)	ยิง	ying
preciso (~ disparo)	แม่นยำ	mâen yam
entrenador (m)	โค้ช	khóht
entrenar (vt)	ฝึก	fèuk
entrenarse (vr)	ฝึกหัด	fèuk hàt
entrenamiento (m)	การฝึกหัด	gaan fèuk hàt
gimnasio (m)	โรงยิม	rohng-yim
ejercicio (m)	การออกกำลัง	gaan òrk gam-lang
calentamiento (m)	การอบอุ่นร่างกาย	gaan òp ùn râang gaai

La educación

117. La escuela

escuela (f)	โรงเรียน	rohng rian
director (m) de escuela	อาจารย์ใหญ่	aa-jaan yài
alumno (m)	นักเรียน	nák rian
alumna (f)	นักเรียน	nák rian
escolar (m)	เด็กนักเรียนชาย	dèk nák rian chaai
escolar (f)	เด็กนักเรียนหญิง	dèk nák rian yïng
enseñar (vt)	สอน	sŏrn
aprender (ingles, etc.)	เรียน	rian
aprender de memoria	ท่องจำ	thôrng jam
aprender (a leer, etc.)	เรียน	rian
estar en la escuela	ไปโรงเรียน	bpai rohng rian
ir a la escuela	ไปโรงเรียน	bpai rohng rian
alfabeto (m)	ตัวอักษร	dtua àk-sŏn
materia (f)	วิชา	wí-chaa
clase (f), aula (f)	ห้องเรียน	hôrng rian
lección (f)	ชั่วโมงเรียน	chûa mohng rian
recreo (m)	ช่วงพัก	chûang phák
campana (f)	สัญญาณหมดเรียน	săn-yaan mòt rian
pupitre (m)	โต๊ะนักเรียน	dtó nák rian
pizarra (f)	กระดานดำ	grà-daan dam
nota (f)	เกรด	gràyt
buena nota (f)	เกรดดี	gràyt dee
mala nota (f)	เกรดแย่	gràyt yâe
poner una nota	ให้เกรด	hâi gràyt
falta (f)	ข้อผิดพลาด	khôr phìt phlâat
hacer faltas	ทำผิดพลาด	tham phìt phlâat
corregir (un error)	แก้ไข	gâe khăi
chuleta (f)	โพย	phoi
deberes (m pl) de casa	การบ้าน	gaan bâan
ejercicio (m)	แบบฝึกหัด	bàep fèuk hàt
estar presente	มาเรียน	maa rian
estar ausente	ขาด	khàat
faltar a las clases	ขาดเรียน	khàat rian
castigar (vt)	ลงโทษ	long thôht
castigo (m)	การลงโทษ	gaan long thôht
conducta (f)	ความประพฤติ	khwaam bprà-préut

libreta (f) de notas	สมุดพก	sà-mùt phók
lápiz (f)	ดินสอ	din-sŏr
goma (f) de borrar	ยางลบ	yaang lóp
tiza (f)	ชอลค	chôrk
cartuchera (f)	กล่องดินสอ	glòrng din-sŏr

mochila (f)	กระเป๋า	grà-bpăo
bolígrafo (m)	ปากกา	bpàak gaa
cuaderno (m)	สมุดจด	sà-mùt jòt
manual (m)	หนังสือเรียน	năng-sĕu rian
compás (m)	วงเวียน	wong wian

| trazar (vi, vt) | ร่างภาพทางเทคนิค | râang phâap thaang thék-nìk |
| dibujo (m) técnico | ภาพร่างทางเทคนิค | phâap-râang thaang thék-nìk |

poema (m), poesía (f)	กลอน	glorn
de memoria (adv)	โดยท่องจำ	doi thôrng jam
aprender de memoria	ท่องจำ	thôrng jam

vacaciones (f pl)	เวลาปิดเทอม	way-laa bpìt therm
estar de vacaciones	หยุดปิดเทอม	yùt bpìt therm
pasar las vacaciones	ใช้เวลาหยุดปิดเทอม	chái way-laa yùt bpìt therm

prueba (f) escrita	การทดสอบ	gaan thót sòrp
composición (f)	ความเรียง	khwaam riang
dictado (m)	การเขียนตามคำบอก	gaan khĭan dtaam kam bòrk
examen (m)	การสอบ	gaan sòrp
hacer un examen	สอบไล่	sòrp lâi
experimento (m)	การทดลอง	gaan thót lorng

118. Los institutos. La Universidad

academia (f)	โรงเรียน	rohng rian
universidad (f)	มหาวิทยาลัย	má-hăa wít-thá-yaa-lai
facultad (f)	คณะ	khá-ná

estudiante (m)	นักศึกษา	nák sèuk-săa
estudiante (f)	นักศึกษา	nák sèuk-săa
profesor (m)	อาจารย์	aa-jaan

| aula (f) | ห้องบรรยาย | hôrng ban-yaai |
| graduado (m) | บัณฑิต | ban-dìt |

| diploma (m) | อนุปริญญา | a-nú bpà-rin-yaa |
| tesis (f) de grado | ปริญญานิพนธ์ | bpà-rin-yaa ní-phon |

| estudio (m) | การวิจัย | gaan wí-jai |
| laboratorio (m) | ห้องปฏิบัติการ | hôrng bpà-dtì-bàt gaan |

| clase (f) | การบรรยาย | gaan ban-yaai |
| compañero (m) de curso | เพื่อนร่วมชั้น | phêuan rûam chán |

| beca (f) | ทุน | thun |
| grado (m) académico | วุฒิการศึกษา | wút-thí gaan sèuk-săa |

119. Las ciencias. Las disciplinas

matemáticas (f pl)	คณิตศาสตร์	khá-nít sàat
álgebra (f)	พีชคณิต	phee-chá-khá-nít
geometría (f)	เรขาคณิต	ray-khǎa khá-nít
astronomía (f)	ดาราศาสตร์	daa-raa sàat
biología (f)	ชีววิทยา	chee-wá-wít-thá-yaa
geografía (f)	ภูมิศาสตร์	phoo-mí-sàat
geología (f)	ธรณีวิทยา	thor-rá-nee wít-thá-yaa
historia (f)	ประวัติศาสตร์	bprà-wàt sàat
medicina (f)	แพทยศาสตร์	phâet-tha-ya-sàat
pedagogía (f)	ครุศาสตร	khrú sàat
derecho (m)	ธรรมศาสตร์	tham-ma -sàat
física (f)	ฟิสิกส์	fí-sìk
química (f)	เคมี	khay-mee
filosofía (f)	ปรัชญา	bpràt-yaa
psicología (f)	จิตวิทยา	jìt-wít-thá-yaa

120. Los sistemas de escritura. La ortografía

gramática (f)	ไวยากรณ์	wai-yaa-gon
vocabulario (m)	คำศัพท	kham sàp
fonética (f)	การออกเสียง	gaan òrk sǐang
sustantivo (m)	นาม	naam
adjetivo (m)	คำคุณศัพท์	kham khun-ná-sàp
verbo (m)	กริยา	grì-yaa
adverbio (m)	คำวิเศษณ์	kham wí-sàyt
pronombre (m)	คำสรรพนาม	kham sàp-phá-naam
interjección (f)	คำอุทาน	kham u-thaan
preposición (f)	คำบุพบท	kham bùp-phá-bòt
raíz (f), radical (m)	รากศัพท์	râak sàp
desinencia (f)	คำลงท้าย	kham long tháai
prefijo (m)	คำนำหน้า	kham nam nâa
sílaba (f)	พยางค	phá-yaang
sufijo (m)	คำเสริมท้าย	kham sěrm tháai
acento (m)	เครื่องหมายเน้น	khrêuang mǎai náyn
apóstrofo (m)	อะพอสทรอฟี	à-phor-sòt-ror-fee
punto (m)	จุด	jùt
coma (f)	จุลภาค	jun-lá-phâak
punto y coma	อัฒภาค	àt-thá-phâak
dos puntos (m pl)	ทวิภาค	thá-wí phâak
puntos (m pl) suspensivos	การละไว้	gaan lá wái
signo (m) de interrogación	เครื่องหมายปรัศนี	khrêuang mǎai bpràt-nee
signo (m) de admiración	เครื่องหมายอัศเจรีย์	khrêuang mǎai àt-sà-jay-ree

comillas (f pl)	อัญประกาศ	an-yá-bprà-gàat
entre comillas	ในอัญประกาศ	nai an-yá-bprà-gàat
paréntesis (m)	วงเล็บ	wong lép
entre paréntesis	ในวงเล็บ	nai wong lép
guión (m)	ยัติภังค์	yát-dtì-phang
raya (f)	ขีดคั่น	khèet khân
blanco (m)	ช่องไฟ	chôrng fai
letra (f)	ตัวอักษร	dtua àk-sŏn
letra (f) mayúscula	อักษรตัวใหญ่	àk-sŏn dtua yài
vocal (f)	สระ	sà-ra
consonante (m)	พยัญชนะ	phá-yan-chá-ná
oración (f)	ประโยค	bprà-yòhk
sujeto (m)	ภาคประธาน	phâak bprà-thaan
predicado (m)	ภาคแสดง	phâak sà-daeng
línea (f)	บรรทัด	ban-thát
en una nueva línea	ที่บรรทัดใหม่	têe ban-thát mài
párrafo (m)	วรรค	wák
palabra (f)	คำ	kham
combinación (f) de palabras	กลุ่มคำ	glùm kham
expresión (f)	วลี	wá-lee
sinónimo (m)	คำพ้องความหมาย	kham phóng khwaam măai
antónimo (m)	คำตรงกันข้าม	kham dtrorng gan khâam
regla (f)	กฎ	gòt
excepción (f)	ข้อยกเว้น	khôr yok-wâyn
correcto (adj)	ถูก	thòok
conjugación (f)	คอนจูเกชัน	khorn joo gay chan
declinación (f)	การกระจายคำ	gaan grà-jaai kham
caso (m)	การก	gaa-rók
pregunta (f)	คำถาม	kham thăam
subrayar (vt)	ขีดเส้นใต้	khèet sên dtâi
línea (f) de puntos	เส้นประ	sên bprà

121. Los idiomas extranjeros

lengua (f)	ภาษา	phaa-săa
extranjero (adj)	ต่างชาติ	dtàang châat
lengua (f) extranjera	ภาษาต่างชาติ	phaa-săa dtàang châat
estudiar (vt)	เรียน	rian
aprender (ingles, etc.)	เรียน	rian
leer (vi, vt)	อ่าน	àan
hablar (vi, vt)	พูด	phôot
comprender (vt)	เข้าใจ	khâo jai
escribir (vt)	เขียน	khĭan
rápidamente (adv)	รวดเร็ว	rûat reo
lentamente (adv)	อย่างช้า	yàang cháa

con fluidez (adv)	อย่างคล่อง	yàang khlôrng
reglas (f pl)	กฎ	gòt
gramática (f)	ไวยากรณ์	wai-yaa-gon
vocabulario (m)	คำศัพท์	kham sàp
fonética (f)	การออกเสียง	gaan òrk sǐang
manual (m)	หนังสือเรียน	nǎng-sěu rian
diccionario (m)	พจนานุกรม	phót-jà-naa-nú-grom
manual (m) autodidáctico	หนังสือแบบเรียน ด้วยตนเอง	nǎng-sěu bàep rian dûay dton ayng
guía (f) de conversación	เฟรสบุก	frayt bùk
casete (m)	เทปคาสเซ็ตต์	thâyp khaas-sét
videocasete (f)	วิดีโอ	wí-dee-oh
CD (m)	CD	see-dee
DVD (m)	DVD	dee-wee-dee
alfabeto (m)	ตัวอักษร	dtua àk-sǒn
deletrear (vt)	สะกด	sà-gòt
pronunciación (f)	การออกเสียง	gaan òrk sǐang
acento (m)	สำเนียง	sǎm-niang
con acento	มีสำเนียง	mee sǎm-niang
sin acento	ไม่มีสำเนียง	mâi mee sǎm-niang
palabra (f)	คำ	kham
significado (m)	ความหมาย	khwaam mǎai
cursos (m pl)	หลักสูตร	làk sòot
inscribirse (vr)	สมัคร	sà-màk
profesor (m) (~ de inglés)	อาจารย์	aa-jaan
traducción (f) (proceso)	การแปล	gaan bplae
traducción (f) (texto)	คำแปล	kham bplae
traductor (m)	นักแปล	nák bplae
intérprete (m)	ลาม	lâam
políglota (m)	ผู้รู้หลายภาษา	phôo róo lǎai paa-sǎa
memoria (f)	ความทรงจำ	khwaam song jam

122. Los personajes de los cuentos de hadas

Papá Noel (m)	ซานตาคลอส	saan-dtaa-khlôrt
Cenicienta	ซินเดอเรลลา	sín-day-rayn-lâa
sirena (f)	เงือก	ngêuak
Neptuno (m)	เนปจูน	nâyp-joon
mago (m)	พ่อมด	phôr mót
maga (f)	แมมด	mâe mót
mágico (adj)	วิเศษ	wí-sàyt
varita (f) mágica	ไม้กายสิทธิ์	mái gaai-yá-sìt
cuento (m) de hadas	เทพนิยาย	thâyp ní-yaai
milagro (m)	ปาฏิหาริย์	bpaa dtì-hǎan

| enano (m) | คนแคระ | khon khráe |
| transformarse en … | กลายเป็น... | glaai bpen... |

espíritu (m) (fantasma)	ผี	phěe
fantasma (m)	ภูตผีปีศาจ	phôot phěe bpee-sàat
monstruo (m)	สัตว์ประหลาด	sàt bprà-làat
dragón (m)	มังกร	mang-gon
gigante (m)	ยักษ์	yák

123. Los signos de zodiaco

Aries (m)	ราศีเมษ	raa-sěe mâyt
Tauro (m)	ราศีพฤษภ	raa-sěe phréut-sòp
Géminis (m pl)	ราศีมิถุน	raa-sěe me-thǔn
Cáncer (m)	ราศีกรกฎ	raa-sěe gor-rá-gòt
Leo (m)	ราศีสิงห์	raa-sěe-sǐng
Virgo (m)	ราศีกันย์	raa-sěe gan

Libra (f)	ราศีตุล	raa-sěe dtun
Escorpio (m)	ราศีพฤศจิก	raa-sěe phréut-sà-jìk
Sagitario (m)	ราศีธันว	raa-sěe than
Capricornio (m)	ราศีมังกร	raa-sěe mang-gon
Acuario (m)	ราศีกุมภ	raa-sěe gum
Piscis (m pl)	ราศีมีน	raa-sěe meen

carácter (m)	บุคลิก	bùk-khá-lík
rasgos (m pl) de carácter	ลักษณะบุคลิก	lák-sà-nà bùk-khá-lík
conducta (f)	พฤติกรรม	phréut-dtì-gam
decir la buenaventura	ทำนายชะตา	tham naai chá-dtaa
adivinadora (f)	หมอดู	mǒr doo
horóscopo (m)	ดวงชะตา	duang chá-dtaa

El arte

124. El teatro

teatro (m)	โรงละคร	rohng lá-khon
ópera (f)	โอเปรา	oh-bprào
opereta (f)	ละครเพลง	lá-khon phlayng
ballet (m)	บัลเลต์	ban lây
cartelera (f)	โปสเตอร์ละคร	bpòht-dtêr lá-khon
compañía (f) de teatro	คณะผู้แสดง	khá-ná phôo sà-daeng
gira (f) artística	การออกแสดง	gaan òrk sà-daeng
hacer una gira artística	ออกแสดง	òrk sà-daeng
ensayar (vi, vt)	ซ้อม	sórm
ensayo (m)	การซ้อม	gaan sórm
repertorio (m)	รายการละคร	raai gaan lá-khon
representación (f)	การแสดง	gaan sà-daeng
espectáculo (m)	การแสดง มหรสพ	gaan sà-daeng má-hŏr-rá-sòp
pieza (f) de teatro	ละคร	lá-khon
billet (m)	ตั๋ว	dtŭa
taquilla (f)	ช่องจำหน่ายตั๋ว	chôrng jam-nàai dtŭa
vestíbulo (m)	ล็อบบี้	lórp-bêe
guardarropa (f)	ที่รับฝากเสื้อโค้ท	thêe ráp fàak sêua khóht
ficha (f) de guardarropa	ป้ายรับเสื้อ	bpâai ráp sêua
gemelos (m pl)	กล้องสองสองตา	glôrng sòrng sŏrng dtaa
acomodador (m)	พนักงานที่นำ ไปยังที่นั่ง	phá-nák ngaan thêe nam bpai yang thêe nâng
patio (m) de butacas	ที่นั่งชั้นล่าง	thêe nâng chán lâang
balconcillo (m)	ที่นั่งชั้นสอง	thêe nâng chán sŏrng
entresuelo (m)	ที่นั่งชั้นบน	thêe nâng chán bon
palco (m)	ที่นั่งพิเศษ	thêe nâng phí-sàyt
fila (f)	แถว	thăe
asiento (m)	ที่นั่ง	thêe nâng
público (m)	ผู้ชม	phôo chom
espectador (m)	ผู้เข้าชม	phôo khâo chom
aplaudir (vi, vt)	ปรบมือ	bpròp meu
aplausos (m pl)	การปรบมือ	gaan bpròp meu
ovación (f)	การปรบมือให้เกียรติ	gaan bpròp meu hâi gìat
escenario (m)	เวที	way-thee
telón (m)	ฉาก	chàak
decoración (f)	ฉาก	chàak
bastidores (m pl)	หลังเวที	lăng way-thee
escena (f)	ตอน	dtorn
acto (m)	องค์	ong
entreacto (m)	ช่วงหยุดพัก	chûang yùt phák

125. El cine

actor (m)	นักแสดงชาย	nák sà-daeng chaai
actriz (f)	นักแสดงหญิง	nák sà-daeng yĭng
cine (m) (industria)	ภาพยนตร์	phâap-phá-yon
película (f)	หนัง	năng
episodio (m)	ตอน	dtorn
película (f) policíaca	หนังประโลมโลกสืบสวน	năng sèup sŭan
película (f) de acción	หนังแอ็คชัน	năng áek-chân
película (f) de aventura	หนังผจญภัย	năng phà-jon phai
película (f) de ciencia ficción	หนังนิยายวิทยาศาสตร์	năng ní-yaai wít-thá-yaa sàat
película (f) de horror	หนังสยองขวัญ	năng sà-yŏrng khwăn
película (f) cómica	หนังตลก	năng dtà-lòk
melodrama (m)	หนังประโลมโลก	năng bprà-lohm lôhk
drama (m)	หนังดรามา	năng dràa maa
película (f) de ficción	หนังเรื่องแต่ง	năng rêuang dtàeng
documental (m)	หนังสารคดี	năng să-rá-khá-dee
dibujos (m pl) animados	การ์ตูน	gaa-dtoon
cine (m) mudo	หนังเงียบ	năng ngîap
papel (m)	บทบาท	bòt bàat
papel (m) principal	บทบาทนำ	bòt bàat nam
interpretar (vt)	แสดง	sà-daeng
estrella (f) de cine	ดาราภาพยนตร์	daa-raa phâap-phá-yon
conocido (adj)	เป็นที่รู้จักดี	bpen thêe róo jàk dee
famoso (adj)	ชื่อดัง	chêu dang
popular (adj)	ที่นิยม	thêe ní-yom
guión (m) de cine	บท	bòt
guionista (m)	คนเขียนบท	khon khĭan bòt
director (m) de cine	ผู้กำกับ ภาพยนตร์	phôo gam-gàp phâap-phá-yon
productor (m)	ผู้อำนวยการสร้าง	phôo am-nuay gaan sâang
asistente (m)	ผู้ช่วย	phôo chûay
operador (m)	ช่างกล้อง	châang glôrng
doble (m) de riesgo	นักแสดงแทน	nák sà-daeng thaen
doble (m)	นักแสดงแทน	nák sà-daeng thaen
filmar una película	ถ่ายทำภาพยนตร์	thàai tham phâap-phá-yon
audición (f)	การคัดนักแสดง	gaan khát nák sà-daeng
rodaje (m)	การถ่ายทำ	gaan thàai tham
equipo (m) de rodaje	กลุ่มคนถ่าย ภาพยนต	glùm khon thàai phâa-pha-yon
plató (m) de rodaje	สถานที่ ถ่ายทำภาพยนตร์	sà-thăn thêe thàai tham phâap-phá-yon
cámara (f)	กล้อง	glôrng
cine (m) (iremos al ~)	โรงภาพยนตร์	rohng phâap-phá-yon
pantalla (f)	หน้าจอ	nâa jor
mostrar la película	ฉายภาพยนตร์	chăai phâap-phá-yon

pista (f) sonora	เสียงซาวด์แทร็ก	sĭang saao tráek
efectos (m pl) especiales	เอฟเฟ็กต์พิเศษ	àyf-fék phí-sàyt
subtítulos (m pl)	ซับ	sáp
créditos (m pl)	เครดิต	khray-dìt
traducción (f)	การแปล	gaan bplae

126. La pintura

arte (m)	ศิลปะ	sĭn-lá-bpà
bellas artes (f pl)	วิจิตรศิลป์	wí-jìt sĭn
galería (f) de arte	หอศิลป์	hŏr sĭn
exposición (f) de arte	การจัดแสดงศิลปะ	gaan jàt sà-daeng sĭn-lá-bpà
pintura (f)	จิตรกรรม	jìt-dtrà-gam
gráfica (f)	เลขนศิลป์	lâyk-ná-sĭn
abstraccionismo (m)	ศิลปะนามธรรม	sĭn-lá-bpà naam-má-tham
impresionismo (m)	ลัทธิประทับใจ	lát-thí bprà-tháp jai
pintura (f)	ภาพ	phâap
dibujo (m)	ภาพวาด	phâap-wâat
pancarta (f)	โปสเตอร์	bpòht-dtêr
ilustración (f)	ภาพประกอบ	phâap bprà-gòrp
miniatura (f)	รูปปั้นขนาดย่อ	rôop bpân khà-nàat yôr
copia (f)	สำเนา	săm-nao
reproducción (f)	การทำซ้ำ	gaan tham sám
mosaico (m)	โมเสก	moh-sàyk
vidriera (f)	หน้าต่างกระจกสี	nâa dtàang grà-jòk sĕe
fresco (m)	ภาพผนัง	phâap phà-năng
grabado (m)	การแกะลาย	gaan gàe laai
busto (m)	รูปปั้นครึ่งตัว	rôop bpân khrêung dtua
escultura (f)	รูปปั้นแกะสลัก	rôop bpân gàe sà-làk
estatua (f)	รูปปั้น	rôop bpân
yeso (m)	ปูนปลาสเตอร์	bpoon bpláat-dtêr
en yeso (adj)	ปูนปลาสเตอร์	bpoon bpláat-dtêr
retrato (m)	ภาพเหมือน	phâap mĕuan
autorretrato (m)	ภาพเหมือนของ ตนเอง	phâap mĕuan khŏrng dton ayng
paisaje (m)	ภาพภูมิทัศน์	phâap phoom-mi -thát
naturaleza (f) muerta	ภาพหุ่นนิ่ง	phâap hùn nîng
caricatura (f)	ภาพล้อ	phâap-lór
boceto (m)	ภาพสเก็ตช์	phâap sà-gèt
pintura (f)	สี	sĕe
acuarela (f)	สีน้ำ	sĕe náam
óleo (m)	สีน้ำมัน	sĕe náam man
lápiz (f)	ดินสอ	din-sŏr
tinta (f) china	หมึกสีดำ	mèuk sĕe dam
carboncillo (m)	ถ่าน	thàan
dibujar (vi, vt)	วาด	wâat
pintar (vi, vt)	ระบายสี	rá-baai sĕe

posar (vi)	จัดท่า	jàt thâa
modelo (m)	แบบภาพวาด	bàep phâap-wâat
modelo (f)	แบบภาพวาด	bàep phâap-wâat
pintor (m)	ช่างวาดรูป	châang wâat rôop
obra (f) de arte	งานศิลปะ	ngaan sĭn-lá-bpà
obra (f) maestra	งานชิ้นเอก	ngaan chín àyk
estudio (m) (de un artista)	สตูดิโอ	sà-dtoo dì oh
lienzo (m)	ผ้าใบ	phâa bai
caballete (m)	ขาตั้งกระดาน	khăa dtâng grà daan
	วาดรูป	wâat rôop
paleta (f)	จานสี	jaan sĕe
marco (m)	กรอบ	gròrp
restauración (f)	การฟื้นฟู	gaan féun foo
restaurar (vt)	ฟื้นฟู	féun foo

127. La literatura y la poesía

literatura (f)	วรรณคดี	wan-ná-khá-dee
autor (m) (escritor)	ผู้แต่ง	phôo dtàeng
seudónimo (m)	นามปากกา	naam bpàak gaa
libro (m)	หนังสือ	năng-sĕu
tomo (m)	เล่ม	lêm
tabla (f) de contenidos	สารบัญ	săa-rá-ban
página (f)	หน้า	nâa
héroe (m) principal	ตัวละครหลัก	dtua lá-khon làk
autógrafo (m)	ลายเซ็น	laai sen
relato (m) corto	เรื่องสั้น	rêuang sân
cuento (m)	เรื่องราว	rêuang raao
novela (f)	นิยาย	ní-yaai
obra (f) literaria	งานเขียน	ngaan khĭan
fábula (f)	นิทาน	ní-thaan
novela (f) policíaca	นิยายสืบสวน	ní-yaai sèup sŭan
verso (m)	กลอน	glorn
poesía (f)	บทกลอน	bòt glorn
poema (f)	บทกวี	bòt gà-wee
poeta (m)	นักกวี	nák gà-wee
bellas letras (f pl)	เรื่องแต่ง	rêuang dtàeng
ciencia ficción (f)	นิยายวิทยาศาสตร์	ní-yaai wít-thá-yaa sàat
aventuras (f pl)	นิยายผจญภัย	ní-yaai phà-jon phai
literatura (f) didáctica	วรรณกรรมการศึกษา	wan-ná-gam gaan sèuk-săa
literatura (f) infantil	วรรณกรรมสำหรับเด็ก	wàn-ná-gam săm-ràp dèk

128. El circo

circo (m)	ละครสัตว์	lá-khon sàt
circo (m) ambulante	ละครสัตว์เลรอน	lá-khon sàt lây rôrn

programa (m)	รายการการแสดง	raai gaan gaan sà-daeng
representación (f)	การแสดง	gaan sà-daeng
número (m)	การแสดง	gaan sà-daeng
arena (f)	เวทีละครสัตว์	way-thee lá-kon sàt
pantomima (f)	ละครใบ้	lá-khon bâi
payaso (m)	ตัวตลก	dtua dtà-lòk
acróbata (m)	นักกายกรรม	nák gaai-yá-gam
acrobacia (f)	กายกรรม	gaai-yá-gam
gimnasta (m)	นักกายกรรม	nák gaai-yá-gam
gimnasia (f)	กายกรรม	gaai-yá-gam
salto (m)	การตีลังกา	gaan dtee lang-gaa
forzudo (m)	นักกีฬา	nák gee-laa
domador (m)	ผู้ฝึกสัตว์	phôo fèuk sàt
caballista (m)	นักขี่	nák khèe
asistente (m)	ผู้ช่วย	phôo chûay
truco (m)	ผาดโผน	phàat phǒhn
truco (m) de magia	มายากล	maa-yaa gon
ilusionista (m)	นักมายากล	nák maa-yaa gon
malabarista (m)	นักมายากล	nák maa-yaa gon
	โยนของ	yohn khǒrng
hacer malabarismos	โยนของ	yohn khǒrng
amaestrador (m)	ผู้ฝึกสัตว์	phôo fèuk sàt
amaestramiento (m)	การฝึกสัตว์	gaan fèuk sàt
amaestrar (vt)	ฝึก	fèuk

129. La música. La música popular

música (f)	ดนตรี	don-dtree
músico (m)	นักดนตรี	nák don-dtree
instrumento (m) musical	เครื่องดนตรี	khrêuang don-dtree
tocar ...	เล่น	lên
guitarra (f)	กีตาร์	gee-dtâa
violín (m)	ไวโอลิน	wai-oh-lin
violonchelo (m)	เชลโล	chayn-lôh
contrabajo (m)	ดับเบิลเบส	dàp-bern bàyt
arpa (f)	พิณ	phin
piano (m)	เปียโน	bpia noh
piano (m) de cola	แกรนด์เปียโน	graen bpia-noh
órgano (m)	ออร์แกน	or-gaen
instrumentos (m pl) de viento	เครื่องเป่า	khrêuang bpào
oboe (m)	โอโบ	oh-boh
saxofón (m)	แซ็กโซโฟน	sáek-soh-fohn
clarinete (m)	แคลริเน็ต	khlae-rí-nét
flauta (f)	ฟลูต	flút
trompeta (f)	ทรัมเป็ต	thram-bpèt

acordeón (m)	หีบเพลงชัก	hèep phlayng chák
tambor (m)	กลอง	glorng
dúo (m)	คู่	khôo
trío (m)	วงทริโอ	wong thrí-oh
cuarteto (m)	กลุ่มที่มีสี่คน	glùm thêe mee sèe khon
coro (m)	คณะประสานเสียง	khá-ná bprà-sǎan sǐang
orquesta (f)	วงดุริยางค์	wong dù-rí-yaang
música (f) pop	เพลงป็อป	phlayng bpòp
música (f) rock	เพลงร็อค	phlayng rók
grupo (m) de rock	วงร็อค	wong rórk
jazz (m)	แจซ	jáet
ídolo (m)	ไอดอล	ai-dorn
admirador (m)	แฟน	faen
concierto (m)	คอนเสิร์ต	khon-sèrt
sinfonía (f)	ซิมโฟนี	sím-foh-nee
composición (f)	การแต่งเพลง	gaan dtàeng phlayng
escribir (vt)	แต่ง	dtàeng
canto (m)	การร้องเพลง	gaan róng playng
canción (f)	เพลง	phlayng
melodía (f)	เสียงเพลง	sǐang phlayng
ritmo (m)	จังหวะ	jang wà
blues (m)	บลูส์	bloo
notas (f pl)	โน้ตเพลง	nóht phlayng
batuta (f)	ไม้สั้นของวาทยากร	máai sân khǒng wâa-tha-yaa gon
arco (m)	คันชอ	khan sor
cuerda (f)	สาย	sǎai
estuche (m)	กลอง	glòrng

Los restaurantes. El entretenimiento. El viaje

130. El viaje. Viajar

turismo (m)	การท่องเที่ยว	gaan thôrng thîeow
turista (m)	นักท่องเที่ยว	nák thôrng thîeow
viaje (m)	การเดินทาง	gaan dern thaang
aventura (f)	การผจญภัย	gaan phà-jon phai
viaje (m)	การเดินทาง	gaan dern thaang
vacaciones (f pl)	วันหยุดพักผ่อน	wan yùt phák phòrn
estar de vacaciones	หยุดพักผ่อน	yùt phák phòrn
descanso (m)	การพัก	gaan phák
tren (m)	รถไฟ	rót fai
en tren	โดยรถไฟ	doi rót fai
avión (m)	เครื่องบิน	khrêuang bin
en avión	โดยเครื่องบิน	doi khrêuang bin
en coche	โดยรถยนต์	doi rót-yon
en barco	โดยเรือ	doi reua
equipaje (m)	สัมภาระ	sǎm-phaa-rá
maleta (f)	กระเป๋าเดินทาง	grà-bpǎo dern-thaang
carrito (m) de equipaje	รถขนสัมภาระ	rót khǒn sǎm-phaa-rá
pasaporte (m)	หนังสือเดินทาง	nǎng-sěu dern-thaang
visado (m)	วีซ่า	wee-sâa
billete (m)	ตั๋ว	dtǔa
billete (m) de avión	ตั๋วเครื่องบิน	dtǔa khrêuang bin
guía (f) (libro)	หนังสือแนะนำ	nǎng-sěu náe nam
mapa (m)	แผนที่	phǎen thêe
área (m) (~ rural)	เขต	khàyt
lugar (m)	สถานที่	sà-thǎan thêe
exotismo (m)	สิ่งแปลกใหม่	sìng bplàek mài
exótico (adj)	ต่างแดน	dtàang daen
asombroso (adj)	น่าประหลาดใจ	nâa bprà-làat jai
grupo (m)	กลุ่ม	glùm
excursión (f)	การเดินทาง ท่องเที่ยว	gaan dern taang thôrng thîeow
guía (m) (persona)	มัคคุเทศก์	mák-khú-thâyt

131. El hotel

hotel (m)	โรงแรม	rohng raem
motel (m)	โรงแรม	rohng raem

de tres estrellas	สามดาว	săam daao
de cinco estrellas	หาดาว	hâa daao
hospedarse (vr)	พัก	phák

habitación (f)	ห้อง	hôrng
habitación (f) individual	ห้องเดี่ยว	hôrng dìeow
habitación (f) doble	หองคู	hôrng khôo
reservar una habitación	จองหอง	jorng hôrng

| media pensión (f) | พักครึ่งวัน | phák khrêung wan |
| pensión (f) completa | พักเต็มวัน | phák dtem wan |

con baño	มีห้องอาบน้ำ	mee hôrng àap náam
con ducha	มีฝักบัว	mee fàk bua
televisión (f) satélite	โทรทัศน์ดาวเทียม	thoh-rá-thát daao thiam
climatizador (m)	เครื่องปรับอากาศ	khrêuang bpràp-aa-gàat
toalla (f)	ผ้าเช็ดตัว	phâa chét dtua
llave (f)	กุญแจ	gun-jae

administrador (m)	นักบูริหาร	nák bor-rí-hăan
camarera (f)	แมบาน	mâe bâan
maletero (m)	พนักงาน.ขนกระเป๋า	phá-nák ngaan khŏn grà-bpăo
portero (m)	พนักงานเปิดประตู	phá-nák ngaan bpèrt bprà-dtoo

restaurante (m)	ร้านอาหาร	ráan aa-hăan
bar (m)	บาร	baa
desayuno (m)	อาหารเช้า	aa-hăan cháo
cena (f)	อาหารเย็น	aa-hăan yen
buffet (m) libre	บุฟเฟต	bùf-fây

| vestíbulo (m) | ล็อบบี้ | lórp-bêe |
| ascensor (m) | ลิฟต | líf |

| NO MOLESTAR | ห้ามรบกวน | hâam róp guan |
| PROHIBIDO FUMAR | หามสูบบุหรี่ | hâam sòop bù rèe |

132. Los libros. La lectura

libro (m)	หนังสือ	năng-sĕu
autor (m)	ผูแตง	phôo dtàeng
escritor (m)	นักเขียน	nák khĭan
escribir (~ un libro)	เขียน	khĭan

lector (m)	ผู้อ่าน	phôo àan
leer (vi, vt)	อ่าน	àan
lectura (f)	การอาน	gaan àan

| en silencio | อย่างเงียบๆ | yàang ngîap ngîap |
| en voz alta | ออกเสียงดัง | òrk sĭang dang |

| editar (vt) | ตีพิมพ์ | dtee phim |
| edición (f) (~ de libros) | การตีพิมพ์ | gaan dtee phim |

editor (m)	ผู้พิมพ์	phôo phim
editorial (f)	สำนักพิมพ์	săm-nák phim
salir (libro)	ออก	òrk
salida (f) (de un libro)	การออก	gaan òrk
tirada (f)	จำนวน	jam-nuan
librería (f)	ร้านหนังสือ	ráan năng-sĕu
biblioteca (f)	ห้องสมุด	hôrng sà-mùt
cuento (m)	เรื่องราว	rêuang raao
relato (m) corto	เรื่องสั้น	rêuang sân
novela (f)	นิยาย	ní-yaai
novela (f) policíaca	นิยายสืบสวน	ní-yaai sèup sŭan
memorias (f pl)	บันทึกความทรงจำ	ban-théuk khwaam song jam
leyenda (f)	ตำนาน	dtam naan
mito (m)	นิทานปรัมปรา	ní-thaan bpram bpraa
versos (m pl)	บทกวี	bòt gà-wee
autobiografía (f)	อัตชีวประวัติ	àt-chee-wá-bprà-wàt
obras (f pl) escogidas	งานที่ผ่าน การคัดเลือก	ngaan thêe phàan gaan khát lêuak
ciencia ficción (f)	นิยายวิทยาศาสตร์	ní-yaai wít-thá-yaa sàat
título (m)	ชื่อเรื่อง	chêu rêuang
introducción (f)	บทนำ	bòt nam
portada (f)	หน้าแรก	nâa râek
capítulo (m)	บท	bòt
extracto (m)	ข้อความที่ คัดออกมา	khôr khwaam thêe khát òk maa
episodio (m)	ตอน	dtorn
sujeto (m)	เค้าเรื่อง	kháo rêuang
contenido (m)	เนื้อหา	néua hăa
tabla (f) de contenidos	สารบัญ	săa-rá-ban
héroe (m) principal	ตัวละครหลัก	dtua lá-khon làk
tomo (m)	เล่ม	lêm
cubierta (f)	ปก	bpòk
encuadernado (m)	สัน	săn
marcador (m) de libro	ที่คั่นหนังสือ	thêe khân năng-sĕu
página (f)	หน้า	nâa
hojear (vt)	เปิดผ่านๆ	bpèrt phàan phàan
márgenes (m pl)	ระยะขอบ	rá-yá khòrp
anotación (f)	ความเห็นประกอบ	khwaam hĕn bprà-gòp
nota (f) a pie de página	เชิงอรรถ	cherng àt-tha
texto (m)	บท	bòt
fuente (f)	ตัวพิมพ์	dtua phim
errata (f)	ความพิมพ์ผิด	khwaam phim phìt
traducción (f)	คำแปล	kham bplae
traducir (vt)	แปล	bplae

original (m)	ต้นฉบับ	dtôn chà-bàp
famoso (adj)	โด่งดัง	dòhng dang
desconocido (adj)	ไม่เป็นที่รู้จัก	mâi bpen thêe róo jàk
interesante (adj)	น่าสนใจ	nâa sŏn jai
best-seller (m)	ขายดี	khăai dee
diccionario (m)	พจนานุกรม	phót-jà-naa-nú-grom
manual (m)	หนังสือเรียน	năng-sĕu rian
enciclopedia (f)	สารานุกรม	săa-raa-nú-grom

133. La caza. La pesca

caza (f)	การล่าสัตว์	gaan lâa sàt
cazar (vi, vt)	ล่าสัตว์	lâa sàt
cazador (m)	นักล่าสัตว์	nák lâa sàt
tirar (vi)	ยิง	ying
fusil (m)	ปืนไรเฟิล	bpeun rai-fern
cartucho (m)	กระสุนปืน	grà-sŭn bpeun
perdigón (m)	กระสุน	grà-sŭn
cepo (m)	กับดักเหล็ก	gàp dàk lèk
trampa (f)	กับดัก	gàp dàk
caer en la trampa	ติดกับดัก	dtìt gàp dàk
poner una trampa	วางกับดัก	waang gàp dàk
cazador (m) furtivo	ผู้ลักลอบล่าสัตว์	phôo lák lôrp lâa sàt
caza (f) menor	สัตว์ที่ถูกล่า	sàt têe thòok lâa
perro (m) de caza	หมาล่าเนื้อ	măa lâa néua
safari (m)	ซาฟารี	saa-faa-ree
animal (m) disecado	สัตว์สตาฟ	sàt sà-dtàaf
pescador (m)	คนประมง	khon bprà-mong
pesca (f)	การจับปลา	gaan jàp bplaa
pescar (vi)	จับปลา	jàp bplaa
caña (f) de pescar	คันเบ็ด	khan bèt
sedal (m)	สายเบ็ด	săai bèt
anzuelo (m)	ตะขอ	dtà-khŏr
flotador (m)	ทุ่น	thûn
cebo (m)	เหยื่อ	yèua
lanzar el anzuelo	เหวี่ยงเบ็ด	wìang bèt
picar (vt)	งับเหยื่อ	ngáp yèua
pesca (f) (lo pescado)	ปลาจับ	bpla jàp
agujero (m) en el hielo	ช่องน้ำแข็ง	chôrng nám khăeng
red (f)	แหจับปลา	hăe jàp bplaa
barca (f)	เรือ	reua
pescar con la red	จับปลาด้วยแห	jàp bplaa dûay hăe
tirar la red	เหวี่ยงแห	wìang hăe
sacar la red	ลากอวน	lâak uan
caer en la red	ติดแห	dtìt hăe
ballenero (m) (persona)	นักล่าปลาวาฬ	nák lâa bplaa waan

| ballenero (m) (barco) | เรือล่าปลาวาฬ | reua lâa bplaa waan |
| arpón (m) | ฉมวก | chà-mùak |

134. Los juegos. El billar

billar (m)	บิลเลียด	bin-lîat
sala (f) de billar	ห้องบิลเลียด	hôrng bin-lîat
bola (f) de billar	ลูก	lôok

entronerar la bola	แทงลูกลงหลุม	thaeng lôok long lǔm
taco (m)	ไม้คิว	máai khiw
tronera (f)	หลุม	lǔm

135. Los juegos. Las cartas

cuadrados (m pl)	ข้าวหลามตัด	khâao lǎam dtàt
picas (f pl)	โพดำ	phoh dam
corazones (m pl)	โพแดง	phoh daeng
tréboles (m pl)	ดอกจิก	dòrk jìk

as (m)	เอส	àyt
rey (m)	คิง	king
dama (f)	แหม่ม	màem
sota (f)	แจค	jáek

carta (f)	ไพ่	phâi
cartas (f pl)	ไพ่	phâi
triunfo (m)	ไต	dtǎi
baraja (f)	สำรับไพ่	sǎm-ráp phâi

punto (m)	แต้ม	dtâem
dar (las cartas)	แจกไพ่	jàek phâi
barajar (vt)	สับไพ่	sàp phâi
jugada (f)	ที	thee
fullero (m)	คนโกงไพ่	khon gohng phâi

136. El descanso. Los juegos. Miscelánea

pasear (vi)	เดินเล่น	dern lên
paseo (m) (caminata)	การเดินเล่น	gaan dern lên
paseo (m) (en coche)	การนั่งรถ	gaan nâng rót
aventura (f)	การผจญภัย	gaan phà-jon phai
picnic (m)	ปิคนิค	bpìk-ník

juego (m)	เกม(? เกม)	gaym
jugador (m)	ผู้เล่น	phôo lên
partido (m)	เกม	gaym

| coleccionista (m) | นักสะสม | nák sà-sǒm |
| coleccionar (vt) | สะสม | sà-sǒm |

colección (f)	การสะสม	gaan sà-sŏm
crucigrama (m)	ปริศนาอักษรไขว้	bprìt-sà-năa àk-sŏn khwâi
hipódromo (m)	ลู่แข่ง	lôo khàeng
discoteca (f)	ดิสโก	dít-gôh
sauna (f)	ซาวน่า	saao-nâa
lotería (f)	สลากกินแบ่ง	sà-làak gin bàeng
marcha (f)	การเดินทาง ตั้งแคมป์	gaan dern thaang dtâng-khaem
campo (m)	แคมป์	khaem
tienda (f) de campaña	เต็นท์	dtáyn
brújula (f)	เข็มทิศ	khěm thít
campista (m)	ผู้เดินทาง ตั้งแคมป์	phôo dern thaang dtâng-khaem
ver (la televisión)	ดู	doo
telespectador (m)	ผู้ชมทีวี	phôo chom thee wee
programa (m) de televisión	รายการทีวี	raai gaan thee wee

137. La fotografía

cámara (f) fotográfica	กล้อง	glôrng
fotografía (f) (una foto)	ภาพถาย	phâap thàai
fotógrafo (m)	ช่างถ่ายภาพ	châang thàai phâap
estudio (m) fotográfico	ห้องถ่ายภาพ	hôrng thàai phâap
álbum (m) de fotos	อัลบั้มภาพถาย	an-bâm phâap-thàai
objetivo (m)	เลนส์กล้อง	len glôrng
teleobjetivo (m)	เลนส์ถ่ายไกล	len thàai glai
filtro (m)	ฟีลเตอร์	fin-dtêr
lente (m)	เลนส์	len
óptica (f)	ออปติก	orp-dtìk
diafragma (m)	รูรับแสง	roo ráp săeng
tiempo (m) de exposición	เวลาในการถ่ายภาพ	way-laa nai gaan thàai phâap
visor (m)	เครื่องจับภาพ	khrêuang jàp phâap
cámara (f) digital	กล้องดิจิตอล	glôrng dì-jì-dton
trípode (m)	ขาตั้งกล้อง	khăa dtâng glông
flash (m)	แฟลช	flâet
fotografiar (vt)	ถ่ายภาพ	thàai phâap
hacer fotos	ถ่ายภาพ	thàai phâap
fotografiarse (vr)	ได้รับการ ถ่ายภาพให้	dâai ráp gaan thàai phâap hâi
foco (m)	โฟกัส	foh-gát
enfocar (vt)	โฟกัส	foh-gát
nítido (adj)	คมชัด	khom chát
nitidez (f)	ความคมชัด	khwaam khom chát
contraste (m)	ความเปรียบต่าง	khwaam bprìap dtàang
contrastante (adj)	เปรียบต่าง	bprìap dtàang

foto (f)	ภาพ	phâap
negativo (m)	ภาพเนกาทีฟ	phâap nay gaa thêef
película (f) fotográfica	ฟิล์ม	fim
fotograma (m)	เฟรม	fraym
imprimir (vt)	พิมพ์	phim

138. La playa. La natación

playa (f)	ชายหาด	chaai hàat
arena (f)	ทูราย	saai
desierto (playa ~a)	ราง	ráang
bronceado (m)	ผิวคล้ำแดด	phĭw khlám dàet
broncearse (vr)	ตากแดด	dtàak dàet
bronceado (adj)	มีผิวคล้ำแดด	mee phĭw khlám dàet
protector (m) solar	ครีมกันแดด	khreem gan dàet
bikini (m)	บิกินี	bì-gì-nee
traje (m) de baño	ชุดวายน้ำ	chút wâai náam
bañador (m)	กางเกงวายน้ำ	gaang-gayng wâai náam
piscina (f)	สระว่ายน้ำ	sà wâai náam
nadar (vi)	วายน้ำ	wâai náam
ducha (f)	ฝักบัว	fàk bua
cambiarse (vr)	เปลี่ยนชุด	bplìan chút
toalla (f)	ผ้าเช็ดตัว	phâa chét dtua
barca (f)	เรือ	reua
lancha (f) motora	เรือยนต์	reua yon
esquís (m pl) acuáticos	สกีน้ำ	sà-gee nám
bicicleta (f) acuática	เรือถีบ	reua thèep
surf (m)	การโต้คลื่น	gaan dtôh khlêun
surfista (m)	นักโต้คลื่น	nák dtôh khlêun
equipo (m) de buceo	อุปกรณ์ดำน้ำ	u-bpà-gon dam náam
aletas (f pl)	ตีนกบ	dteen gòp
máscara (f) de buceo	หน้ากากดำน้ำ	nâa gàak dam náam
buceador (m)	นักประดาน้ำ	nák bprà-daa náam
bucear (vi)	ดำน้ำ	dam náam
bajo el agua (adv)	ใต้น้ำ	dtâi nám
sombrilla (f)	ร่มชายหาด	rôm chaai hàat
tumbona (f)	เตียงอาบแดด	dtiang àap dàet
gafas (f pl) de sol	แว่นกันแดด	wâen gan dàet
colchoneta (f) inflable	ที่นอนเป่าลม	thêe non bpào lom
jugar (divertirse)	เล่น	lên
bañarse (vr)	ไปวายน้ำ	bpai wâai náam
pelota (f) de playa	บอล	bon
inflar (vt)	เติมลม	dterm lom
inflable (colchoneta ~)	แบบเติมลม	bàep dterm lom
ola (f)	คลื่น	khlêun

boya (f)	ทุ่นลอย	thûn loi
ahogarse (vr)	จมน้ำ	jom náam
salvar (vt)	ช่วยชีวิต	chûay chee-wít
chaleco (m) salvavidas	เสื้อชูชีพ	sêua choo chêep
observar (vt)	สังเกตการณ์	săng-gàyt gaan
socorrista (m)	ไลฟ์การ์ด	lai-gàat

EL EQUIPO TÉCNICO. EL TRANSPORTE

El equipo técnico

139. El computador

ordenador (m)	คอมพิวเตอร์	khorm-phiw-dtêr
ordenador (m) portátil	โน้ตบุ๊ค	nóht búk
encender (vt)	เปิด	bpèrt
apagar (vt)	ปิด	bpìt
teclado (m)	แป้นพิมพ์	bpâen phim
tecla (f)	ปุ่ม	bpùm
ratón (m)	เมาส์	mao
alfombrilla (f) para ratón	แผ่นรองเมาส์	phàen rorng mao
botón (m)	ปุ่ม	bpùm
cursor (m)	เคอร์เซอร์	khêr-sêr
monitor (m)	จอมอนิเตอร์	jor mor-ní-dtêr
pantalla (f)	หน้าจอ	nâa jor
disco (m) duro	ฮาร์ดดิสก์	hâat-dìt
volumen (m) de disco duro	ความจุฮาร์ดดิสก์	kwaam jù hâat-dìt
memoria (f)	หน่วยความจำ	nùay khwaam jam
memoria (f) operativa	หน่วยความจำ	nùay khwaam jam
	เข้าถึงโดยสุ่ม	khâo thěung doi sùm
archivo, fichero (m)	ไฟล์	fai
carpeta (f)	โฟลเดอร์	fohl-dêr
abrir (vt)	เปิด	bpèrt
cerrar (vt)	ปิด	bpìt
guardar (un archivo)	บันทึก	ban-théuk
borrar (vt)	ลบ	lóp
copiar (vt)	คัดลอก	khát lôrk
ordenar (vt) (~ de A a Z, etc.)	จัดเรียง	jàt riang
copiar (vt)	ทำสำเนา	tham sǎm-nao
programa (m)	โปรแกรม	bproh-graem
software (m)	ซอฟต์แวร์	sôf-wae
programador (m)	นักเขียนโปรแกรม	nák khǐan bproh-graem
programar (vt)	เขียนโปรแกรม	khǐan bproh-graem
hacker (m)	แฮ็กเกอร์	háek-gêr
contraseña (f)	รหัสผ่าน	rá-hàt phàan
virus (m)	ไวรัส	wai-rát
detectar (vt)	ตรวจพบ	dtrùat phóp

| octeto (m) | ไบท์ | bai |
| megaocteto (m) | เมกะไบท์ | may-gà-bai |

| datos (m pl) | ข้อมูล | khôr moon |
| base (f) de datos | ฐานขอมูล | thǎan khôr moon |

cable (m)	สายเคเบิล	sǎai khay-bêrn
desconectar (vt)	ตัดการเชื่อมต่อ	dtàt gaan chêuam dtòr
conectar (vt)	เชื่อมตอ	chêuam dtòr

140. El internet. El correo electrónico

internet (m), red (f)	อินเทอร์เน็ต	in-thêr-nét
navegador (m)	เบราวเซอร์	brao-sêr
buscador (m)	โปรแกรมคนหา	bproh-graem khón hǎa
proveedor (m)	ผู้ใหบริการ	phôo hâi bor-rí-gaan

webmaster (m)	เว็บมาสเตอร์	wép-mâat-dtêr
sitio (m) web	เว็บไซต์	wép sai
página (f) web	เว็บเพจ	wép phâyt

| dirección (f) | ที่อยู่ | thêe yòo |
| libro (m) de direcciones | สมุดที่อยู่ | sà-mùt thêe yòo |

buzón (m)	กล่องจดหมายอีเมลล์	glòrng jòt mǎai ee-mayn
correo (m)	จดหมาย	jòt mǎai
lleno (adj)	เต็ม	dtem

mensaje (m)	ข้อความ	khôr khwaam
correo (m) entrante	ขอความขาเข้า	khôr khwaam khǎa khâo
correo (m) saliente	ขอความขาออก	khôr khwaam khǎa òrk

expedidor (m)	ผู้ส่ง	phôo sòng
enviar (vt)	สง	sòng
envío (m)	การส่ง	gaan sòng

| destinatario (m) | ผู้รับ | phôo ráp |
| recibir (vt) | รับ | ráp |

| correspondencia (f) | การติดต่อกัน ทางจดหมาย | gaan dtìt dtòr gan thaang jòt mǎai |
| escribirse con … | ติดต่อกันทางจดหมาย | dtìt dtòr gan thaang jòt mǎai |

archivo, fichero (m)	ไฟล์	fai
descargar (vt)	ดาวน์โหลด	daao lòht
crear (vt)	สราง	sâang
borrar (vt)	ลบ	lóp
borrado (adj)	ถูกลบ	thòok lóp

conexión (f) (ADSL, etc.)	การเชื่อมต่อ	gaan chêuam dtòr
velocidad (f)	ความเร็ว	khwaam reo
módem (m)	โมเด็ม	moh-dem
acceso (m)	การเขาถึง	gaan khâo thěung
puerto (m)	พอรท	phôt

conexión (f) (establecer la ~)	การเชื่อมต่อ	gaan chêuam dtòr
conectarse a ...	เชื่อมต่อกับ...	chêuam dtòr gàp...
seleccionar (vt)	เลือก	lêuak
buscar (vt)	ค้นหา	khón hăa

El transporte

141. El avión

avión (m)	เครื่องบิน	khrêuang bin
billete (m) de avión	ตั๋วเครื่องบิน	dtŭa khrêuang bin
compañía (f) aérea	สายการบิน	săai gaan bin
aeropuerto (m)	สนามบิน	sà-năam bin
supersónico (adj)	ความเร็วเหนือเสียง	khwaam reo nĕua-sĭang
comandante (m)	กัปตัน	gàp dtan
tripulación (f)	ลูกเรือ	lôok reua
piloto (m)	นักบิน	nák bin
azafata (f)	พนักงวนต้อนรับ บนเครื่องบิน	phá-nák ngaan dtôrn ráp bon khrêuang bin
navegador (m)	ต้นหน	dtôn hŏn
alas (f pl)	ปีก	bpèek
cola (f)	หาง	hăang
cabina (f)	ห้องนักบิน	hôrng nák bin
motor (m)	เครื่องยนต์	khrêuang yon
tren (m) de aterrizaje	โครงส่วนล่าง ของเครื่องบิน	khrorng sùan lâang kŏrng khrêuang bin
turbina (f)	กังหัน	gang-hăn
hélice (f)	ใบพัด	bai phát
caja (f) negra	กล่องดำ	glòrng dam
timón (m)	คันบังคับ	khan bang-kháp
combustible (m)	เชื้อเพลิง	chéua phlerng
instructivo (m) de seguridad	คู่มือความปลอดภัย	khôo meu khwaam bplòt phai
respirador (m) de oxígeno	หน้ากากอ็อกซิเจน	nâa gàak ók sí jayn
uniforme (m)	เครื่องแบบ	khrêuang bàep
chaleco (m) salvavidas	เสื้อชูชีพ	sêua choo chêep
paracaídas (m)	รมชูชีพ	rôm choo chêep
despegue (m)	การบินขึ้น	gaan bin khêun
despegar (vi)	บินขึ้น	bin khêun
pista (f) de despegue	ทางวิ่งเครื่องบิน	thaang wîng khrêuang bin
visibilidad (f)	ทัศนวิสัย	thát sá ná wí-săi
vuelo (m)	การบิน	gaan bin
altura (f)	ความสูง	khwaam sŏong
pozo (m) de aire	หลุมอากาศ	lŭm aa-gàat
asiento (m)	ที่นั่ง	thêe nâng
auriculares (m pl)	หูฟัง	hŏo fang
mesita (f) plegable	ถาดพับเก็บได้	thàat pháp gèp dâai
ventana (f)	หน้าต่างเครื่องบิน	nâa dtàang khrêuang bin
pasillo (m)	ทางเดิน	thaang dern

142. El tren

tren (m)	รถไฟ	rót fai
tren (m) eléctrico	รถไฟชานเมือง	rót fai chaan meuang
tren (m) rápido	รถไฟด่วน	rót fai dùan
locomotora (f) diésel	รถจักรดีเซล	rót jàk dee-sayn
tren (m) de vapor	รถจักรไอน้ำ	rót jàk ai náam
coche (m)	ตู้โดยสาร	dtôo doi săan
coche (m) restaurante	ตูเสบียง	dtôo sà-biang
rieles (m pl)	รางรถไฟ	raang rót fai
ferrocarril (m)	ทางรถไฟ	thaang rót fai
traviesa (f)	หมอนรองราง	mŏrn rorng raang
plataforma (f)	ชานชลา	chaan-chá-laa
vía (f)	ราง	raang
semáforo (m)	ไฟสัญญาณรถไฟ	fai săn-yaan rót fai
estación (f)	สถานี	sà-thăa-nee
maquinista (m)	คนขับรถไฟ	khon khàp rót fai
maletero (m)	พนักงานยกกระเป๋า	phá-nák ngaan yók grà-bpăo
mozo (m) del vagón	พนักงานรถไฟ	phá-nák ngaan rót fai
pasajero (m)	ผู้โดยสาร	phôo doi săan
revisor (m)	พนักงานตรวจตั๋ว	phá-nák ngaan dtrùat dtŭa
corredor (m)	ทางเดิน	thaang dern
freno (m) de urgencia	เบรคฉุกเฉิน	bràyk chùk-chĕrn
compartimiento (m)	ตู้นอน	dtôo norn
litera (f)	เตียง	dtiang
litera (f) de arriba	เตียงบน	dtiang bon
litera (f) de abajo	เตียงล่าง	dtiang lâang
ropa (f) de cama	ชุดเครื่องนอน	chút khrêuang norn
billete (m)	ตั๋ว	dtŭa
horario (m)	ตารางเวลา	dtaa-raang way-laa
pantalla (f) de información	ฉระดานแสดง	grà daan sà-daeng
	ข้อมูล	khôr moon
partir (vi)	ออกเดินทาง	òrk dern thaang
partida (f) (del tren)	การออกเดินทาง	gaan òrk dern thaang
llegar (tren)	มาถึง	maa thĕung
llegada (f)	การมาถึง	gaan maa thĕung
llegar en tren	มาถึงโดยรถไฟ	maa thĕung doi rót fai
tomar el tren	ขึ้นรถไฟ	khêun rót fai
bajar del tren	ลงจากรถไฟ	long jàak rót fai
descarrilamiento (m)	รถไฟตกราง	rót fai dtòk raang
descarrilarse (vr)	ตกราง	dtòk raang
tren (m) de vapor	หัวรถจักรไอน้ำ	hŭa rót jàk ai náam
fogonero (m)	คนควบคุมเตาไฟ	khon khûap khum dtao fai
hogar (m)	เตาไฟ	dtao fai
carbón (m)	ถ่านหิน	thàan hĭn

143. El barco

buque (m)	เรือ	reua
navío (m)	เรือ	reua
buque (m) de vapor	เรือจักรไอน้ำ	reua jàk ai náam
motonave (m)	เรือลองแม่น้ำ	reua lôhng mâe náam
trasatlántico (m)	เรือเดินสมุทร	reua dern sà-mùt
crucero (m)	เรือลาดตระเวน	reua lâat dtrà-wayn
yate (m)	เรือยอชต์	reua yôt
remolcador (m)	เรือลากจูง	reua lâak joong
barcaza (f)	เรือบรรทุก	reua ban-thúk
ferry (m)	เรือข้ามฟาก	reua khâam fâak
velero (m)	เรือใบ	reua bai
bergantín (m)	เรือใบสองเสากระโดง	reua bai sŏrng săo grà-dohng
rompehielos (m)	เรือตัดน้ำแข็ง	reua dtàt náam khăeng
submarino (m)	เรือดำน้ำ	reua dam náam
bote (m) de remo	เรือพาย	reua phaai
bote (m)	เรือบดเล็ก	reua bòt lék
bote (m) salvavidas	เรือชูชีพ	reua choo chêep
lancha (f) motora	เรือยนต์	reua yon
capitán (m)	กัปตัน	gàp dtan
marinero (m)	นาวิน	naa-win
marino (m)	คนเรือ	khon reua
tripulación (f)	กะลาสี	gà-laa-sĕe
contramaestre (m)	สรั่ง	sà-ràng
grumete (m)	คนช่วยงานในเรือ	khon chûay ngaan nai reua
cocinero (m) de abordo	กุก	gúk
médico (m) del buque	แพทย์เรือ	phâet reua
cubierta (f)	ดาดฟ้าเรือ	dàat-fáa reua
mástil (m)	เสากระโดงเรือ	săo grà-dohng reua
vela (f)	ใบเรือ	bai reua
bodega (f)	ท้องเรือ	thórng-reua
proa (f)	หัวเรือ	hŭa-reua
popa (f)	ท้วยเรือ	tháai reua
remo (m)	ไม้พาย	máai phaai
hélice (f)	ใบจักร	bai jàk
camarote (m)	ห้องพัก	hôrng phák
sala (f) de oficiales	ห้องอาหาร	hôrng aa-hăan
sala (f) de máquinas	ห้องเครื่องยนต์	hôrng khrêuang yon
puente (m) de mando	สะพานเดินเรือ	sà-phaan dern reua
sala (f) de radio	ห้องวิทยุ	hôrng wít-thá-yú
onda (f)	คลื่นความถี่	khlêun khwaam thèe
cuaderno (m) de bitácora	สมุดบันทึก	sà-mùt ban-théuk
anteojo (m)	กล้องสองทางไกล	glôrng sòrng thaang glai
campana (f)	ระฆัง	rá-khang

bandera (f)	ธง	thorng
cabo (m) (maroma)	เชือก	chêuak
nudo (m)	ปม	bpom
pasamano (m)	ราว	raao
pasarela (f)	ไม้พาดให้	mái phâat hâi
	ขึ้นลงเรือ	khêun long reua
ancla (f)	สมอ	sà-mŏr
levar ancla	ถอนสมอ	thŏrn sà-mŏr
echar ancla	ทอดสมอ	thôrt sà-mŏr
cadena (f) del ancla	โซ่สมอเรือ	sôh sà-mŏr reua
puerto (m)	ท่าเรือ	thâa reua
embarcadero (m)	ท่า	thâa
amarrar (vt)	จอดเทียบุท่า	jòt thîap tâa
desamarrar (vt)	ออกจากท่า	òrk jàak tâa
viaje (m)	การเดินทาง	gaan dern thaang
crucero (m) (viaje)	การล่องเรือ	gaan lôrng reua
derrota (f) (rumbo)	เส้นทาง	sên thaang
itinerario (m)	เส้นทาง	sên thaang
canal (m) navegable	ร่องเรือเดิน	rông reua dern
bajío (m)	โขด	khòht
encallar (vi)	เกยตื้น	goie dtêun
tempestad (f)	พายุ	phaa-yú
señal (f)	สัญญาณ	săn-yaan
hundirse (vr)	ลม	lôm
¡Hombre al agua!	คนตกเรือ!	kon dtòk reua
SOS	SOS	es-o-es
aro (m) salvavidas	ห่วงยาง	hùang yaang

144. El aeropuerto

aeropuerto (m)	สนามบิน	sà-năam bin
avión (m)	เครื่องบิน	khrêuang bin
compañía (f) aérea	สายการบิน	săi gaan bin
controlador (m) aéreo	เจ้าหน้าที่ควบคุม	jâo nâa-thêe khûap khum
	จราจรทางอากาศ	jà-raa-jon thaang aa-gàat
despegue (m)	การออกเดินทาง	gaan òrk dern thaang
llegada (f)	การมาถึง	gaan maa thĕung
llegar (en avión)	มาถึง	maa thĕung
hora (f) de salida	เวลาขาไป	way-laa khăa bpai
hora (f) de llegada	เวลามาถึง	way-laa maa thĕung
retrasarse (vr)	ถูกเลื่อน	thòok lêuan
retraso (m) de vuelo	เลื่อนเที่ยวบิน	lêuan thieow bin
pantalla (f) de información	กระดานแสดง	grà daan sà-daeng
	ข้อมูล	khôr moon

información (f)	ข้อมูล	khôr moon
anunciar (vt)	ประกาศ	bprà-gàat
vuelo (m)	เที่ยวบิน	thîeow bin

| aduana (f) | ศุลกากร | sǔn-lá-gaa-gon |
| aduanero (m) | เจ้าหน้าที่ศุลกากร | jâo nâa-thêe sǔn-lá-gaa-gon |

declaración (f) de aduana	แบบฟอร์มการเสีย ภาษีศุลกากร	bàep form gaan sǐa phaa-sěe sǔn-lá-gaa-gon
rellenar (vt)	กรอก	gròrk
rellenar la declaración	กรอกแบบฟอร์ม การเสียภาษี	gròrk bàep form gaan sǐa paa-sěe
control (m) de pasaportes	จุดตรวจหนังสือ เดินทาง	jùt dtrùat nǎng-sěu dern-thaang

equipaje (m)	สัมภาระ	sǎm-phaa-rá
equipaje (m) de mano	กระเป๋าถือ	grà-bpǎo thěu
carrito (m) de equipaje	รถขนสัมภาระ	rót khǒn sǎm-phaa-rá

aterrizaje (m)	การลงจอด	gaan long jòrt
pista (f) de aterrizaje	ลานบินลงจอด	laan bin long jòrt
aterrizar (vi)	ลงจอด	long jòrt
escaleras (f pl) (de avión)	ทางขึ้นลง เครื่องบิน	thaang khêun long khrêuang bin

facturación (f) (check-in)	การเช็คอิน	gaan chék in
mostrador (m) de facturación	เคาน์เตอร์เช็คอิน	khao-dtêr chék in
hacer el check-in	เช็คอิน	chék in
tarjeta (f) de embarque	บัตรที่นั่ง	bàt thêe nâng
puerta (f) de embarque	ช่องเขา	chôrng khâo

tránsito (m)	การต่อเที่ยวบิน	gaan tòr thîeow bin
esperar (aguardar)	รอ	ror
zona (f) de preembarque	ห้องผู้โดยสารขาออก	hôrng phôo doi sǎan khǎa òk
despedir (vt)	ไปส่ง	bpai sòng
despedirse (vr)	บอกลา	bòrk laa

145. La bicicleta. La motocicleta

bicicleta (f)	รถจักรยาน	rót jàk-grà-yaan
scooter (f)	สกูตเตอร์	sà-góot-dtêr
motocicleta (f)	รถมอเตอร์ไซค์	rót mor-dtêr-sai

ir en bicicleta	ขี่จักรยาน	khèe jàk-grà-yaan
manillar (m)	พวงมาลัยรถ	phuang maa-lai rót
pedal (m)	แป้นเหยียบ	bpâen yìap
frenos (m pl)	เบรก	bràyk
sillín (m)	ที่นั่งจักรยาน	thêe nâng jàk-grà-yaan

bomba (f)	ปั๊ม	bpám
portaequipajes (m)	ที่วางสัมภาระ	thêe waang sǎm-phaa-rá
faro (m)	ไฟหน้า	fai nâa
casco (m)	หมวกนิรภัย	mùak ní-rá-phai
rueda (f)	ล้อ	lór

guardabarros (m)	บังโคลน	bang khlon
llanta (f)	ขอบล้อ	khòp lór
rayo (m)	กานล้อ	gâan lór

Los coches

146. Tipos de carros

coche (m)	รถยนต์	rót yon
coche (m) deportivo	รถสปอร์ต	rót sà-bpòt
limusina (f)	รถลีมูซีน	rót lee moo seen
todoterreno (m)	รถเอสยูวี	rót àyt yoo wee
cabriolé (m)	รถยนต์เปิดประทุน	rót yon bpèrt bprà-thun
microbús (m)	รถบัสเล็ก	rót bàt lék
ambulancia (f)	รถพยาบาล	rót phá-yaa-baan
quitanieves (m)	รถไถหิมะ	rót thǎi hì-má
camión (m)	รถบรรทุก	rót ban-thúk
camión (m) cisterna	รถบรรทุกน้ำมัน	rót ban-thúk nám man
camioneta (f)	รถตู้	rót dtôo
remolcador (m)	รถลาก	rót lâak
remolque (m)	รถพ่วง	rót phûang
confortable (adj)	สะดวก	sà-dùak
de ocasión (adj)	มือสอง	meu sǒrng

147. Los carros. Taller de pintura

capó (m)	กระโปรงรถ	grà bprohng rót
guardabarros (m)	บังโคลน	bang khlon
techo (m)	หลังคา	lǎng khaa
parabrisas (m)	กระจกหน้ารถ	grà-jòk nâa rót
espejo (m) retrovisor	กระจกมองหลัง	grà-jòk morng lǎng
limpiador (m)	ที่ฉีดน้ำลวง กระจกหน้ารถ	thêe chèet nám láang grà-jòk nâa rót
limpiaparabrisas (m)	ที่ปัดล้างกระจก หน้ารถ	thêe bpàt láang grà-jòk nâa rót
ventana (f) lateral	กระจกข้าง	grà-jòk khâang
elevalunas (m)	กระจกไฟฟ้า	grà-jòk fai-fáa
antena (f)	เสาอากาศ	sǎo aa-gàat
techo (m) solar	หลังคารับแดด	lǎng khaa ráp dàet
parachoques (m)	กันชน	gan chon
maletero (m)	ท้ายรถ	tháai rót
baca (f) (portaequipajes)	ชั้นวางสัมภาระ	chán waang sǎm-phaa-rá
puerta (f)	ประตู	bprà-dtoo
tirador (m) de puerta	ที่เปิดประตู	thêe bpèrt bprà-dtoo
cerradura (f)	ล็อคประตูรถ	lók bprà-dtoo rót

matrícula (f)	ป้ายทะเบียน	bpâai thá-bian
silenciador (m)	ทอไอเสีย	thôr ai sĭa
tanque (m) de gasolina	ถังน้ำมัน	thăng náam man
tubo (m) de escape	ทอไอเสีย	thôr ai sĭa

acelerador (m)	เร่ง	râyng
pedal (m)	แป้นเหยียบ	bpâen yìap
pedal (m) de acelerador	คันเรง	khan râyng

freno (m)	เบรก	bràyk
pedal (m) de freno	แป้นเบรค	bpâen bràyk
frenar (vi)	เบรก	bràyk
freno (m) de mano	เบรกมือ	bràyk meu

embrague (m)	คลัตช์	khlát
pedal (m) de embrague	แป้นคลัตช์	bpâen khlát
disco (m) de embrague	จวนคลัตช์	jaan khlát
amortiguador (m)	โชคอัพ	chóhk-àp

rueda (f)	ล้อ	lór
rueda (f) de repuesto	ลอสำรอง	lór săm-rorng
neumático (m)	ยางรถ	yaang rót
tapacubo (m)	ลอแม็ก	lór-máek

ruedas (f pl) motrices	ล้อพวงมาลัย	lór phuang maa-lai
de tracción delantera	ขับเคลื่อนลอหน้า	khàp khlêuan lór nâa
de tracción trasera	ขับเคลื่อนลอหลัง	khàp khlêuan lór lăng
de tracción integral	ขับเคลื่อนสีลอ	khàp khlêuan sèe lór

caja (f) de cambios	กระปุกเกียร์	grà-bpùk gia
automático (adj)	อัตโนมัติ	àt-noh-mát
mecánico (adj)	กลไก	gon-gai
palanca (f) de cambios	คันเกียร์	khan gia

| faro (m) delantero | ไฟหน้า | fai nâa |
| faros (m pl) | ไฟหน้า | fai nâa |

luz (f) de cruce	ไฟต่ำ	fai dtàm
luz (f) de carretera	ไฟสูง	fai sŏong
luz (f) de freno	ไฟเบรก	fai bràyk

luz (f) de posición	ไฟจอดรถ	fai jòt rót
luces (f pl) de emergencia	ไฟฉุกเฉิน	fai chùk-chěrn
luces (f pl) antiniebla	ไฟตัดหมอก	fai dtàt mòk
intermitente (m)	ไฟเลี้ยว	fai líeow
luz (f) de marcha atrás	ไฟรถถอย	fai rót thŏi

148. Los carros. El compartimento de pasajeros

habitáculo (m)	ภายในรถ	phaai nai rót
de cuero (adj)	หนัง	năng
de felpa (adj)	กำมะหยี่	gam-má-yèe
revestimiento (m)	เครื่องเบาะ	khrêuang bòr
instrumento (m)	อุปกรณ์	ù-bpà-gon

salpicadero (m)	แผงหน้าปัด	phǎeng nâa bpàt
velocímetro (m)	มาตรวัดความเร็ว	mâat wát khwaam reo
aguja (f)	เข็มชี้วัด	khěm chée wát

cuentakilómetros (m)	มิเตอร์วัดระยะทาง	mí-dtêr wát rá-yá thaang
indicador (m)	มิเตอร์วัด	mí-dtêr wát
nivel (m)	ระดับ	rá-dàp
testigo (m) (~ luminoso)	ไฟเตือน	fai dteuan

volante (m)	พวงมาลัยรถ	phuang maa-lai rót
bocina (f)	แตร	dtrae
botón (m)	ปุ่ม	bpùm
interruptor (m)	สวิตช์	sà-wít

asiento (m)	ที่นั่ง	thêe nâng
respaldo (m)	พนักพิง	phá-nák phing
reposacabezas (m)	ที่พิงศีรษะ	thêe phing sěe-sà
cinturón (m) de seguridad	เข็มขัดนิรภัย	khěm khàt ní-rá-phai
abrocharse el cinturón	คาดเข็มขัดนิรภัย	khâat khěm khàt ní-rá-phai
reglaje (m)	การปรับ	gaan bpràp

| bolsa (f) de aire (airbag) | ถุงลมนิรภัย | thǔng lom ní-rá-phai |
| climatizador (m) | เครื่องปรับอากาศ | khrêuang bpràp-aa-gàat |

radio (f)	วิทยุ	wít-thá-yú
reproductor (m) de CD	เครื่องเล่น CD	khrêuang lên see-dee
encender (vt)	เปิด	bpèrt
antena (f)	เสาอากาศ	sǎo aa-gàat
guantera (f)	ช่องเก็บของ ข้างคนขับ	chôrng gèp khǒrng khâang khon khàp
cenicero (m)	ที่เขี่ยบุหรี่	thêe khìa bù rèe

149. Los carros. El motor

motor (m)	เครื่องยนต์	khrêuang yon
motor (m)	มอเตอร์	mor-dtêr
diesel (adj)	ดีเซล	dee-sayn
a gasolina (adj)	น้ำมันเบนซิน	nám man bayn-sin

volumen (m) del motor	ขนาดเครื่องยนต์	khà-nàat khrêuang yon
potencia (f)	กำลัง	gam-lang
caballo (m) de fuerza	แรงม้า	raeng máa
pistón (m)	ก้านลูกสูบ	gâan lôok sòop
cilindro (m)	กระบอกสูบ	grà-bòrk sòop
válvula (f)	วาลว	waao

inyector (m)	หัวฉีด	hǔa chèet
generador (m)	เครื่องกำเนิดไฟฟ้า	khrêuang gam-nèrt fai fáa
carburador (m)	คารบูเรเตอร์	khaa-boo-ray-dtêr
aceite (m) de motor	น้ำมันเครื่อง	nám man khrêuang

radiador (m)	หม้อน้ำ	môr náam
liquido (m) refrigerante	สารทำความเย็น	sǎan tham khwaam yen
ventilador (m)	พัดลมระบายความร้อน	phát lom rá-baai khwaam rón

batería (f)	แบตเตอรี่	bàet-dter-rêe
estárter (m)	มอเตอร์สตาร์ต	mor-dtêr sà-dtàat
encendido (m)	การจุดระเบิด	gaan jùt rá-bèrt
bujía (f) de ignición	หัวเทียน	hŭa thian

terminal (f)	ขั้วแบตเตอรี่	khûa bàet-dter-rêe
terminal (f) positiva	ขั้วบวก	khûa bùak
terminal (f) negativa	ขั้วลบ	khûa lóp
fusible (m)	ฟิวส์	fiw

filtro (m) de aire	เครื่องกรองอากาศ	khrêuang grorng aa-gàat
filtro (m) de aceite	ไส้กรองน้ำมัน	sâi grorng nám man
filtro (m) de combustible	ไส้กรองน้ำมันเชื้อเพลิง	sâi grorng nám man chéua phlerng

150. Los carros. Los choques. La reparación

accidente (m)	อุบัติเหตุรถชน	u-bàt hàyt rót chon
accidente (m) de tráfico	อุบัติเหตุจราจร	u-bàt hàyt jà-raa-jon
chocar contra ...	ชน	chon
tener un accidente	ชนโครม	chon khrohm
daño (m)	ความเสียหาย	khwaam sĭa hăai
intacto (adj)	ไม่มีความเสียหาย	mâi mee khwaam sĭa hăai

pana (f)	การเสีย	gaan sĭa
averiarse (vr)	ตาย	dtaai
remolque (m) (cuerda)	เชือกลากรถยนต์	chêuak lâak rót yon

pinchazo (m)	ยางรั่ว	yaang rûa
desinflarse (vr)	ทำให้ยางแบน	tham hâi yaang baen
inflar (vt)	เติมลมยาง	dterm lom yaang
presión (f)	แรงดัน	raeng dan
verificar (vt)	ตรวจสอบ	dtrùat sòrp

reparación (f)	การซ่อม	gaan sôrm
taller (m)	ร้านซ่อมรถยนต์	ráan sôrm rót yon
parte (f) de repuesto	อะไหล่	a lài
parte (f)	ชิ้นส่วน	chín sùan

perno (m)	สลักเกลียว	sà-làk glieow
tornillo (m)	สกรู	sà-groo
tuerca (f)	แหวนสกรู	wăen sà-groo
arandela (f)	แหวนเล็ก	wăen lék
rodamiento (m)	แบริง	bae-ring

tubo (m)	ท่อ	thôr
junta (f)	ปะเก็น	bpà gen
hilo (m)	สายไฟ	săai fai

gato (m)	แม่แรง	mâe raeng
llave (f) de tuerca	ประแจ	bprà-jae
martillo (m)	ค้อน	khórn
bomba (f)	ปั๊ม	bpám
destornillador (m)	ไขควง	khăi khuang

extintor (m)	ถังดับเพลิง	thǎng dàp phlerng
triángulo (m) de avería	ป้ายเตือน	bpâai dteuan
calarse (vr)	มีเครื่องดับ	mee khrêuang dàp
parada (f) (del motor)	การดับ	gaan dàp
estar averiado	เสีย	sǐa
recalentarse (vr)	ร้อนเกิน	rórn gern
estar atascado	อุดตัน	ùt dtan
congelarse (vr)	เยือกแข็ง	yêuak khǎeng
reventar (vi)	แตก	dtàek
presión (f)	แรงดัน	raeng dan
nivel (m)	ระดับ	rá-dàp
flojo (correa ~a)	ออน	òrn
abolladura (f)	รอยบุบ	roi bùp
ruido (m) (en el motor)	เสียงเครื่องยนต์ดับ	sǐang khrêuang yon dàp
grieta (f)	รอยแตก	roi dtàek
rozadura (f)	รอยขูด	roi khòot

151. Los carros. La calle

camino (m)	ถนน	thà-nǒn
autovía (f)	ทางหลวง	thaang lǔang
carretera (f)	ทางด่วน	thaang dùan
dirección (f)	ทิศทาง	thít thaang
distancia (f)	ระยะทาง	rá-yá thaang
puente (m)	สะพาน	sà-phaan
aparcamiento (m)	ลานจอดรถ	laan jòrt rót
plaza (f)	จัตุรัส	jàt-dtù-ràt
intercambiador (m)	ทางแยกต่างระดับ	thaang yâek dtàang rá-dàp
túnel (m)	อุโมงค์	u-mohng
gasolinera (f)	ปั้มน้ำมัน	bpám náam man
aparcamiento (m)	ลานจอดรถ	laan jòrt rót
surtidor (m)	ที่เติมน้ำมัน	thêe dterm náam man
taller (m)	ร้านซ่อมรถยนต์	ráan sôrm rót yon
cargar gasolina	เติมน้ำมัน	dterm náam man
combustible (m)	น้ำมันเชื้อเพลิง	nám man chéua phlerng
bidón (m) de gasolina	ถังน้ำมัน	thǎng náam man
asfalto (m)	ถนนลาดยาง	thà-nǒn lâat yaang
señalización (f) vial	เครื่องหมายจราจร บนพื้นทาง	khrêuang mǎai jà-raa-jon bon phéun thaang
bordillo (m)	ขอบถนน	khòrp thà-nǒn
barrera (f) de seguridad	รั้วกั้น	rúa gân
cuneta (f)	คู	khoo
borde (m) de la carretera	ข้างถนน	khâang thà-nǒn
farola (f)	เสาไฟ	sǎo fai
conducir (vi, vt)	ขับ	khàp
girar (~ a la izquierda)	เลี้ยว	líeow

| dar la vuelta en U | กลับรถ | glàp rót |
| marcha (f) atrás | ถอยรถ | thŏi rót |

tocar la bocina	บีบแตร	bèep dtrae
bocinazo (m)	เสียงบีบแตร	sĭang bèep dtrae
atascarse (vr)	ติด	dtìt
patinar (vi)	หมุนล้อ	mŭn lór
parar (el motor)	ปิด	bpìt

velocidad (f)	ความเร็ว	khwaam reo
exceder la velocidad	ขับเร็วเกิน	khàp reo gern
multar (vt)	ให้ใบสั่ง	hâi bai sàng
semáforo (m)	ไฟสัญญาณจราจร	fai săn-yaan jà-raa-jon
permiso (m) de conducir	ใบขับขี่	bai khàp khèe

paso (m) a nivel	ทางข้ามรถไฟ	thaang khâam rót fai
cruce (m)	สี่แยก	sèe yâek
paso (m) de peatones	ทางม้าลาย	thaang máa laai
curva (f)	ทางโค้ง	thaang khóhng
zona (f) de peatones	ถนนคนเดิน	thà-nŏn khon dern

LA GENTE. ACONTECIMIENTOS DE LA VIDA

Acontecimentos de la vida

152. Los días festivos. Los eventos

fiesta (f)	วันหยุดเฉลิมฉลอง	wan yùt chà-lěrm chà-lŏng
fiesta (f) nacional	วันชาติ	wan châat
día (m) de fiesta	วันหยุดนักขัตฤกษ์	wan yùt nák-kàt-rêrk
festejar (vt)	เฉลิมฉลอง	chà-lěrm chà-lŏrng
evento (m)	เหตุการณ์	hàyt gaan
medida (f)	งานอีเว้นต์	ngaan ee wayn
banquete (m)	งานเลี้ยง	ngaan líang
recepción (f)	งานเลี้ยง	ngaan líang
festín (m)	งานฉลอง	ngaan chà-lŏrng
aniversario (m)	วันครบรอบ	wan khróp rôrp
jubileo (m)	วันครบรอบปี	wan khróp rôrp bpee
celebrar (vt)	ฉลอง	chà-lŏrng
Año (m) Nuevo	ปีใหม่	bpee mài
¡Feliz Año Nuevo!	สวัสดีปีใหม่!	sà-wàt-dee bpee mài
Papá Noel (m)	ซานตาคลอส	saan-dtaa-khlôrt
Navidad (f)	คริสต์มาส	khrít-mâat
¡Feliz Navidad!	สุขสันต์วันคริสต์มาส	sùk-săn wan khrít-mâat
árbol (m) de Navidad	ตนคริสตุมาส	dtôn khrít-mâat
fuegos (m pl) artificiales	ดอกไมไฟ	dòrk máai fai
boda (f)	งวนแต่งงาน	ngaan dtàeng ngaan
novio (m)	เจ้าบ่าว	jâo bàao
novia (f)	เจ้าสาว	jâo săao
invitar (vt)	เชิญ	chern
tarjeta (f) de invitación	บัตรเชิญ	bàt chern
invitado (m)	แขก	khàek
visitar (vt) (a los amigos)	ไปเยี่ยม	bpai yîam
recibir a los invitados	ตอนรับแขก	dton ráp khàek
regalo (m)	ของขวัญ	khŏrng khwăn
regalar (vt)	ให	hâi
recibir regalos	รับของขวัญ	ráp khŏrng khwăn
ramo (m) de flores	ชอดอกไม	chôr dòrk máai
felicitación (f)	คำแสดง	kham sà-daeng
	ความยินดี	khwaam yin-dee
felicitar (vt)	แสดงความยินดี	sà-daeng khwaam yin dee

tarjeta (f) de felicitación	บัตรอวยพร	bàt uay phon
enviar una tarjeta	สงโปสการ์ด	sòng bpòht-gàat
recibir una tarjeta	รับโปสการ์ด	ráp bpòht-gàat

brindis (m)	ดื่มอวยพร	dèum uay phon
ofrecer (~ una copa)	เลี้ยงเครื่องดื่ม	líang khrêuang dèum
champaña (f)	แชมเปญ	chaem-bpayn

divertirse (vr)	มีความสุข	mee khwaam sùk
diversión (f)	ความรื่นเริง	khwaam rêun-rerng
alegría (f) (emoción)	ความสุขสันต์	khwaam sùk-sǎn

| baile (m) | การเต้น | gaan dtên |
| bailar (vi, vt) | เต้น | dtên |

| vals (m) | วอลทฺซ์ | wɔ:lts |
| tango (m) | แทงโก | thaeng-gôh |

153. Los funerales. El entierro

cementerio (m)	สุสาน	sù-sǎan
tumba (f)	หลุมศพ	lǔm sòp
cruz (f)	ไม้กางเขน	mái gaang khǎyn
lápida (f)	ป้ายหลุมศพ	bpâai lǔm sòp
verja (f)	รั้ว	rúa
capilla (f)	โรงสวด	rohng sùat

muerte (f)	ความตาย	khwaam dtaai
morir (vi)	ตาย	dtaai
difunto (m)	ผู้เสียชีวิต	phôo sǐa chee-wít
luto (m)	การไว้อาลัย	gaan wái aa-lai

enterrar (vt)	ฝังศพ	fǎng sòp
funeraria (f)	บริษัทรับจัดงานศพ	bor-rí-sàt ráp jàt ngaan sòp
entierro (m)	งานศพ	ngaan sòp
corona (f) funeraria	พวงหรีด	phuang rèet
ataúd (m)	โลงศพ	lohng sòp
coche (m) fúnebre	รถขนศพ	rót khǒn sòp
mortaja (f)	ผ้าห่อศพ	phâa hòr sòp

cortejo (m) fúnebre	พิธีศพ	phí-tee sòp
urna (f) funeraria	โกศ	gòht
crematorio (m)	เมรุ	mayn

necrología (f)	ข่าวมรณกรรม	khàao mor-rá-ná-gam
llorar (vi)	ร้องไห้	rórng hâi
sollozar (vi)	สะอื้น	sà-êun

154. La guerra. Los soldados

| sección (f) | หมวด | mùat |
| compañía (f) | กองรอย | gorng rói |

regimiento (m)	กรม	grom
ejército (m)	กองทัพ	gorng tháp
división (f)	กองพล	gorng phon-la
destacamento (m)	หมู่	mòo
hueste (f)	กองทัพ	gorng tháp
soldado (m)	ทหาร	thá-hǎan
oficial (m)	นายทหาร	naai thá-hǎan
soldado (m) raso	พลทหาร	phon-thá-hǎan
sargento (m)	สิบเอก	sìp àyk
teniente (m)	ร้อยโท	rói thoh
capitán (m)	ร้อยเอก	rói àyk
mayor (m)	พลตรี	phon-dtree
coronel (m)	พันเอก	phan àyk
general (m)	นายพล	naai phon
marino (m)	กะลาสี	gà-laa-sěe
capitán (m)	กัปตัน	gàp dtan
contramaestre (m)	สรั่งเรือ	sà-ràng reua
artillero (m)	ทหารปืนใหญ่	thá-hǎan bpeun yài
paracaidista (m)	พลรม	phon-rôm
piloto (m)	นักบิน	nák bin
navegador (m)	ต้นหน	dtôn hǒn
mecánico (m)	ช่างเครื่อง	châang khrêuang
zapador (m)	ทหารช่าง	thá-hǎan châang
paracaidista (m)	ทหารราบอากาศ	thá-hǎan râap aa-gàat
explorador (m)	ทหารพราน	thá-hǎan phraan
francotirador (m)	พลซุ่มยิง	phon sûm ying
patrulla (f)	หน่วยลาดตระเวน	nùay lâat dtrà-wayn
patrullar (vi, vt)	ลาดตระเวน	lâat dtrà-wayn
centinela (m)	ทหารยาม	tá-hǎan yaam
guerrero (m)	นักรบ	nák róp
patriota (m)	ผู้รักชาติ	phôo rák châat
héroe (m)	วีรบุรุษ	wee-rá-bù-rùt
heroína (f)	วีรสตรี	wee rá-sot dtree
traidor (m)	ผู้ทรยศ	phôo thor-rá-yót
traicionar (vt)	ทรยศ	thor-rá-yót
desertor (m)	ทหารหนีทัพ	thá-hǎan něe tháp
desertar (vi)	หนีทัพ	něe tháp
mercenario (m)	ทหารรับจ้าง	thá-hǎan ráp jâang
recluta (m)	เกณฑ์ทหาร	gayn thá-hǎan
voluntario (m)	อาสาสมัคร	aa-sǎa sà-màk
muerto (m)	คนถูกฆ่า	khon thòok khâa
herido (m)	ผู้ได้รับบาดเจ็บ	phôo dâai ráp bàat jèp
prisionero (m)	เชลยศึก	chá-loie sèuk

155. La guerra. Las maniobras militares. Unidad 1

guerra (f)	สงคราม	sŏng-khraam
estar en guerra	ทำสงคราม	tham sŏng-khraam
guerra (f) civil	สงครามกลางเมือง	sŏng-khraam glaang-meuang
pérfidamente (adv)	ตลบตะแลง	dtà-lòp-dtà-laeng
declaración (f) de guerra	การประกาศสงคราม	gaan bprà-gàat sŏng-khraam
declarar (~ la guerra)	ประกาศสงคราม	bprà-gàat sŏng-khraam
agresión (f)	การรุกราน	gaan rúk-raan
atacar (~ a un país)	บุกรุก	bùk rúk
invadir (vt)	บุกรุก	bùk rúk
invasor (m)	ผู้บุกรุก	phôo bùk rúk
conquistador (m)	ผู้ยึดครอง	phôo yéut khrorng
defensa (f)	การป้องกัน	gaan bpôrng gan
defender (vt)	ปกป้อง	bpòk bpôrng
defenderse (vr)	ป้องกัน	bpôrng gan
enemigo (m)	ศัตรู	sàt-dtroo
adversario (m)	ขาศึก	khâa sèuk
enemigo (adj)	ศัตรู	sàt-dtroo
estrategia (f)	ยุทธศาสตร์	yút-thá-sàat
táctica (f)	ยุทธวิธี	yút-thá-wí-thee
orden (f)	คำสั่ง	kham sàng
comando (m)	คำบัญชาการ	kham ban-chaa gaan
ordenar (vt)	สั่ง	sàng
misión (f)	ภารกิจ	phaa-rá-gìt
secreto (adj)	อย่างลับ	yàang láp
combate (m), batalla (f)	การรบ	gaan róp
ataque (m)	การจู่โจม	gaan jòo johm
asalto (m)	การเข้าจู่โจม	gaan khâo jòo johm
tomar por asalto	บุกจู่โจม	bùk jòo johm
asedio (m), sitio (m)	การโอบล้อมโจมตี	gaan òhp lóm johm dtee
ofensiva (f)	การโจมตี	gaan johm dtee
tomar la ofensiva	โจมตี	johm dtee
retirada (f)	การถอย	gaan thŏi
retirarse (vr)	ถอย	thŏi
envolvimiento (m)	การปิดล้อม	gaan bpìt lórm
cercar (vt)	ปิดล้อม	bpìt lórm
bombardeo (m)	การทิ้งระเบิด	gaan thíng rá-bèrt
lanzar una bomba	ทิ้งระเบิด	thíng rá-bèrt
bombear (vt)	ทิ้งระเบิด	thíng rá-bèrt
explosión (f)	การระเบิด	gaan rá-bèrt
tiro (m), disparo (m)	การยิง	gaan ying
disparar (vi)	ยิง	ying

tiroteo (m)	การยิง	gaan ying
apuntar a ...	เล็ง	leng
encarar (apuntar)	ชี้	chée
alcanzar (el objetivo)	ถูกเป้าหมาย	thòok bpâo măai

hundir (vt)	จม	jom
brecha (f) (~ en el casco)	รู	roo
hundirse (vr)	จม	jom

frente (m)	แนวหน้า	naew nâa
evacuación (f)	การอพยพ	gaan òp-phá-yóp
evacuar (vt)	อพยพ	òp-phá-yóp

trinchera (f)	สนามเพลาะ	sà-năam phlór
alambre (m) de púas	ลวดหนาม	lûat năam
barrera (f) (~ antitanque)	สิ่งกีดขวาง	sìng gèet-khwăang
torre (f) de vigilancia	หอสังเกตการณ์	hŏr săng-gàyt gaan

hospital (m)	โรงพยาบาล ทหาร	rohng phá-yaa-baan thá-hăan
herir (vt)	ทำให้บาดเจ็บ	tham hâi bàat jèp
herida (f)	แผล	phlăe
herido (m)	ผู้ได้รับบาดเจ็บ	phôo dâai ráp bàat jèp
recibir una herida	ได้รับบาดเจ็บ	dâai ráp bàat jèp
grave (herida)	รายแรง	ráai raeng

156. Las armas

arma (f)	อาวุธ	aa-wút
arma (f) de fuego	อาวุธปืน	aa-wút bpeun
arma (f) blanca	อาวุธเย็น	aa-wút yen

arma (f) química	อาวุธเคมี	aa-wút khay-mee
nuclear (adj)	นิวเคลียร์	niw-khlia
arma (f) nuclear	อาวุธนิวเคลียร์	aa-wút niw-khlia

| bomba (f) | ลูกระเบิด | lôok rá-bèrt |
| bomba (f) atómica | ลูกระเบิดปรมาณู | lôok rá-bèrt bpà-rá-maa-noo |

pistola (f)	ปืนพก	bpeun phók
fusil (m)	ปืนไรเฟิล	bpeun rai-fern
metralleta (f)	ปืนกลมือ	bpeun gon meu
ametralladora (f)	ปืนกล	bpeun gon

boca (f)	ปากประบอกปืน	bpàak bprà bòrk bpeun
cañón (m) (del arma)	ลำกลอง	lam glông
calibre (m)	ขนาดลำกล้อง	khà-nàat lam glông

gatillo (m)	ไกปืน	gai bpeun
alza (f)	ศูนย์เล็ง	sŏon leng
cargador (m)	แม็กกาซีน	máek-gaa-seen
culata (f)	พานท้ายปืน	phaan tháai bpeun
granada (f) de mano	ระเบิดมือ	rá-bèrt meu
explosivo (m)	วัตถุระเบิด	wát-thù rá-bèrt

bala (f)	ลูกกระสุน	lôok grà-sŭn
cartucho (m)	ตลับกระสุน	dtà-làp grà-sŭn
carga (f)	กระสุน	grà-sŭn
pertrechos (m pl)	อาวุธยุทธภัณฑ์	aa-wút yút-thá-phan
bombardero (m)	เครื่องบินทิ้งระเบิด	khrêuang bin thíng rá-bèrt
avión (m) de caza	เครื่องบินขับไล่	khrêuang bin khàp lâi
helicóptero (m)	เฮลิคอปเตอร์	hay-lí-khôrp-dtêr
antiaéreo (m)	ปืนต่อสู้	bpeun dtòr sôo
	อากาศยาน	aa-gàat-sà-yaan
tanque (m)	รถถัง	rót thăng
cañón (m) (de un tanque)	ปืนรถถัง	bpeun rót thăng
artillería (f)	ปืนใหญ่	bpeun yài
cañón (m) (arma)	ปืน	bpeun
dirigir (un misil, etc.)	เล็งเป้าปืน	leng bpâo bpeun
obús (m)	กระสุน	grà-sŭn
bomba (f) de mortero	กระสุนปืนครก	grà-sŭn bpeun khrók
mortero (m)	ปืนครก	bpeun khrók
trozo (m) de obús	สะเก็ดระเบิด	sà-gèt rá-bèrt
submarino (m)	เรือดำน้ำ	reua dam náam
torpedo (m)	ตอร์ปิโด	dtor-bpì-doh
misil (m)	ขีปนาวุธ	khĕe-bpà-naa-wút
cargar (pistola)	ใส่กระสุน	sài grà-sŭn
tirar (vi)	ยิง	ying
apuntar a ...	เล็ง	leng
bayoneta (f)	ดาบปลายปืน	dàap bplaai bpeun
espada (f) (duelo a ~)	เรเปียร์	ray-bpia
sable (m)	ดาบโค้ง	dàap khóhng
lanza (f)	หอก	hòrk
arco (m)	ธนู	thá-noo
flecha (f)	ลูกธนู	lôok-thá-noo
mosquete (m)	ปืนคาบศิลา	bpeun khâap sì-laa
ballesta (f)	หน้าไม้	nâa máai

157. Los pueblos antiguos

primitivo (adj)	แบบดั้งเดิม	bàep dâng derm
prehistórico (adj)	ยุคก่อนประวัติศาสตร์	yúk gòn bprà-wàt sàat
antiguo (adj)	โบราณ	boh-raan
Edad (f) de Piedra	ยุคหิน	yúk hĭn
Edad (f) de Bronce	ยุคสำริด	yúk săm-rít
Edad (f) de Hielo	ยุคน้ำแข็ง	yúk nám khăeng
tribu (f)	เผ่า	phào
caníbal (m)	ผู้ที่กินเนื้อคน	phôo thêe gin néua khon
cazador (m)	นักล่าสัตว์	nák lâa sàt
cazar (vi, vt)	ล่าสัตว์	lâa sàt

mamut (m)	ช้างแมมมอธ	cháang-maem-môt
caverna (f)	ถ้ำ	thâm
fuego (m)	ไฟ	fai
hoguera (f)	กองไฟ	gorng fai
pintura (f) rupestre	ภาพวาดในถ้ำ	phâap-wâat nai thâm
útil (m)	เครื่องมือ	khrêuang meu
lanza (f)	หอก	hòrk
hacha (f) de piedra	ขวานหิน	khwǎan hǐn
estar en guerra	ทำสงคราม	tham sǒng-khraam
domesticar (vt)	เชื่อง	chêuang
ídolo (m)	เทวรูป	theu-rôop
adorar (vt)	บูชา	boo-chaa
superstición (f)	ความเชื่องมงาย	khwaam chêua ngom-ngaai
rito (m)	พิธีกรรม	phí-thee gam
evolución (f)	วิวัฒนาการ	wí-wát-thá-naa-gaan
desarrollo (m)	การพัฒนา	gaan phát-thá-naa
desaparición (f)	การสูญพันธุ์	gaan sǒon phan
adaptarse (vr)	ปรับตัว	bpràp dtua
arqueología (f)	โบราณคดี	boh-raan khá-dee
arqueólogo (m)	นักโบราณคดี	nák boh-raan-ná-khá-dee
arqueológico (adj)	ทางโบราณคดี	thaang boh-raan khá-dee
sitio (m) de excavación	แหล่งขุดค้น	làeng khùt khón
excavaciones (f pl)	การขุดคน	gaan khùt khón
hallazgo (m)	สิ่งที่คนพบ	sìng thêe khón phóp
fragmento (m)	เศษชิ้นส่วน	sàyt chín sùan

158. La edad media

pueblo (m)	ชาติพันธุ์	châat-dtì-phan
pueblos (m pl)	ชุติพันธุ์	châat-dtì-phan
tribu (f)	เผ่า	phào
tribus (f pl)	เผ่า	phào
bárbaros (m pl)	อนารยชน	à-naa-rá-yá-chon
galos (m pl)	ชาวโกล	chaao gloh
godos (m pl)	ชาวกอธ	chaao gòt
eslavos (m pl)	ชาวสลาฟ	chaao sà-làaf
vikingos (m pl)	ชาวไวกิ้ง	chaao wai-gîng
romanos (m pl)	ชาวโรมัน	chaao roh-man
romano (adj)	โรมัน	roh-man
bizantinos (m pl)	ชาวไบแซนไทน์	chaao bai-saen-tpai
Bizancio (m)	ไบแซนเทียม	bai-saen-thiam
bizantino (adj)	ไบแซนไทน์	bai-saen-thai
emperador (m)	จักรพรรดิ	jàk-grà-phát
jefe (m)	ผู้นำ	phôo nam
poderoso (adj)	ทรงพลัง	song phá-lang

rey (m)	มหากษัตริย์	má-hăa gà-sàt
gobernador (m)	ผู้ปกครอง	phôo bpòk khrorng
caballero (m)	อัศวิน	àt-sà-win
señor (m) feudal	เจ้าครองนคร	jâo khrorng ná-khon
feudal (adj)	ระบบศักดินา	rá-bòp sàk-gà-dì naa
vasallo (m)	เจ้าของที่ดิน	jâo khŏrng thêe din
duque (m)	ดยุค	dà-yúk
conde (m)	เอิร์ล	ern
barón (m)	บารอน	baa-rorn
obispo (m)	พระบิชอป	phrá bì-chôp
armadura (f)	เกราะ	gròr
escudo (m)	โล่	lôh
espada (f) (danza de ~s)	ดาบ	dàap
visera (f)	กะบังหน้าของหมวก	gà-bang nâa khŏrng mùak
cota (f) de malla	เสื้อเกราะถัก	sêua gròr thàk
cruzada (f)	สงครามครูเสด	sŏng-khraam khroo-sàyt
cruzado (m)	ผู้ทำสงคราม	phôo tham sŏng-kraam
	ศาสนา	sàat-sà-năa
territorio (m)	อาณาเขต	aa-naa khàyt
atacar (~ a un país)	โจมตี	johm dtee
conquistar (vt)	ยึดครอง	yéut khrorng
ocupar (invadir)	บุกยึด	bùk yéut
asedio (m), sitio (m)	การโอบล้อมโจมตี	gaan òhp lóm johm dtee
sitiado (adj)	ถูกล้อมกรอบ	thòok lóm gròp
asediar, sitiar (vt)	ล้อมโจมตี	lóm johm dtee
inquisición (f)	การไต่สวน	gaan dtài sŭan
inquisidor (m)	ผู้ไต่สวน	phôo dtài sŭan
tortura (f)	การทูรมาน	gaan thor-rá-maan
cruel (adj)	โหดร้าย	hòht ráai
hereje (m)	ผู้นอกรีต	phôo nôrk rêet
herejía (f)	ความนอกรีต	khwaam nôrk rêet
navegación (f) marítima	การเดินเรือทะเล	gaan dern reua thá-lay
pirata (m)	โจรสลัด	john sà-làt
piratería (f)	การปล้นสะดม	gaan bplôn-sà-dom
	ในนานน้ำทะเล	nai nân náam thá-lay
abordaje (m)	การบุกขึ้นเรือ	gaan bùk khêun reua
botín (m)	ของที่ปล้น	khŏrng têe bplôn-
	สะดมมา	sà-dom maa
tesoros (m pl)	สมบัติ	sŏm-bàt
descubrimiento (m)	การค้นพบ	gaan khón phóp
descubrir (tierras nuevas)	ค้นพบ	khón phóp
expedición (f)	การสำรวจ	gaan săm-rùat
mosquetero (m)	ทหารถือ	thá-hăan thĕu
	ปืนคาบศิลา	bpeun khâap sì-laa
cardenal (m)	พระคาร์ดินัล	phrá khaa-dì-nan
heráldica (f)	มุทราศาสตร์	mút-raa sàat
heráldico (adj)	ทางมุทราศาสตร์	thaang mút-raa sàat

159. El líder. El jefe. Las autoridades

rey (m)	ราชา	raa-chaa
reina (f)	ราชินี	raa-chí-nee
real (adj)	เกี่ยวกับราชวงศ์	gìeow gàp râat-cha-wong
reino (m)	ราชอาณาจักร	râat aa-naa jàk
príncipe (m)	เจ้าชาย	jâo chaai
princesa (f)	เจาหญิง	jâo yǐng
presidente (m)	ประธานาธิบดี	bprà-thaa-naa-thí-bor-dee
vicepresidente (m)	รองประธานาธิบดี	rorng bprà-thaa-naa-thí-bor-dee
senador (m)	สมาชิกวุฒิสภา	sà-maa-chík wút-thí sà-phaa
monarca (m)	กษัตริย์	gà-sàt
gobernador (m)	ผู้ปกครอง	phôo bpòk khrorng
dictador (m)	เผด็จการ	phà-dèt gaan
tirano (m)	ทูรราช	thor-rá-râat
magnate (m)	ผู้มีอิทธิพลสูง	phôo mee ìt-thí phon sǒong
director (m)	ผู้อำนวยการ	phôo am-nuay gaan
jefe (m)	หัวหนา	hǔa-nâa
gerente (m)	ผู้จัดการ	phôo jàt gaan
amo (m)	หัวหนา	hǔa-nâa
dueño (m)	เจาของ	jâo khǒrng
jefe (m), líder (m)	ผู้นำ	phôo nam
jefe (m) (~ de delegación)	หัวหน้า	hǔa-nâa
autoridades (f pl)	เจ้าหน้าที่	jâo nâa-thêe
superiores (m pl)	ผู้บังคับบัญชา	phôo bang-kháp ban-chaa
gobernador (m)	ผู้ว่าการ	phôo wâa gaan
cónsul (m)	กงสุล	gong-sǔn
diplomático (m)	นักการทูต	nák gaan thôot
alcalde (m)	นายกเทศมนตรี	naa-yók thâyt-sà-mon-dtree
sheriff (m)	นายอำเภอ	naai am-pher
emperador (m)	จักรพรรดิ	jàk-grà-phát
zar (m)	ซาร์	saa
faraón (m)	ฟาโรห์	faa-roh
jan (m), kan (m)	ขาน	khàan

160. Violar la ley. Los criminales. Unidad 1

bandido (m)	โจร	john
crimen (m)	อาชญากรรม	àat-yaa-gam
criminal (m)	อาชญากร	àat-yaa-gon
ladrón (m)	ขโมย	khà-moi
robar (vt)	ขโมย	khà-moi
robo (m) (actividad)	การลักขโมย	gaan lák khà-moi
robo (m) (hurto)	การลักทรัพย์	gaan lák sáp

secuestrar (vt)	ลักพาตัว	lák phaa dtua
secuestro (m)	การลักพาตัว	gaan lák phaa dtua
secuestrador (m)	ผู้ลักพาตัว	phôo lák phaa dtua
rescate (m)	ค่าไถ่	khâa thài
exigir un rescate	เรียกเงินค่าไถ่	rîak ngern khâa thài
robar (vt)	ปล้น	bplôn
robo (m)	การปล้น	gaan bplôn
atracador (m)	ขโมยขโจร	khà-moi khà-john
extorsionar (vt)	รีดไถ	rêet thăi
extorsionista (m)	ผู้รีดไถ	phôo rêet thăi
extorsión (f)	การรีดไถ	gaan rêet thăi
matar, asesinar (vt)	ฆ่า	khâa
asesinato (m)	ฆาตกรรม	khâat-dtà-gaam
asesino (m)	ฆาตกร	khâat-dtà-gon
tiro (m), disparo (m)	การยิงปืน	gaan ying bpeun
disparar (vi)	ยิง	ying
matar (a tiros)	ยิงให้ตาย	ying hâi dtaai
tirar (vi)	ยิง	ying
tiroteo (m)	การยิง	gaan ying
incidente (m)	เหตุการณ์	hàyt gaan
pelea (f)	การต่อสู้	gaan dtòr sôo
¡Socorro!	ขอช่วย	khŏr chûay
víctima (f)	เหยื่อ	yèua
perjudicar (vt)	ทำความเสียหาย	tham khwaam sĭa hăai
daño (m)	ความเสียหาย	khwaam sĭa hăai
cadáver (m)	ศพ	sòp
grave (un delito ~)	รายแรง	ráai raeng
atacar (vt)	จู่โจม	jòo johm
pegar (golpear)	ตี	dtee
apporear (vt)	ซ่อม	sórm
quitar (robar)	ปล้น	bplôn
acuchillar (vt)	แทงให้ตาย	thaeng hâi dtaai
mutilar (vt)	ทำให้บาดเจ็บสาหัส	tham hâi bàat jèp săa hàt
herir (vt)	บาด	bàat
chantaje (m)	การกรรโชก	gaan-gan-chôhk
hacer chantaje	กรรโชก	gan-chôhk
chantajista (m)	ผู้ขู่กรรโชก	phôo khòo gan-chôhk
extorsión (f)	การคุมครอง ผิดกฎหมาย	gaan khum khrorng phìt gòt măai
extorsionador (m)	ผู้ที่หาเงิน จากกิจกรรมที่ ผิดกฎหมาย	phôo thêe hăa ngern jàak gìt-jà-gam thêe phìt gòt măai
gángster (m)	เหล่าร้าย	lào ráai
mafia (f)	มาเฟีย	maa-fia
carterista (m)	ขโมยลัวงกระเป๋า	khà-moi lúang grà-bpăo
ladrón (m) de viviendas	ขโมยยองเบา	khà-moi yông bao

| contrabandismo (m) | การลักลอบ | gaan lák-lôrp |
| contrabandista (m) | ผู้ลักลอบ | phôo lák lôrp |

falsificación (f)	การปลอมแปลง	gaan bplorm bplaeng
falsificar (vt)	ปลอมแปลง	bplorm bplaeng
falso (falsificado)	ปลอม	bplorm

161. Violar la ley. Los criminales. Unidad 2

violación (f)	การข่มขืน	gaan khòm khĕun
violar (vt)	ข่มขืน	khòm khĕun
violador (m)	โจรข่มขืน	john khòm khĕun
maníaco (m)	คนบ้า	khon bâa

prostituta (f)	โสเภณี	sŏh-phay-nee
prostitución (f)	การค้าประเวณี	gaan kháa bprà-way-nee
chulo (m), proxeneta (m)	แมงดา	maeng-daa

| drogadicto (m) | ผู้ติดยาเสพติด | phôo dtìt yaa-sàyp-dtìt |
| narcotraficante (m) | พ่อค้ายาเสพติด | phôr kháa yaa-sàyp-dtìt |

hacer explotar	ระเบิด	rá-bèrt
explosión (f)	การระเบิด	gaan rá-bèrt
incendiar (vt)	เผา	phăo
incendiario (m)	ผู้ลอบวางเพลิง	phôo lôp waang phlerng

terrorismo (m)	การก่อการร้าย	gaan gòr gaan ráai
terrorista (m)	ผู้ก่อการราย	phôo gòr gaan ráai
rehén (m)	ตัวประกัน	dtua bprà-gan

estafar (vt)	ล่อลวง	lôr luang
estafa (f)	การล่อลวง	gaan lôr luang
estafador (m)	นักตมตุน	nák dtôm dtŭn

sobornar (vt)	ติดสินบน	dtìt sĭn-bon
soborno (m) (delito)	การติดสินบน	gaan dtìt sĭn-bon
soborno (m) (dinero, etc.)	สินบน	sĭn bon

veneno (m)	ยาพิษ	yaa phít
envenenar (vt)	วางยาพิษ	waang-yaa phít
envenenarse (vr)	กินยาตาย	gin yaa dtaai

| suicidio (m) | การฆ่าตัวตาย | gaan khâa dtua dtaai |
| suicida (m, f) | ผู้ฆ่าตัวตาย | phôo khâa dtua dtaai |

amenazar (vt)	ขู่	khòo
amenaza (f)	คำขู่	kham khòo
atentar (vi)	พยายามฆ่า	phá-yaa-yaam khâa
atentado (m)	การพยายามฆ่า	gaan phá-yaa-yaam khâa

robar (un coche)	จี้	jêe
secuestrar (un avión)	จี้	jêe
venganza (f)	การแก้แค้น	gaan gâe kháen
vengar (vt)	แก้แคน	gâe kháen

torturar (vt)	ทรมาณ	thon-maan
tortura (f)	การทรมาน	gaan thor-rá-maan
atormentar (vt)	ทำทารุณ	tam taa-run
pirata (m)	โจรสลัด	john sà-làt
gamberro (m)	นักเลง	nák-layng
armado (adj)	มีอาวุธ	mee aa-wút
violencia (f)	ความรุนแรง	khwaam run raeng
ilegal (adj)	ผิดกฎหมาย	phìt gòt măai
espionaje (m)	จารกรรม	jaa-rá-gam
espiar (vi, vt)	ลวงความลับ	lúang khwaam láp

162. La policía. La ley. Unidad 1

justicia (f)	ยุติธรรม	yút-dtì-tham
tribunal (m)	ศาล	săan
juez (m)	ผู้พิพากษา	phôo phí-phâak-săa
jurados (m pl)	ลูกขุน	lôok khŭn
tribunal (m) de jurados	การไต่สวนคดี แบบมีลูกขุน	gaan dtài sŭan khá-dee bàep mee lôok khŭn
juzgar (vt)	พิพากษา	phí-phâak-săa
abogado (m)	ทนายความ	thá-naai khwaam
acusado (m)	จำเลย	jam loie
banquillo (m) de los acusados	คอกจำเลย	khôrk jam loie
inculpación (f)	ข้อกล่าวหา	khôr glàao hăa
inculpado (m)	ถูกกล่าวหา	thòok glàao hăa
sentencia (f)	การลงโทษ	gaan long thôht
sentenciar (vt)	พิพากษา	phí-phâak-săa
culpable (m)	ผู้กระทำความผิด	phôo grà-tham khwaam phìt
castigar (vt)	ลงโทษ	long thôht
castigo (m)	การลงโทษ	gaan long thôht
multa (f)	ปรับ	bpràp
cadena (f) perpetua	การจำคุก ตลอดชีวิต	gaan jam khúk dtà-lòt chee-wít
pena (f) de muerte	โทษประหาร	thôht-bprà-hăan
silla (f) eléctrica	เก้าอี้ไฟฟ้า	gâo-êe fai-fáa
horca (f)	ตะแลงแกง	dtà-laeng-gaeng
ejecutar (vt)	ประหาร	bprà-hăan
ejecución (f)	การประหาร	gaan bprà-hăan
prisión (f)	คุก	khúk
celda (f)	ห้องขัง	hôrng khăng
escolta (f)	ผู้ควบคุมตัว	phôo khûap khum dtua
guardia (m) de prisiones	ผู้คุม	phôo khum
prisionero (m)	นักโทษ	nák thôht

| esposas (f pl) | กุญแจมือ | gun-jae meu |
| esposar (vt) | ใส่กุญแจมือ | sài gun-jae meu |

escape (m)	การแหกคุก	gaan hàek khúk
escaparse (vr)	แหก	hàek
desaparecer (vi)	หายตัวไป	hăai dtua bpai
liberar (vt)	ถูกปล่อยตัว	thòok bplòi dtua
amnistía (f)	การนิรโทษกรรม	gaan ní-rá-thôht gam

policía (f) (~ nacional)	ตำรวจ	dtam-rùat
policía (m)	เจ้าหน้าที่ตำรวจ	jâo nâa-thêe dtam-rùat
comisaría (f) de policía	สถานีตำรวจ	sà-thăa-nee dtam-rùat
porra (f)	กระบองตำรวจ	grà-bong dtam-rùat
megáfono (m)	โทรโข่ง	toh-ra -khòhng

coche (m) patrulla	รถลาดตระเวน	rót lâat dtrà-wayn
sirena (f)	หวอ	wŏr
poner la sirena	เปิดหวอ	bpèrt wŏr
canto (m) de la sirena	เสียงหวอ	sĭang wŏr

escena (f) del delito	ที่เกิดเหตุ	thêe gèrt hàyt
testigo (m)	พยาน	phá-yaan
libertad (f)	อิสระ	ìt-sà-rà
cómplice (m)	ผู้ร่วมกระทำผิด	phôo rûam grà-tham phìt
escapar de …	หนี	nĕe
rastro (m)	ร่องรอย	rông roi

163. La policía. La ley. Unidad 2

búsqueda (f)	การสืบสวน	gaan sèup sŭan
buscar (~ el criminal)	หาตัว	hăa dtua
sospecha (f)	ความสงสัย	khwaam sŏng-săi
sospechoso (adj)	น่าสงสัย	nâa sŏng-săi
parar (~ en la calle)	เรียกให้หยุด	rîak hâi yùt
retener (vt)	กักตัว	gàk dtua

causa (f) (~ penal)	คดี	khá-dee
investigación (f)	การสืบสวน	gaan sèup sŭan
detective (m)	นักสืบ	nák sèup
investigador (m)	นักสอบสวน	nák sòrp sŭan
versión (f)	สันนิษฐาน	săn-nít-thăan

motivo (m)	เหตุจูงใจ	hàyt joong jai
interrogatorio (m)	การสอบปากคำ	gaan sòp bpàak kham
interrogar (vt)	สอบสวน	sòrp sŭan
interrogar (al testigo)	ไต่ถาม	thài thăam
control (m) (de vehículos, etc.)	การตรวจสอบ	gaan dtrùat sòp

redada (f)	การรวบตัว	gaan rûap dtua
registro (m) (~ de la casa)	การตรวจค้น	gaan dtrùat khón
persecución (f)	การไล่ล่า	gaan lâi lâa
perseguir (vt)	ไล่ล่า	lâi lâa
rastrear (~ al criminal)	สืบ	sèup
arresto (m)	การจับกุม	gaan jàp gum

arrestar (vt)	จับกุม	jàp gum
capturar (vt)	จับ	jàp
captura (f)	การจับ	gaan jàp
documento (m)	เอกสาร	àyk sǎan
prueba (f)	หลักฐาน	làk thǎan
probar (vt)	พิสูจน์	phí-sòot
huella (f) (pisada)	รอยเท้า	roi tháo
huellas (f pl) digitales	รอยนิ้วมือ	roi níw meu
elemento (m) de prueba	หลักฐาน	làk thǎan
coartada (f)	ข้อแก้ตัว	khôr gâe dtua
inocente (no culpable)	พ้นผิด	phón phìt
injusticia (f)	ความอยุติธรรม	khwaam a-yút-dtì-tam
injusto (adj)	ไม่เป็นธรรม	mâi bpen-tham
criminal (adj)	อาชญากร	àat-yaa-gon
confiscar (vt)	ยึด	yéut
narcótico (f)	ยาเสพติด	yaa sàyp dtìt
arma (f)	อาวุธ	aa-wút
desarmar (vt)	ปลดอาวุธ	bplòt aa-wút
ordenar (vt)	ออกคำสั่ง	òrk kham sàng
desaparecer (vi)	หายตัวไป	hǎai dtua bpai
ley (f)	กฎหมาย	gòt mǎai
legal (adj)	ตามกฎหมาย	dtaam gòt mǎai
ilegal (adj)	ผิดกฎหมาย	phìt gòt mǎai
responsabilidad (f)	ความรับผิดชอบ	khwaam ráp phìt chôp
responsable (adj)	รับผิดชอบ	ráp phìt chôp

LA NATURALEZA

La tierra. Unidad 1

164. El espacio

cosmos (m)	อวกาศ	a-wá-gàat
espacial, cósmico (adj)	ทางอวกาศ	thang a-wá-gàat
espacio (m) cósmico	อวกาศ	a-wá-gàat
mundo (m)	โลก	lôhk
universo (m)	จักรวาล	jàk-grà-waan
galaxia (f)	ดาราจักร	daa-raa jàk
estrella (f)	ดาว	daao
constelación (f)	กลุ่มดาว	glùm daao
planeta (m)	ดาวเคราะห์	daao khrór
satélite (m)	ดาวเทียม	daao thiam
meteorito (m)	ดาวตก	daao dtòk
cometa (f)	ดาวหาง	daao hăang
asteroide (m)	ดาวเคราะห์น้อย	daao khrór nói
órbita (f)	วงโคจร	wong khoh-jon
girar (vi)	เวียน	wian
atmósfera (f)	บรรยากาศ	ban-yaa-gàat
Sol (m)	ดวงอาทิตย์	duang aa-thít
Sistema (m) Solar	ระบบสุริยะ	rá-bòp sù-rí-yá
eclipse (m) de Sol	สุริยุปราคา	sù-rí-yú-bpà-raa-kaa
Tierra (f)	โลก	lôhk
Luna (f)	ดวงจันทร์	duang jan
Marte (m)	ดาวอังคาร	daao ang-khaan
Venus (f)	ดาวศุกร์	daao sùk
Júpiter (m)	ดาวพฤหัส	daao phá-réu-hàt
Saturno (m)	ดาวเสาร์	daao săo
Mercurio (m)	ดาวพุธ	daao phút
Urano (m)	ดาวยูเรนัส	daao-yoo-ray-nát
Neptuno (m)	ดาวเนปจูน	daao-nâyp-joon
Plutón (m)	ดาวพลูโต	daao phloo-dtoh
la Vía Láctea	ทางช้างเผือก	thaang cháang phèuak
la Osa Mayor	กลุ่มดาวหมีใหญ่	glùm daao mĕe yài
la Estrella Polar	ดาวเหนือ	daao nĕua
marciano (m)	ชาวดาวอังคาร	chaao daao ang-khaan
extraterrestre (m)	มนุษย์ต่างดาว	má-nút dtàang daao

planetícola (m)	มนุษย์ต่างดาว	má-nút dtàang daao
platillo (m) volante	จานบิน	jaan bin
nave (f) espacial	ยานอวกาศ	yaan a-wá-gàat
estación (f) orbital	สถานีอวกาศ	sà-thǎa-nee a-wá-gàat
despegue (m)	การปล่อยจรวด	gaan bplòi jà-rùat
motor (m)	เครื่องยนต์	khrêuang yon
tobera (f)	ท่อไอพ่น	thôr ai phôn
combustible (m)	เชื้อเพลิง	chéua phlerng
carlinga (f)	ที่นั่งคนขับ	thêe nâng khon khàp
antena (f)	เสาอากาศ	sǎo aa-gàat
ventana (f)	ช่อง	chôrng
batería (f) solar	อุปกรณ์พลังงานแสงอาทิตย์	ù-bpà-gon phá-lang ngaan sǎeng aa-thít
escafandra (f)	ชุดอวกาศ	chút a-wá-gàat
ingravidez (f)	สภาพไร้น้ำหนัก	sà-phâap rái nám nàk
oxígeno (m)	อ็อกซิเจน	ók sí jayn
atraque (m)	การเทียบท่า	gaan thîap thâa
realizar el atraque	เทียบทา	thîap thâa
observatorio (m)	หอดูดาว	hǒr doo daao
telescopio (m)	กล้องโทรทรรศน์	glôrng thoh-rá-thát
observar (vt)	เฝ้าสังเกต	fâo sǎng-gàyt
explorar (~ el universo)	สำรวจ	sǎm-rùat

165. La tierra

Tierra (f)	โลก	lôhk
globo (m) terrestre	ลูกโลก	lôok lôhk
planeta (m)	ดาวเคราะห์	daao khrór
atmósfera (f)	บรรยากาศ	ban-yaa-gàat
geografía (f)	ภูมิศาสตร์	phoo-mí-sàat
naturaleza (f)	ธรรมชาติ	tham-má-châat
globo (m) terráqueo	ลูกโลก	lôok lôhk
mapa (m)	แผนที่	phǎen thêe
atlas (m)	หนังสือแผนที่โลก	nǎng-sǔe phǎen thêe lôhk
Europa (f)	ยุโรป	yú-ròhp
Asia (f)	เอเชีย	ay-chia
África (f)	แอฟริกา	àef-rí-gaa
Australia (f)	ออสเตรเลีย	òrt-dtray-lia
América (f)	อเมริกา	a-may-rí-gaa
América (f) del Norte	อเมริกาเหนือ	a-may-rí-gaa něua
América (f) del Sur	อเมริกาใต้	a-may-rí-gaa dtâi
Antártida (f)	แอนตาร์กติกา	aen-dtàak-dtì-gaa
Ártico (m)	อารกติค	àak-dtìk

166. Los puntos cardinales

norte (m)	เหนือ	něua
al norte	ทิศเหนือ	thít něua
en el norte	ที่ภาคเหนือ	thêe phâak něua
del norte (adj)	ทางเหนือ	thaang něua
sur (m)	ใต้	dtâi
al sur	ทิศใต้	thít dtâi
en el sur	ที่ภาคใต้	thêe phâak dtâi
del sur (adj)	ทางใต้	thaang dtâi
oeste (m)	ตะวันตก	dtà-wan dtòk
al oeste	ทิศตะวันตก	thít dtà-wan dtòk
en el oeste	ที่ภาคตะวันตก	thêe phâak dtà-wan dtòk
del oeste (adj)	ทางตะวันตก	thaang dtà-wan dtòk
este (m)	ตะวันออก	dtà-wan òrk
al este	ทิศตะวันออก	thít dtà-wan òrk
en el este	ที่ภาคตะวันออก	thêe phâak dtà-wan òrk
del este (adj)	ทางตะวันออก	thaang dtà-wan òrk

167. El mar. El océano

mar (m)	ทะเล	thá-lay
océano (m)	มหาสมุทร	má-hǎa sà-mùt
golfo (m)	อ่าว	àao
estrecho (m)	ช่องแคบ	chôrng khâep
tierra (f) firme	พื้นดิน	phéun din
continente (m)	ทวีป	thá-wêep
isla (f)	เกาะ	gòr
península (f)	คาบสมุทร	khâap sà-mùt
archipiélago (m)	หมู่เกาะ	mòo gòr
bahía (f)	อ่าว	àao
puerto (m)	ท่าเรือ	thâa reua
laguna (f)	ลากูน	laa-goon
cabo (m)	แหลม	lǎem
atolón (m)	อะทอลล์	à-thorn
arrecife (m)	แนวปะการัง	naew bpà-gaa-rang
coral (m)	ปะการัง	bpà gaa-rang
arrecife (m) de coral	แนวปะการัง	naew bpà-gaa-rang
profundo (adj)	ลึก	léuk
profundidad (f)	ความลึก	khwaam léuk
abismo (m)	หุบเหวลึก	hùp wǎy léuk
fosa (f) oceánica	ร่องลึกกนสมุทร	rông léuk gôn sà-mùt
corriente (f)	กระแสน้ำ	grà-sǎe náam
bañar (rodear)	ล้อมรอบ	lórm rôrp

orilla (f)	ชายฝั่ง	chaai fàng
costa (f)	ชายฝั่ง	chaai fàng
flujo (m)	น้ำขึ้น	náam khêun
reflujo (m)	น้ำลง	náam long
banco (m) de arena	หาดตื้น	hàat dtêun
fondo (m)	กนทะเล	gôn thá-lay
ola (f)	คลื่น	khlêun
cresta (f) de la ola	มวนคลื่น	múan khlêun
espuma (f)	ฟองคลื่น	forng khlêun
tempestad (f)	พายุ	phaa-yú
huracán (m)	พายุเฮอร์ริเคน	phaa-yú her-rí-khayn
tsunami (m)	คลื่นยักษ์	khlêun yák
bonanza (f)	ภาวะไร้ลมพัด	phaa-wá rái lom phát
calmo, tranquilo	สงบ	sà-ngòp
polo (m)	ขั้วโลก	khûa lôhk
polar (adj)	ขั้วโลก	khûa lôhk
latitud (f)	เส้นรุ้ง	sên rúng
longitud (f)	เสุนแวง	sên waeng
paralelo (m)	เสุนขนาน	sên khà-năan
ecuador (m)	เสนศูนย์สูตร	sên sŏon sòot
cielo (m)	ท้องฟ้า	thórng fáa
horizonte (m)	ขอบฟ้า	khòrp fáa
aire (m)	อากาศ	aa-gàat
faro (m)	ประภาคาร	bprà-phaa-khaan
bucear (vi)	ดำ	dam
hundirse (vr)	จม	jom
tesoros (m pl)	สมบัติ	sŏm-bàt

168. Las montañas

montaña (f)	ภูเขา	phoo khăo
cadena (f) de montañas	ทิวเขา	thiw khăo
cresta (f) de montañas	สันเขา	săn khăo
cima (f)	ยอดเขา	yôrt khăo
pico (m)	ยอด	yôrt
pie (m)	ตีนเขา	dteun khăo
cuesta (f)	ไหลเขา	lài khăo
volcán (m)	ภูเขาไฟ	phoo khăo fai
volcán (m) activo	ภูเขาไฟมีพลัง	phoo khăo fai mee phá-lang
volcán (m) apagado	ภูเขาไฟที่ดับแล้ว	phoo khăo fai thêe dàp láew
erupción (f)	ภูเขาไฟระเบิด	phoo khăo fai rá-bèrt
cráter (m)	ปล่องภูเขาไฟ	bplòng phoo khăo fai
magma (f)	หินหนืด	hĭn nèut
lava (f)	ลาวา	laa-waa

fundido (lava ~a)	หลอมเหลว	lŏrm lěo
cañón (m)	หุบเขาลึก	hùp khǎo léuk
desfiladero (m)	ช่องเขา	chôrng khǎo
grieta (f)	รอยแตกภูเขา	roi dtàek phoo khǎo
precipicio (m)	หุบเหวลึก	hùp wǎy léuk

puerto (m) (paso)	ทางผ่าน	thaang phàan
meseta (f)	ที่ราบสูง	thêe râap sǒong
roca (f)	หนาผา	nâa phǎa
colina (f)	เนินเขา	nern khǎo

glaciar (m)	ธารน้ำแข็ง	thaan náam khǎeng
cascada (f)	น้ำตก	nám dtòk
geiser (m)	น้ำพุร้อน	nám phú rórn
lago (m)	ทะเลสาบ	thá-lay sàap

llanura (f)	ที่ราบ	thêe râap
paisaje (m)	ภูมิทัศน์	phoom thát
eco (m)	เสียงสะท้อน	sǐang sà-thón

alpinista (m)	นักปีนเขา	nák bpeen khǎo
escalador (m)	นักไต่เขา	nák dtài khǎo
conquistar (vt)	ไต่เขาถึงยอด	dtài khǎo thěung yôt
ascensión (f)	การปีนเขา	gaan bpeen khǎo

169. Los ríos

río (m)	แม่น้ำ	mâe náam
manantial (m)	แหล่งน้ำแร่	làeng náam râe
lecho (m) (curso de agua)	เส้นทางแม่น้ำ	sên thaang mâe náam
cuenca (f) fluvial	ลุ่มน้ำ	lûm náam
desembocar en …	ไหลไปสู่…	lǎi bpai sòo...

| afluente (m) | สาขา | sǎa-khǎa |
| ribera (f) | ฝั่งแม่น้ำ | fàng mâe náam |

corriente (f)	กระแสน้ำ	grà-sǎe náam
río abajo (adv)	ตามกระแสน้ำ	dtaam grà-sǎe náam
río arriba (adv)	ทวนน้ำ	thuan náam

inundación (f)	น้ำท่วม	nám thûam
riada (f)	น้ำทวม	nám thûam
desbordarse (vr)	เออล้น	èr lón
inundar (vt)	ทวม	thûam

| bajo (m) arenoso | บริเวณน้ำตื้น | bor-rí-wayn náam dtêun |
| rápido (m) | กระแสน้ำเชี่ยว | grà-sǎe nám-chîeow |

presa (f)	เขื่อน	khèuan
canal (m)	คลอง	khlorng
lago (m) artificiale	ที่เก็บกักน้ำ	thêe gèp gàk náam
esclusa (f)	ประตูระบายน้ำ	bprà-dtoo rá-baai náam
cuerpo (m) de agua	พื้นน้ำ	phéun náam
pantano (m)	บึง	beung

| ciénaga (m) | ห้วย | hûay |
| remolino (m) | น้ำวน | nám won |

arroyo (m)	ลำธาร	lam thaan
potable (adj)	น้ำดื่มได้	nám dèum dâai
dulce (agua ~)	น้ำจืด	nám jèut

| hielo (m) | น้ำแข็ง | nám khăeng |
| helarse (el lago, etc.) | แช่แข็ง | châe khăeng |

170. El bosque

| bosque (m) | ป่าไม้ | bpàa máai |
| de bosque (adj) | ป่า | bpàa |

espesura (f)	ป่าทึบ	bpàa théup
bosquecillo (m)	ป่าละเมาะ	bpàa lá-mór
claro (m)	ทุ่งโล่ง	thûng lôhng

| maleza (f) | ป่าละเมาะ | bpàa lá-mór |
| matorral (m) | ป่าละเมาะ | bpàa lá-mór |

| senda (f) | ทางเดิน | thaang dern |
| barranco (m) | ร่องธาร | rông thaan |

árbol (m)	ต้นไม้	dtôn máai
hoja (f)	ใบไม้	bai máai
follaje (m)	ใบไม้	bai máai

caída (f) de hojas	ใบไม้ร่วง	bai máai rûang
caer (las hojas)	ร่วง	rûang
cima (f)	ยอด	yôrt

rama (f)	กิ่ง	gìng
rama (f) (gruesa)	กานไม้	gâan mái
brote (m)	ยอดอ่อน	yôrt òrn
aguja (f)	เข็ม	khěm
piña (f)	ลูกสน	lôok sŏn

agujero (m)	โพรงไม้	phrohng máai
nido (m)	รัง	rang
madriguera (f)	โพรง	phrohng

tronco (m)	ลำต้น	lam dtôn
raíz (f)	ราก	râak
corteza (f)	เปลือกไม้	bplèuak máai
musgo (m)	มอส	môt

extirpar (vt)	ถอนราก	thŏrn râak
talar (vt)	โค่น	khôhn
deforestar (vt)	ตัดไม้ทำลายป่า	dtàt mái tham laai bpàa
tocón (m)	ตอไม้	dtor máai
hoguera (f)	กองไฟ	gorng fai
incendio (m)	ไฟป่า	fai bpàa

apagar (~ el incendio)	ดับไฟ	dàp fai
guarda (m) forestal	เจ้าหน้าที่ดูแลป่า	jâo nâa-thêe doo lae bpàa
protección (f)	การปกป้อง	gaan bpòk bpôrng
proteger (vt)	ปกป้อง	bpòk bpôrng
cazador (m) furtivo	นักลอบล่าสัตว์	nák lôrp lâa sàt
cepo (m)	กับดักเหล็ก	gàp dàk lèk
recoger (setas, bayas)	เก็บ	gèp
perderse (vr)	หลงทาง	lǒng thaang

171. Los recursos naturales

recursos (m pl) naturales	ทรัพยากร ธรรมชาติ	sáp-pá-yaa-gon tham-má-châat
minerales (m pl)	แร่	râe
depósitos (m pl)	ตะกอน	dtà-gorn
yacimiento (m)	บ่อ	bòr
extraer (vt)	ขุดแร่	khùt râe
extracción (f)	การขุดแร่	gaan khùt râe
mineral (m)	แร่	râe
mina (f)	เหมืองแร่	měuang râe
pozo (m) de mina	ช่องเหมือง	chôrng měuang
minero (m)	คนงานเหมือง	khon ngaan měuang
gas (m)	แก๊ส	gáet
gasoducto (m)	ท่อแก๊ส	thôr gáet
petróleo (m)	น้ำมัน	nám man
oleoducto (m)	ท่อน้ำมัน	thôr náam man
torre (f) petrolera	บ่อน้ำมัน	bòr náam man
torre (f) de sondeo	ปั้นจั่นขนาดใหญ่	bpân jàn khà-nàat yài
petrolero (m)	เรือบรรทุกน้ำมัน	reua ban-thúk nám man
arena (f)	ทราย	saai
caliza (f)	หินปูน	hǐn bpoon
grava (f)	กรวด	grùat
turba (f)	พีต	phêet
arcilla (f)	ดินเหนียว	din nǐeow
carbón (m)	ถ่านหิน	thàan hǐn
hierro (m)	เหล็ก	lèk
oro (m)	ทอง	thorng
plata (f)	เงิน	ngern
níquel (m)	นิเกิล	ní-gêrn
cobre (m)	ทองแดง	thorng daeng
zinc (m)	สังกะสี	sǎng-gà-sěe
manganeso (m)	แมงกานีส	maeng-gaa-nêet
mercurio (m)	ปรอท	bpa -ròrt
plomo (m)	ตะกั่ว	dtà-gùa
mineral (m)	แร่	râe
cristal (m)	ผลึก	phà-lèuk

mármol (m)	หินอ่อน	hǐn òrn
uranio (m)	ยูเรเนียม	yoo-ray-niam

La tierra. Unidad 2

172. El tiempo

tiempo (m)	สภาพอากาศ	sà-phâap aa-gàat
previsión (m) del tiempo	พยากรณ์ สภาพอากาศ	phá-yaa-gon sà-phâap aa-gàat
temperatura (f)	อุณหภูมิ	un-hà-phoom
termómetro (m)	ปรอทวัดอุณหภูมิ	bpà-ròrt wát un-hà-phoom
barómetro (m)	เครื่องวัดความดัน บรรยากาศ	khrêuang wát khwaam dan ban-yaa-gàat
húmedo (adj)	ชื้น	chéun
humedad (f)	ความชื้น	khwaam chéun
bochorno (m)	ความร้อน	khwaam rórn
tórrido (adj)	ร้อน	rórn
hace mucho calor	มันร้อน	man rórn
hace calor (templado)	มันอุ่น	man ùn
templado (adj)	อุ่น	ùn
hace frío	อากาศเย็น	aa-gàat yen
frío (adj)	เย็น	yen
sol (m)	ดวงอาทิตย์	duang aa-thít
brillar (vi)	สองแสง	sòrng săeng
soleado (un día ~)	มีแสงแดด	mee săeng dàet
elevarse (el sol)	ขึ้น	khêun
ponerse (vr)	ตก	dtòk
nube (f)	เมฆ	mâyk
nuboso (adj)	มีเมฆมาก	mee mâyk mâak
nubarrón (m)	เมฆฝน	mâyk fŏn
nublado (adj)	มืดครึ้ม	mêut khréum
lluvia (f)	ฝน	fŏn
está lloviendo	ฝนตก	fŏn dtòk
lluvioso (adj)	ฝนตก	fŏn dtòk
llovíznar (vi)	ฝนปรอย	fŏn bproi
aguacero (m)	ฝนตกหนัก	fŏn dtòk nàk
chaparrón (m)	ฝนห่าใหญ่	fŏn hàa yài
fuerte (la lluvia ~)	หนัก	nàk
charco (m)	หลมน้ำ	lòm nám
mojarse (vr)	เปียก	bpìak
niebla (f)	หมอก	mòrk
nebuloso (adj)	หมอกจัด	mòrk jàt
nieve (f)	หิมะ	hì-má
está nevando	หิมะตก	hì-má dtòk

173. Los eventos climáticos severos. Los desastres naturales

tormenta (f)	พายุฟ้าคะนอง	phaa-yú fáa khá-nong
relámpago (m)	ฟ้าผา	fáa phàa
relampaguear (vi)	แลบ	lâep
trueno (m)	ฟ้าคะนอง	fáa khá-norng
tronar (vi)	มีฟ้าคะนอง	mee fáa khá-norng
está tronando	มีฟ้าร้อง	mee fáa rórng
granizo (m)	ลูกเห็บ	lôok hèp
está granizando	มีลูกเห็บตก	mee lôok hèp dtòk
inundar (vt)	ท่วม	thûam
inundación (f)	น้ำทวม	nám thûam
terremoto (m)	แผ่นดินไหว	phàen din wǎi
sacudida (f)	ไหว	wǎi
epicentro (m)	จุดเหนือศูนย์แผ่นดินไหว	jùt něua sǒon phàen din wǎi
erupción (f)	ภูเขาไฟระเบิด	phoo khǎo fai rá-bèrt
lava (f)	ลาวา	laa-waa
torbellino (m)	พายุหมุน	phaa-yú mǔn
tornado (m)	พายุทอร์เนโด	phaa-yú thor-nay-doh
tifón (m)	พายุไต้ฝุ่น	phaa-yú dtâi fùn
huracán (m)	พายุเฮอร์ริเคน	phaa-yú her-rí-khayn
tempestad (f)	พายุ	phaa-yú
tsunami (m)	คลื่นสึนามิ	khlêun sèu-naa-mí
ciclón (m)	พายุไซโคลน	phaa-yú sai-khlohn
mal tiempo (m)	อากาศไม่ดี	aa-gàat mâi dee
incendio (m)	ไฟไหม้	fai mâi
catástrofe (f)	ความหายนะ	khwaam hǎa-yá-ná
meteorito (m)	อุกกาบาต	ùk-gaa-bàat
avalancha (f)	หิมะถล่ม	hì-má thà-lòm
alud (m) de nieve	หิมะถลม	hì-má thà-lòm
ventisca (f)	พายุหิมะ	phaa-yú hì-má
nevasca (f)	พายุหิมะ	phaa-yú hì-má

La fauna

174. Los mamíferos. Los predadores

carnívoro (m)	สัตว์กินเนื้อ	sàt gin néua
tigre (m)	เสือ	sĕua
león (m)	สิงโต	sĭng dtoh
lobo (m)	หมาป่า	măa bpàa
zorro (m)	หมาจิ้งจอก	măa jîng-jòk
jaguar (m)	เสือจากัวร์	sĕua jaa-gua
leopardo (m)	เสือดาว	sĕua daao
guepardo (m)	เสือชีตาห์	sĕua chee-dtaa
pantera (f)	เสือดำ	sĕua dam
puma (f)	สิงโตภูเขา	sĭng-dtoh phoo khăo
leopardo (m) de las nieves	เสือดาวหิมะ	sĕua daao hì-má
lince (m)	แมวป่า	maew bpàa
coyote (m)	โคโยตี้	khoh-yoh-dtêe
chacal (m)	หมาจิ้งจอกทอง	măa jîng-jòk thorng
hiena (f)	ไฮยีนา	hai-yee-naa

175. Los animales salvajes

animal (m)	สัตว์	sàt
bestia (f)	สัตว์	sàt
ardilla (f)	กระรอก	grà rôk
erizo (m)	เมน	mâyn
liebre (f)	กระต่ายป่า	grà-dtàai bpàa
conejo (m)	กระต่าย	grà-dtàai
tejón (m)	แบดเจอร์	baet-jer
mapache (m)	แร็คคูน	ráek khoon
hámster (m)	หนูแฮมสเตอร์	nŏo haem-sà-dtêr
marmota (f)	มารมอต	maa-môt
topo (m)	ตุ่น	dtùn
ratón (m)	หนู	nŏo
rata (f)	หนู	nŏo
murciélago (m)	ค้างคาว	kháang khaao
armiño (m)	เออร์มิน	er-min
cebellina (f)	เซเบิล	say bern
marta (f)	มารเทิน	maa thern
comadreja (f)	เพียงพอนสีน้ำตาล	phiang phon sĕe nám dtaan
visón (m)	เพียงพอน	phiang phorn

castor (m)	ปีเวอร์	bee-wer
nutria (f)	นาก	nâak
caballo (m)	ม้า	máa
alce (m)	กวางมูส	gwaang môot
ciervo (m)	กวาง	gwaang
camello (m)	อูฐ	òot
bisonte (m)	วัวป่า	wua bpàa
uro (m)	วัวป่าออรอช	wua bpàa or rôt
búfalo (m)	ควาย	khwaai
cebra (f)	ม้าลาย	máa laai
antílope (m)	แอนทีโลป	aen-thi-lòp
corzo (m)	กวางโรเดียร์	gwaang roh-dia
gamo (m)	กวางแฟลโลว์	gwaang flae-loh
gamuza (f)	เลียงผา	liang-phǎa
jabalí (m)	หมูป่า	mǒo bpàa
ballena (f)	วาฬ	waan
foca (f)	แมวน้ำ	maew náam
morsa (f)	ช้างน้ำ	cháang náam
oso (m) marino	แมวน้ำมีขน	maew náam mee khǒn
delfín (m)	โลมา	loh-maa
oso (m)	หมี	měe
oso (m) blanco	หมีขั้วโลก	měe khûa lôhk
panda (f)	หมีแพนดา	měe phaen-dâa
mono (m)	ลิง	ling
chimpancé (m)	ลิงชิมแปนซี	ling chim-bpaen-see
orangután (m)	ลิงอุรังอุตัง	ling u-rang-u-dtang
gorila (m)	ลิงกอริลลา	ling gor-rin-lâa
macaco (m)	ลิงแม็กแคก	ling mâk-khâk
gibón (m)	ชะนี	chá-nee
elefante (m)	ช้าง	cháang
rinoceronte (m)	แรด	râet
jirafa (f)	ยีราฟ	yee-râaf
hipopótamo (m)	ฮิปโปโปเตมัส	híp-bpoh-bpoh-dtay-mát
canguro (m)	จิงโจ้	jing-jôh
koala (f)	หมีโคอาล่า	měe khoh aa lâa
mangosta (f)	พังพอน	phang phon
chinchilla (f)	ชินชิลลา	khin-khin laa
mofeta (f)	สกังก์	sà-gang
espín (m)	เม่น	mâyn

176. Los animales domésticos

gata (f)	แมวตัวเมีย	maew dtua mia
gato (m)	แมวตัวผู้	maew dtua phôo
perro (m)	สุนัข	sù-nák

caballo (m)	ม้า	máa
garañón (m)	ม้าตัวผู้	máa dtua phôo
yegua (f)	ม้าตัวเมีย	máa dtua mia

vaca (f)	วัว	wua
toro (m)	กระทิง	grà-thing
buey (m)	วัว	wua

oveja (f)	แกะตัวเมีย	gàe dtua mia
carnero (m)	แกะตัวผู้	gàe dtua phôo
cabra (f)	แพะตัวเมีย	pháe dtua mia
cabrón (m)	แพะตัวผู้	pháe dtua phôo

| asno (m) | ลา | laa |
| mulo (m) | ลอ | lôr |

cerdo (m)	หมู	mǒo
cerdito (m)	ลูกหมู	lôok mǒo
conejo (m)	กระต่าย	grà-dtàai

| gallina (f) | ไก่ตัวเมีย | gài dtua mia |
| gallo (m) | ไก่ตัวผู้ | gài dtua phôo |

pato (m)	เป็ดตัวเมีย	bpèt dtua mia
ánade (m)	เป็ดตัวผู้	bpèt dtua phôo
ganso (m)	ห่าน	hàan

| pavo (m) | ไก่งวงตัวผู้ | gài nguang dtua phôo |
| pava (f) | ไก่งวงตัวเมีย | gài nguang dtua mia |

animales (m pl) domésticos	สัตว์เลี้ยง	sàt líang
domesticado (adj)	เลี้ยง	líang
domesticar (vt)	เชื่อง	chêuang
criar (vt)	ขยายพันธุ์	khà-yǎai phan

granja (f)	ฟาร์ม	faam
aves (f pl) de corral	สัตว์ปีก	sàt bpèek
ganado (m)	วัวควาย	wua khwaai
rebaño (m)	ฝูง	fǒong

caballeriza (f)	คอกม้า	khôrk máa
porqueriza (f)	คอกหมู	khôrk mǒo
vaquería (f)	คอกวัว	khôrk wua
conejal (m)	คอกกระต่าย	khôrk grà-dtàai
gallinero (m)	เล้าไก่	láo gài

177. Los perros. Las razas de perros

perro (m)	สุนัข	sù-nák
perro (m) pastor	สุนัขเลี้ยงแกะ	sù-nák líang gàe
pastor (m) alemán	เยอรมันเชฟเฟิร์ด	yer-rá-man chayf-fêrt
caniche (m), poodle (m)	พูเดิล	phoo dêrn
teckel (m)	ดัชชุน	dàt chun
buldog (m)	บูลด็อก	boon dòrk

bóxer (m)	บ็อกเซอร์	bòk-sêr
mastín (m) inglés	มัสตีฟ	mát-dtèef
rottweiler (m)	ร็อตไวเลอร์	rót-wai-ler
dóberman (m)	โดเบอรแมน	doh-ber-maen
basset hound (m)	บาสเซ็ต	bàat-sét
Bobtail (m)	บ็อบเทล	bòp-thayn
dálmata (m)	ดัลเมเชียน	dan-may-chian
cocker spaniel (m)	ค็อกเกอรสเปเนียล	khórk-gêr sà-bpay-nian
Terranova (m)	นิวฟาวน์ดฮาวน์ดแลนด์	niw-faao-dà-haao-dà-lǎen
san bernardo (m)	เซนตเบอรนารด	sayn ber nâat
husky (m)	ฮัสกี้	hát-gêe
chow chow (m)	เชาเชา	chao chao
pomerania (m)	สุปิตซ	sà-bpìt
pug (m), carlino (m)	ปั๊ก	bpák

178. Los sonidos de los animales

ladrido (m)	เสี่ยงเห่า	sìang hào
ladrar (vi)	เห่า	hào
maullar (vi)	รองเหมียว	rórng mǐeow
ronronear (vi)	ทำเสียงคราง	tham sìang khraang
mugir (vi)	รองมอๆ	rórng mor mor
bramar (toro)	สงเสียงคำราม	sòng sǐang kham-raam
rugir (vi)	โฮก	hôhk
aullido (m)	เสียงหอน	sǐang hǒn
aullar (vi)	หอน	hǒrn
gañir (vi)	ครางหงิงๆ	khraang ngǐng ngǐng
balar (vi)	รองแบะๆ	rórng bàe bàe
gruñir (cerdo)	รองอูดๆ	rórng ùut ùut
chillar (vi)	รองเสียงแหลม	rórng sǐang lǎem
croar (vi)	รองอบๆ	rórng ôp ôp
zumbar (vi)	หึ่ง	hèung
chirriar (vi)	ทำเสียงจ๊อกแจ๊ก	tham sǐang jòrk jáek

179. Los pájaros

pájaro (m)	นก	nók
paloma (f)	นกพิราบ	nók phí-râap
gorrión (m)	นกกระจิบ	nók grà-jìp
paro (m)	นกติด	nók dtít
cotorra (f)	นกสาลิกา	nók sǎa-lí gaa
cuervo (m)	นกอีกา	nók ee-gaa
corneja (f)	นกกา	nók gaa
chova (f)	นกจำพวกกา	nók jam phûak gaa

grajo (m)	นกการ๊ค	nók gaa róok
pato (m)	เป็ด	bpèt
ganso (m)	ห่าน	hàan
faisán (m)	ไก่ฟ้า	gài fáa

águila (f)	นกอินทรี	nók in-see
azor (m)	นกเหยี่ยว	nók yìeow
halcón (m)	นกเหยี่ยว	nók yìeow

| buitre (m) | นกแร้ง | nók ráeng |
| cóndor (m) | นกแรงขนาดใหญ่ | nók ráeng kà-nàat yài |

cisne (m)	นกหงส์	nók hǒng
grulla (f)	นกกระเรียน	nók grà rian
cigüeña (f)	นกกระสา	nók grà-sǎa

loro (m), papagayo (m)	นกแก้ว	nók gâew
colibrí (m)	นกฮัมมิ่งเบิร์ด	nók ham-mîng-bèrt
pavo (m) real	นกยูง	nók yoong

| avestruz (m) | นกกระจอกเทศ | nók grà-jòrk-thâyt |
| garza (f) | นกยาง | nók yaang |

| flamenco (m) | นกฟลามิงโก | nók flaa-ming-goh |
| pelícano (m) | นกกระทุง | nók-grà-thung |

| ruiseñor (m) | นกไนติงเกล | nók-nai-dting-gayn |
| golondrina (f) | นกนางแอน | nók naang-àen |

tordo (m)	นกเดินดง	nók dern dong
zorzal (m)	นกเดินดงร้องเพลง	nók dern dong rórng phlayng
mirlo (m)	นกเดินดงสีดำ	nók-dern-dong sěe dam

vencejo (m)	นกแอ่น	nók àen
alondra (f)	นกลาร์ค	nók lâak
codorniz (f)	นกคุม	nók khûm

pico (m)	นกหัวขวาน	nók hǔa khwǎn
cuco (m)	นกดุเหวา	nók dù hǎy wâa
lechuza (f)	นกฮูก	nók hôok
búho (m)	นกเค้าใหญ่	nók kháo yài
urogallo (m)	ไก่ป่า	gài bpàa

| gallo lira (m) | ไก่ดำ | gài dam |
| perdiz (f) | นกกระทา | nók-grà-thaa |

estornino (m)	นกกิ้งโครง	nók-gîng-khrohng
canario (m)	นกขุมมิ้น	nók khà-mîn
ortega (f)	ไก่น้ำตาล	gài nám dtaan

| pinzón (m) | นกจาบ | nók-jàap |
| camachuelo (m) | นกบูลฟีนช์ | nók boon-fin |

gaviota (f)	นกนางนวล	nók naang-nuan
albatros (m)	นกอัลบาทรอส	nók an-baa-thrôt
pingüino (m)	นกเพนกวิน	nók phayn-gwin

180. Los pájaros. El canto y los sonidos

cantar (vi)	ร้องเพลง	rórng phlayng
gritar, llamar (vi)	ร้อง	rórng
cantar (el gallo)	ร้องขัน	rórng khǎn
quiquiriquí (m)	เสียงขัน	sǐang khǎn
cloquear (vi)	ร้องกุ๊กๆ	rórng gúk gúk
graznar (vi)	ร้องเสียงกาๆ	rórng sǐang gaa gaa
graznar, parpar (vi)	ร้องกาบๆ	rórng gâap gâap
piar (vi)	ร้องเสียงจิ๊บ ๆ	rórng sǐang jíp jíp
gorjear (vi)	ร้องจอกแจก	rórng jòk jáek

181. Los peces. Los animales marinos

brema (f)	ปลาบรีม	bplaa bpreem
carpa (f)	ปลาคาร์ป	bplaa khâap
perca (f)	ปลาเพิร์ช	bplaa phêrt
siluro (m)	ปลาดุก	bplaa-dùk
lucio (m)	ปลาไพค์	bplaa phai
salmón (m)	ปลาแซลมอน	bplaa saen-morn
esturión (m)	ปลาสเตอร์เจียน	bpláa sà-dtêr jian
arenque (m)	ปลาเฮอร์ริง	bplaa her-ring
salmón (m) del Atlántico	ปลาแซลมอนแอตแลนติก	bplaa saen-mon àet-laen-dtìk
caballa (f)	ปลาซาบะ	bplaa saa-bà
lenguado (m)	ปลาลิ้นหมา	bplaa lín-mǎa
lucioperca (m)	ปลาไพค์เพิร์ช	bplaa phái phert
bacalao (m)	ปลาค็อด	bplaa khót
atún (m)	ปลาทูนา	bplaa thoo-nâa
trucha (f)	ปลาเทราท์	bplaa thrau
anguila (f)	ปลาไหล	bplaa lǎi
tembladera (f)	ปลากระเบนไฟฟ้า	bplaa grà-bayn-fai-fáa
morena (f)	ปลาไหลมอเรย์	bplaa lǎi mor-ray
piraña (f)	ปลาปิรันย่า	bplaa bpì-ran-yâa
tiburón (m)	ปลาฉลาม	bplaa chà-lǎam
delfín (m)	โลมา	loh-maa
ballena (f)	วาฬ	waan
centolla (f)	ปู	bpoo
medusa (f)	แมงกะพรุน	maeng gà-phrun
pulpo (m)	ปลาหมึก	bplaa mèuk
estrella (f) de mar	ปลาดาว	bplaa daao
erizo (m) de mar	หอยเมน	hǒi mâyn
caballito (m) de mar	ม้าน้ำ	máa nám
ostra (f)	หอยนางรม	hǒi naang rom
camarón (m)	กุ้ง	gûng

| bogavante (m) | กุ้งมังกร | gûng mang-gon |
| langosta (f) | กุ้งมังกร | gûng mang-gon |

182. Los anfibios. Los reptiles

| serpiente (f) | งู | ngoo |
| venenoso (adj) | พิษ | phít |

víbora (f)	งูแมวเซา	ngoo maew sao
cobra (f)	งูเห่า	ngoo hào
pitón (m)	งูเหลือม	ngoo lĕuam
boa (f)	งูโบอา	ngoo boh-aa

culebra (f)	งูเล็กที่ไม่เป็นอันตราย	ngoo lék thêe mâi bpen an-dtà-raai
serpiente (m) de cascabel	งูหางกระดิ่ง	ngoo hăang grà-dìng
anaconda (f)	งูอนาคอนดา	ngoo a -naa-khon-daa

lagarto (f)	กิ้งก่า	gîng-gàa
iguana (f)	อีกัวนา	ee gua naa
varano (m)	กิ้งกามอนิเตอร์	gîng-gàa mor-ní-dtêr
salamandra (f)	ซาลาแมนเดอร์	saa-laa-maen-dêr
camaleón (m)	กิ้งกาคามิเลียน	gîng-gàa khaa-mí-lian
escorpión (m)	แมงป่อง	maeng bpòrng

tortuga (f)	เต่า	dtào
rana (f)	กบ	gòp
sapo (m)	คางคก	khaang-kók
cocodrilo (m)	จระเข้	jor-rá-khây

183. Los insectos

insecto (m)	แมลง	má-laeng
mariposa (f)	ผีเสื้อ	phĕe sêua
hormiga (f)	มด	mót
mosca (f)	แมลงวัน	má-laeng wan
mosquito (m) (picadura de ~)	ยุง	yung
escarabajo (m)	แมลงปีกแข็ง	má-laeng bpèek khăeng

avispa (f)	ต่อ	dtòr
abeja (f)	ผึ้ง	phêung
abejorro (m)	ผึ้งบัมเบิลบี	phêung bam-bern bee
moscardón (m)	เหลือบ	lèuap

| araña (f) | แมงมุม | maeng mum |
| telaraña (f) | ใยแมงมุม | yai maeng mum |

libélula (f)	แมลงปอ	má-laeng bpor
saltamontes (m)	ตั๊กแตน	dták-gà-dtaen
mariposa (f) nocturna	ผีเสื้อกลางคืน	phĕe sêua glaang kheun
cucaracha (f)	แมลงสาบ	má-laeng sàap
garrapata (f)	เห็บ	hèp

pulga (f)	หมัด	màt
mosca (f) negra	ริน	rín
langosta (f)	ตั๊กแตน	dták-gà-dtaen
caracol (m)	หอยทาก	hŏi thâak
grillo (m)	จิ้งหรีด	jîng-rèet
luciérnaga (f)	หิ่งห้อย	hìng-hôi
mariquita (f)	แมลงเต่าทอง	má-laeng dtào thorng
escarabajo (m) sanjuanero	แมงอีนูน	maeng ee noon
sanguijuela (f)	ปลิง	bpling
oruga (f)	บุ้ง	bûng
gusano (m)	ไส้เดือน	sâi deuan
larva (f)	ตัวอ่อน	dtua òrn

184. Los animales. Las partes del cuerpo

pico (m)	จงอยปาก	ja-ngoi bpàak
alas (f pl)	ปีก	bpèek
pata (f)	เท้า	tháo
plumaje (m)	ขนนก	khŏn nók
pluma (f)	ขนนก	khŏn nók
penacho (m)	ขนหัว	khŏn hŭa
branquias (f pl)	เหงือก	ngèuak
huevas (f pl)	ไข่ปลา	khài-bplaa
larva (f)	ตัวอ่อน	dtua òrn
aleta (f)	ครีบ	khrêep
escamas (f pl)	เกล็ด	glèt
colmillo (m)	เขี้ยว	khîeow
garra (f), pata (f)	เท้า	tháo
hocico (m)	จมูกและปาก	jà-mòok láe bpàak
boca (f)	ปาก	bpàak
cola (f)	หาง	hăang
bigotes (m pl)	หนวด	nùat
casco (m) (pezuña)	กีบ	gèep
cuerno (m)	เขา	khăo
caparazón (m)	กระดอง	grà dorng
concha (f) (de moluscos)	เปลือก	bplèuak
cáscara (f) (de huevo)	เปลือกไข่	bplèuak khài
pelo (m) (de perro)	ขน	khŏn
piel (f) (de vaca, etc.)	หนัง	năng

185. Los animales. El hábitat

hábitat (m)	ที่อยู่อาศัย	thêe yòo aa-săi
migración (f)	การอพยพ	gaan òp-phá-yóp
montaña (f)	ภูเขา	phoo khăo

| arrecife (m) | แนวปะการัง | naew bpà-gaa-rang |
| roca (f) | หนาผา | nâa phǎa |

bosque (m)	ป่า	bpàa
jungla (f)	ป่าดิบชื้น	bpàa dìp chéun
sabana (f)	สะวันนา	sà wan naa
tundra (f)	ทันดรา	than-draa

estepa (f)	ทุ่งหญ้าสเตปป์	thûng yâa sà-dtàyp
desierto (m)	ทะเลทราย	thá-lay saai
oasis (m)	โอเอซิส	oh-ay-sít

mar (m)	ทะเล	thá-lay
lago (m)	ทะเลสาบ	thá-lay sàap
océano (m)	มหาสมุทร	má-hǎa sà-mùt

pantano (m)	บึง	beung
de agua dulce (adj)	น้ำจืด	nám jèut
estanque (m)	บ่อน้ำ	bòr náam
río (m)	แม่น้ำ	mâe náam

cubil (m)	ถ้ำสัตว์	thâm sàt
nido (m)	รัง	rang
agujero (m)	โพรงไม้	phrohng máai
madriguera (f)	โพรง	phrohng
hormiguero (m)	รังมด	rang mót

La flora

186. Los árboles

árbol (m)	ต้นไม้	dtôn máai
foliáceo (adj)	ผลัดใบ	phlàt bai
conífero (adj)	สน	săn
de hoja perenne	ซึ่งเขียวชอุ่ม ตลอดปี	sêung khĕeow chá-ùm dtà-lòrt bpee
manzano (m)	ต้นแอปเปิ้ล	dtôn àep-bpêrn
peral (m)	ต้นแพร์	dtôn phae
cerezo (m)	ต้นเชอร์รี่ป่า	dtôn cher-rêe bpàa
guindo (m)	ต้นเชอร์รี่	dtôn cher-rêe
ciruelo (m)	ตนพลัม	dtôn phlam
abedul (m)	ต้นเบิร์ช	dtôn bèrt
roble (m)	ต้นโอ๊ค	dtôn óhk
tilo (m)	ตนไมดอกเหลือง	dtôn máai dòrk lŭuang
pobo (m)	ต้นแอสเพน	dtôn ae sà-phayn
arce (m)	ตนเมเปิล	dtôn may bpêrn
picea (m)	ต้นเฟอร์	dtôn fer
pino (m)	ต้นเกี๊ยะ	dtôn gía
alerce (m)	ตนลารช	dtôn lâat
abeto (m)	ต้นเฟอร์	dtôn fer
cedro (m)	ตนซีดาร	dtôn-see-daa
álamo (m)	ต้นปอปลาร์	dtôn bpor-bplaa
serbal (m)	ตนโรแวน	dtôn-roh-waen
sauce (m)	ต้นวิลโลว์	dtôn win-loh
aliso (m)	ตนอัลเดอร	dtôn an-dêr
haya (f)	ต้นบีช	dtôn bèet
olmo (m)	ตนเอลม	dtôn elm
fresno (m)	ต้นแอช	dtôn aesh
castaño (m)	ตนเกาลัด	dtôn gao lát
magnolia (f)	ต้นแมกโนเลีย	dtôn mâek-noh-lia
palmera (f)	ต้นปาลม	dtôn bpaam
ciprés (m)	ตนไซเปรส	dtôn-sai-bpràyt
mangle (m)	ต้นโกงกาง	dtôn gohng gaang
baobab (m)	ต้นเบาบับ	dtôn bao-bàp
eucalipto (m)	ตนยูคาลิปตัส	dtôn yoo-khaa-líp-dtàt
secoya (f)	ตนสนซีควัยยา	dtôn săn see kua yaa

187. Los arbustos

mata (f)	พุ่มไม้	phúm máai
arbusto (m)	ต้นไม้พุ่ม	dtôn máai phúm
vid (f)	ต้นองุ่น	dtôn a-ngùn
viñedo (m)	ไร่องุ่น	râi a-ngùn
frambueso (m)	พุ่มราสเบอร์รี่	phúm râat-ber-rêe
grosella (f) negra	พุ่มแบล็คเคอร์แรนท์	phúm blàek-khêr-raen
grosellero (f) rojo	พุ่มเรดเคอรุแรนท	phúm râyt-khêr-raen
grosellero (m) espinoso	พุ่มกูสเบอร์รี่	phúm gòot-ber-rêe
acacia (f)	ต้นอาเคเซีย	dtôn aa-khay-chia
berberís (m)	ต้นบาร์เบอร์รี่	dtôn baa-ber-rêe
jazmín (m)	มะลิ	má-lí
enebro (m)	ต้นจูนิเปอร์	dtôn joo-ní-bper
rosal (m)	พุ่มกุหลาบ	phúm gù làap
escaramujo (m)	พุ่มดอกโรส	phúm dòrk-rôht

188. Los hongos

seta (f)	เห็ด	hèt
seta (f) comestible	เห็ดกินได้	hèt gin dâai
seta (f) venenosa	เห็ดมีพิษ	hèt mee pít
sombrerete (m)	ดอกเห็ด	dòrk hèt
estipe (m)	ตนเห็ด	dtôn hèt
seta calabaza (f)	เห็ดพอร์ชินี	hèt phor chí nee
boleto (m) castaño	เห็ดพอร์ชินีดอกเหลือง	hèt phor chí nee dòrk lûuang
boleto (m) áspero	เห็ดตับเตวที่ขึ้น บนตนเบิรช	hèt dtàp dtào thêe khêun bon dtôn-bèrt
rebozuelo (m)	เห็ดก่อเหลือง	hèt gòr lûuang
rúsula (f)	เห็ดตะไค	hèt dtà khai
colmenilla (f)	เห็ดมอเรล	hèt mor rayn
matamoscas (m)	เห็ดพิษหมวกแดง	hèt phít mùak daeng
oronja (f) verde	เห็ดระโงกหิน	hèt rá ngôhk hǎt

189. Las frutas. Las bayas

fruto (m)	ผลไม้	phǎn-lá-máai
frutos (m pl)	ผลไม	phǎn-lá-máai
manzana (f)	แอปเปิ้ล	àep-bpêrn
pera (f)	ลูกแพร	lôok phae
ciruela (f)	พลัม	phlam
fresa (f)	สตรอว์เบอร์รี่	sà-dtror-ber-rêe
guinda (f)	เชอรรี่	cher-rêe

cereza (f)	เชอร์รี่ป่า	cher-rêe bpàa
uva (f)	องุ่น	a-ngùn
frambuesa (f)	ราสเบอร์รี่	râat-ber-rêe
grosella (f) negra	แบล็คเคอร์แรนท์	blàek khêr-raen
grosella (f) roja	เรดเคอร์แรนท์	râyt-khêr-raen
grosella (f) espinosa	กูสเบอร์รี่	gòot-ber-rêe
arándano (m) agrio	แครนเบอร์รี่	khraen-ber-rêe
naranja (f)	ส้ม	sôm
mandarina (f)	ส้มแมนดาริน	sôm maen daa rin
ananás (m)	สับปะรด	sàp-bpà-rót
banana (f)	กล้วย	glúay
dátil (m)	อินทผลัม	in-thá-phâ-lam
limón (m)	เลมอน	lay-mon
albaricoque (m)	แอปริคอท	ae-bprì-khôrt
melocotón (m)	ลูกทอ	lôok thór
kiwi (m)	กีวี	gee wee
pomelo (m)	ส้มโอ	sôm oh
baya (f)	เบอร์รี่	ber-rêe
bayas (f pl)	เบอร์รี่	ber-rêe
arándano (m) rojo	คาวเบอร์รี่	khaao-ber-rêe
fresa (f) silvestre	สตรอว์เบอร์รี่ป่า	sá-dtrorw ber-rêe bpàa
arándano (m)	บิลเบอร์รี่	bil-ber-rêe

190. Las flores. Las plantas

flor (f)	ดอกไม้	dòrk máai
ramo (m) de flores	ช่อดอกไม้	chôr dòrk máai
rosa (f)	ดอกกุหลาบ	dòrk gù làap
tulipán (m)	ดอกทิวลิป	dòrk thiw-líp
clavel (m)	ดอกคาร์เนชั่น	dòrk khaa-nay-chân
gladiolo (m)	ดอกแกลดิโอลัส	dòrk gaen-dì-oh-lát
aciano (m)	ดอกคอร์นฟลาวเวอร์	dòrk khon-flaao-wer
campanilla (f)	ดอกระฆัง	dòrk rá-khang
diente (m) de león	ดอกแดนดิไลออน	dòrk daen-dì-lai-on
manzanilla (f)	ดอกคาโมมายล์	dòrk khaa-moh maai
áloe (m)	ว่านหางจระเข้	wâan-hǐ ang-jor-rá-khây
cacto (m)	ตูะบองเพชร	dtà-bong-phét
ficus (m)	ตนเลียบ	dtôn lîap
azucena (f)	ดอกลิลลี่	dòrk lí-lêe
geranio (m)	ดอกเจอราเนียม	dòrk jer-raa-niam
jacinto (m)	ดอกไฮอะซินท์	dòrk hai-a-sin
mimosa (f)	ดอกไมยราบ	dòrk mai râap
narciso (m)	ดอกนาร์ซิสซัส	dòrk naa-sít-sát
capuchina (f)	ดอกแนสเตอร์ชัม	dòrk nâet-dtêr-cham
orquídea (f)	ดอกกล้วยไม	dòrk glúay máai

peonía (f)	ดอกโบตั๋น	dòrk boh-dtǐ n
violeta (f)	ดอกไวโอเล็ต	dòrk wai-oh-lét
trinitaria (f)	ดอกแพนซี	dòrk phaen-see
nomeolvides (f)	ดอกฟอรเก็ตมีน็อต	dòrk for-gèt-mee-nót
margarita (f)	ดอกเดซี	dòrk day see
amapola (f)	ดอกป๊อปปี้	dòrk bpóp-bpêe
cáñamo (m)	กัญชา	gan chaa
menta (f)	สะระแหน่	sà-rá-nàe
muguete (m)	ดอกลิลลี่แห่งหุบเขา	dòrk lí-lá-lêe hàeng hùp khǐ o
campanilla (f) de las nieves	ดอกหยาดหิมะ	dòrk yàat hì-má
ortiga (f)	ตำแย	dtam-yae
acedera (f)	ซอรเรล	sor-rayn
nenúfar (m)	บัว	bua
helecho (m)	เฟิรน	fern
liquen (m)	ไลเคน	lai-khayn
invernadero (m) tropical	เรือนกระจก	reuan grà-jòk
césped (m)	สนามหญ้า	sà-nǐ am yâa
macizo (m) de flores	สนามดอกไม้	sà-nǐ am-dòrk-máai
planta (f)	พืช	phêut
hierba (f)	หญ้า	yâa
hoja (f) de hierba	ใบหญ้า	bai yâa
hoja (f)	ใบไม้	bai máai
pétalo (m)	กลีบดอก	glèep dòrk
tallo (m)	ลำต้น	lam dtôn
tubérculo (m)	หัวใต้ดิน	hǒa dtâi din
retoño (m)	ต้นอ่อน	dtôn òrn
espina (f)	หนาม	nǐ am
florecer (vi)	บาน	baan
marchitarse (vt)	เหี่ยว	hìeow
olor (m)	กลิ่น	glìn
cortar (vt)	ตัด	dtàt
coger (una flor)	เด็ด	dèt

191. Los cereales, los granos

grano (m)	เมล็ด	má-lét
cereales (m pl) (plantas)	ธัญพืช	than-yá-phêut
espiga (f)	รวงข้าว	ruang khâao
trigo (m)	ข้าวสาลี	khâao sǐ a-lee
centeno (m)	ข้าวไรย์	khâao rai
avena (f)	ข้าวโอต	khâao óht
mijo (m)	ข้าวฟ่าง	khâao fâang
cebada (f)	ข้าวบาร์เลย์	khâao baa-lây
maíz (m)	ข้าวโพด	khâao-phôht

arroz (m)	ข้าว	khâao
alforfón (m)	บัควีท	bàk-wêet
guisante (m)	ถั่วลันเตา	thùa-lan-dtao
fréjol (m)	ถั่วรูปไต	thùa rôop dtai
soya (f)	ถั่วเหลือง	thùa lûuang
lenteja (f)	ถั่วเลนทิล	thùa layn thin
habas (f pl)	ถั่ว	thùa

GEOGRAFÍA REGIONAL

Los países. Las nacionalidades

192. La política. El gobierno. Unidad 1

política (f)	การเมือง	gaan meuang
político (adj)	ทางการเมือง	thang gaan meuang
político (m)	นักการเมือง	nák gaan meuang
Estado (m)	รัฐ	rát
ciudadano (m)	พลเมือง	phon-lá-meuang
ciudadanía (f)	สัญชาติ	săn-châat
escudo (m) nacional	ตราประจำชาติ	dtraa bprà-jam châat
himno (m) nacional	เพลงชาติ	phlayng châat
gobierno (m)	รัฐบาล	rát-thà-baan
jefe (m) de estado	ผู้นำประเทศ	phôo nam bprà-thâyt
parlamento (m)	รัฐสภา	rát-thà-sà-phaa
partido (m)	พรรคการเมือง	phák gaan meuang
capitalismo (m)	ทุนนิยม	thun ní-yom
capitalista (adj)	แบบทุนนิยม	bàep thun ní-yom
socialismo (m)	สังคมนิยม	săng-khom ní-yom
socialista (adj)	แบบสังคมนิยม	bàep săng-khom ní-yom
comunismo (m)	ลัทธิคอมมิวนิสต์	lát-thí khom-miw-nít
comunista (adj)	แบบคอมมิวนิสต์	bàep khom-miw-nít
comunista (m)	คนคอมมิวนิสต	khon khom-miw-nít
democracia (f)	ประชาธิปไตย	bprà-chaa-thíp-bpà-dtai
demócrata (m)	ผู้นิยมประชาธิปไตย	phôo ní-yom bprà-chaa-típ-bpà-dtai
democrático (adj)	แบบประชาธิปไตย	bàep bprà-chaa-thíp-bpà-dtai
partido (m) democrático	พรรคประชาธิปัตย์	phák bprà-chaa-tí-bpàt
liberal (m)	ผู้เอียงเสรีนิยม	phôo iang săy-ree ní-yom
liberal (adj)	แบบเสรีนิยม	bàep săy-ree ní-yom
conservador (m)	ผู้เอียงอนุรักษ์นิยม	phôo iang a-nú rák ní-yom
conservador (adj)	แบบอนุรักษ์นิยม	bàep a-nú rák ní-yom
república (f)	สาธารณรัฐ	săa-thaa-rá-ná rát
republicano (m)	รีพับลิกัน	ree pháp lí gan
partido (m) republicano	พรรครีพับลิกัน	phák ree-pháp-lí-gan
elecciones (f pl)	การเลือกตั้ง	gaan lêuak dtâng
elegir (vi)	เลือก	lêuak

elector (m)	ผู้ออกเสียงลงคะแนน	phôo òrk sǐang long khá-naen
campaña (f) electoral	การรณรงค์หาเสียง	gaan ron-ná-rorng hǎa sǐang
votación (f)	การออกเสียงลงคะแนน	gaan òrk sǐang long khá-naen
votar (vi)	ลงคะแนน	long khá-naen
derecho (m) a voto	สิทธิในการเลือกตั้ง	sìt-thí nai gaan lêuak dtâng
candidato (m)	ผู้สมัคร	phôo sà-màk
presentar su candidatura	ลงสมัคร	long sà-màk
campaña (f)	การรณรงค์	gaan ron-ná-rorng
de oposición (adj)	ฝ่ายค้าน	fàai kháan
oposición (f)	ฝ่ายคาน	fàai kháan
visita (f)	การเยือน	gaan yeuan
visita (f) oficial	การเยือนอย่างเป็นทางการ	gaan yeuan yàang bpen thaang gaan
internacional (adj)	แบบสากล	bàep sǎa-gon
negociaciones (f pl)	การเจรจา	gaan jayn-rá-jaa
negociar (vi)	เจรจา	jayn-rá-jaa

193. La política. El gobierno. Unidad 2

sociedad (f)	สังคม	sǎng-khom
constitución (f)	รัฐธรรมนูญ	rát-thà-tham-má-noon
poder (m)	อำนาจ	am-nâat
corrupción (f)	การทุจริตคอรัปชั่น	gaan thút-jà-rìt khor-ráp-chân
ley (f)	กฎหมาย	gòt mǎai
legal (adj)	ทางกฎหมาย	thaang gòt mǎai
justicia (f)	ความยุติธรรม	khwaam yút-dtì-tham
justo (adj)	เป็นธรรม	bpen tham
comité (m)	คณะกรรมการ	khá-ná gam-má-gaan
proyecto (m) de ley	ราง	râang
presupuesto (m)	งบประมาณ	ngóp bprà-maan
política (f)	นโยบาย	ná-yoh-baai
reforma (f)	ปฏิรูป	bpà-dtì rôop
radical (adj)	รุนแรง	run raeng
potencia (f) (~ militar, etc.)	กำลัง	gam-lang
poderoso (adj)	ทรงพลัง	song phá-lang
partidario (m)	ผู้สนับสนุน	phôo sà-nàp-sà-nǔn
influencia (f)	อิทธิพล	ìt-thí pon
régimen (m)	ระบอบการปกครอง	rá-bòrp gaan bpòk khrorng
conflicto (m)	ความขัดแย้ง	khwaam khàt yáeng
complot (m)	การคบคิด	gaan khóp khít
provocación (f)	การยั่วยุ	gaan yûa yú
derrocar (al régimen)	ล้มล้าง	lóm láang
derrocamiento (m)	การล้ม	gaan lóm

revolución (f)	ปฏิวัติ	bpà-dtì-wát
golpe (m) de estado	รัฐประหาร	rát-thà-bprà-hăan
golpe (m) militar	การยึดอำนาจ	gaan yéut am-nâat
	ดวยกำลังทหาร	dûay gam-lang thá-hăan
crisis (m)	วิกฤติ	wí-grìt
recesión (f) económica	ภาวะเศรษฐกิจถดถอย	phaa-wá sàyt-thà-gìt thòt thŏi
manifestante (m)	ผู้ประทวง	phôo bprà-thúang
manifestación (f)	การประทวง	gaan bprà-thúang
ley (m) marcial	กฎอัยการศึก	gòt ai-yá-gaan sèuk
base (f) militar	ฐานทัพ	thăan tháp
estabilidad (f)	ความมั่นคง	khwaam mân-khong
estable (adj)	มั่นคง	mân khong
explotación (f)	การขูดรีด	gaan khòot rêet
explotar (vt)	ขูดรีด	khòot rêet
racismo (m)	คตินิยมเชื้อชาติ	khá-dtì ní-yom chéua châat
racista (m)	ผู้เหยียดผิว	phôo yìat phĭw
fascismo (m)	ลัทธิฟาสซิสต์	lát-thí fâat-sít
fascista (m)	ผู้นิยมลัทธิฟาสซิสต์	phôo ní-yom lát-thí fâat-sít

194. Los países. Miscelánea

extranjero (m)	คนต่างชาติ	khon dtàang châat
extranjero (adj)	ตางชาติ	dtàang châat
en el extranjero	ตางประเทศ	dtàang bprà-thâyt
emigrante (m)	ผู้อพยพ	phôo òp-phá-yóp
emigración (f)	การอพยพ	gaan òp-phá-yóp
emigrar (vi)	อพยพ	òp-phá-yóp
Oeste (m)	ตะวันตก	dtà-wan dtòk
Este (m)	ตะวันออก	dtà-wan òrk
Extremo Oriente (m)	ตะวันออกไกล	dtà-wan òrk glai
civilización (f)	อารยธรรม	aa-rá-yá-tham
humanidad (f)	มนุษยชาติ	má-nút-sà-yá-châat
mundo (m)	โลก	lôhk
paz (f)	ความสงบสุข	khwaam sà-ngòp-sùk
mundial (adj)	ทั่วโลก	thûa lôhk
patria (f)	บ้านเกิด	bâan gèrt
pueblo (m)	ประชาชน	bprà-chaa chon
población (f)	ประชากร	bprà-chaa gon
gente (f)	ประชาชน	bprà-chaa chon
nación (f)	ชาติ	châat
generación (f)	รุ่น	rûn
territorio (m)	อาณาเขต	aa-naa khàyt
región (m)	ภูมิภาค	phoo-mí-phâak
estado (m) (parte de un país)	รัฐ	rát
tradición (f)	ธรรมเนียม	tham-niam

costumbre (f)	ประเพณี	bprà-phay-nee
ecología (f)	นิเวศวิทยา	ní-wâyt wít-thá-yaa
indio (m)	อินเดียนแดง	in-dian daeng
gitano (m)	คนยิปซี	khon yíp-see
gitana (f)	คนยิปซี	khon yíp-see
gitano (adj)	ยิปซี	yíp see
imperio (m)	จักรวรรดิ	jàk-grà-wàt
colonia (f)	อาณานิคม	aa-naa ní-khom
esclavitud (f)	การใช้แรงงานทาส	gaan chái raeng ngaan thâat
invasión (f)	การบุกรุก	gaan bùk rúk
hambruna (f)	ความอดอยาก	khwaam òt yàak

195. Grupos religiosos principales. Las confesiones

religión (f)	ศาสนา	sàat-sà-năa
religioso (adj)	ศาสนา	sàat-sà-năa
creencia (f)	ศรัทธา	sàt-thaa
creer (en Dios)	นับถือ	náp thĕu
creyente (m)	ผู้ศรัทธา	phôo sàt-thaa
ateísmo (m)	อเทวนิยม	a-thay-wá ní-yom
ateo (m)	ผู้เชื่อว่า	phôo chêua wâa
	ไม่มีพระเจ้า	mâi mee phrá jâo
cristianismo (m)	ศาสนาคริสต์	sàat-sà-năa khrít
cristiano (m)	ผู้นับถือ	phôo náp thĕu
	ศาสนาคริสต์	sàat-sà-năa khrít
cristiano (adj)	ศาสนาคริสต์	sàat-sà-năa khrít
catolicismo (m)	ศาสนาคาธอลิก	sàat-sà-năa khaa-thor-lík
católico (m)	ผู้นับถือ	phôo náp thĕu
	ศาสนาคาธอลิก	sàat-sà-năa khaa-thor-lík
católico (adj)	คาธอลิก	khaa-thor-lík
protestantismo (m)	ศาสนา	sàat-sà-năa
	โปรแตสแตนท์	bproh-dtàet-dtaen
Iglesia (f) Protestante	โบสถ์นิกาย	bòht ní-gaai
	โปรแตสแตนท์	bproh-dtàet-dtaen
protestante (m)	ผู้นับถือศาสนา	phôo náp thĕu sàat-sà-năa
	โปรแตสแตนท์	bproh-dtàet-dtaen
Ortodoxia (f)	ศาสนาออร์ทอดอกซ์	sàat-sà-năa or-thor-dòrk
Iglesia (f) Ortodoxa	โบสถ์ศาสนาออร์ทอดอกซ์	bòht sàat-sà-năa or-thor-dòrk
ortodoxo (m)	ผู้นับถือ	phôo náp thĕu
	ศาสนาออร์ทอดอกซ์	sàat-sà-năa or-thor-dòrk
Presbiterianismo (m)	นิกายเพรสไบทีเรียน	ní-gaai phrayt-bai-thee-rian
Iglesia (f) Presbiteriana	โบสถ์นิกาย	bòht ní-gaai
	เพรสไบทีเรียน	phrayt-bai-thee-rian
presbiteriano (m)	ผู้นับถือนิกาย	phôo náp thĕu ní-gaai
	เพรสไบทีเรียน	phrayt bai thee rian

Iglesia (f) Luterana	นิกายลูเทอแรน	ní-gaai loo-thay-a-răen
luterano (m)	ผู้นับถือนิกาย	phôo náp thĕu ní-gaai
	ลูเทอแรน	loo-thay-a-răen
Iglesia (f) Bautista	นิกายแบ๊บติสท์	ní-gaai báep-dtìt
bautista (m)	ผู้นับถือนิกาย	phôo náp thĕu ní-gaai
	แบบติสท	báep-dtìt
Iglesia (f) Anglicana	โบสถ์นิกายแองกลิกัน	bòht ní-gaai ae-ngók-lí-gan
anglicano (m)	ผู้นับถือนิกาย	phôo náp thĕu ní-gaai
	แองกลิกัน	ae ngók lí gan
mormonismo (m)	นิกายมอร์มอน	ní-gaai mor-mon
mormón (m)	ผู้นับถือนิกาย	phôo náp thĕu ní-gaai
	มอรมอน	mor-mon
judaísmo (m)	ศาสนายิว	sàat-sà-năa yiw
judío (m)	คนยิว	khon yiw
Budismo (m)	ศูสนาพุธ	sàat-sà-năa phút
budista (m)	ผู้นับถือ	phôo náp thĕu
	ศาสนาพุธ	sàat-sà-năa phút
Hinduismo (m)	ศูสนาฮินดู	sàat-sà-năa hin-doo
hinduista (m)	ผู้นับถือ	phôo náp thĕu
	ศาสนาฮินดู	sàat-sà-năa hin-doo
Islam (m)	ศูสนาอิสลาม	sàat-sà-năa ìt-sà-laam
musulmán (m)	ผู้นับถือ	phôo náp thĕu
	ศาสนาอิสลาม	sàat-sà-năa ìt-sà-laam
musulmán (adj)	มุสลิม	mút-sà-lim
chiísmo (m)	ศาสนา	sàat-sà-năa
	อิสลามนิกายชีอะฮ์	ìt-sà-laam ní-gaai shi-à
chiita (m)	ผู้นับถือนิกายชีอะฮ์	phôo náp thĕu ní-gaai shi-à
sunismo (m)	ศาสนา	sàat-sà-năa
	อิสลามนิกายซุนนี	ìt-sà-laam ní-gaai sun-nee
suní (m, f)	ผู้นับถือนิกาย	phôo náp thĕu ní-gaai
	ซุนนี	sun-nee

196. Las religiones. Los sacerdotes

sacerdote (m)	นักบวช	nák bùat
Papa (m)	พระสันตะปาปา	phrá săn-dtà-bpaa-bpaa
monje (m)	พระ	phrá
monja (f)	แม่ชี	mâe chee
pastor (m)	ศาสนาจารย์	sàat-sà-năa-jaan
abad (m)	เจ้าอาวาส	jâo aa-wâat
vicario (m)	เจาอาวาส	jâo aa-wâat
obispo (m)	มุขนายก	múk naa-yók
cardenal (m)	พระคาร์ดินัล	phrá khaa-dì-nan

predicador (m)	นักเทศน์	nák thâyt
prédica (f)	การเทศนา	gaan thâyt-sà-nǎa
parroquianos (m pl)	ลูกวัด	lôok wát

creyente (m)	ผู้ศรัทธา	phôo sàt-thaa
ateo (m)	ผู้เชื่อวา	phôo chêua wâa
	ไม่มีพระเจ้า	mâi mee phrá jâo

197. La fé. El cristianismo. El islamismo

| Adán | อาดัม | aa-dam |
| Eva | เอวา | ay-waa |

Dios (m)	พระเจ้า	phrá jâo
Señor (m)	พระเจ้า	phrá jâo
el Todopoderoso	พระผู้เป็นเจ้า	phrá phôo bpen jâo

pecado (m)	บาป	bàap
pecar (vi)	ทำบาป	tham bàap
pecador (m)	คนบาป	khon bàap
pecadora (f)	คนบาป	khon bàap

| infierno (m) | นรก | ná-rók |
| paraíso (m) | สวรรค์ | sà-wǎn |

| Jesús | พระเยซู | phrá yay-soo |
| Jesucristo (m) | พระเยซูคริสต์ | phrá yay-soo khrít |

Espíritu (m) Santo	พระจิต	phrá jìt
el Salvador	พระผู้ไถ่	phrá phôo thài
la Virgen María	พระนางมารีย์	phrá naang maa ree
	พรหมจารี	phrom-má-jaa-ree

diablo (m)	มาร	maan
diabólico (adj)	ของมาร	khǒrng maan
Satán (m)	ซาตาน	saa-dtaan
satánico (adj)	ซาตาน	saa-dtaan

ángel (m)	เทวทูต	thay-wá-thôot
ángel (m) custodio	เทวดาผู้	thay-wá-daa phôo
	คุมครอง	khúm khrorng
angelical (adj)	ของเทวดา	khǒrng thay-wá-daa

apóstol (m)	สาวก	sǎa-wók
arcángel (m)	หัวหน้าทูตสวรรค์	hǔa nâa thôot sà-wǎn
anticristo (m)	ศัตรูของพระคริสต์	sàt-dtroo khǒrng phrá khrít

Iglesia (f)	โบสถ์	bòht
Biblia (f)	คัมภีร์ไบเบิ้ล	kham-phee bai-bêrn
bíblico (adj)	ไบเบิ้ล	bai-bêrn

Antiguo Testamento (m)	พันธสัญญาเดิม	phan-thá-sǎn-yaa derm
Nuevo Testamento (m)	พันธสัญญาใหม่	phan-thá-sǎn-yaa mài
Evangelio (m)	พระวรสาร	phrá won sǎan

Sagrada Escritura (f)	พระคัมภีร์ไบเบิล	phrá kham-phee bai-bern
cielo (m)	สวรรค์	sà-wăn
mandamiento (m)	บัญญัติ	ban-yàt
profeta (m)	ผู้เผยพระวจนะ	phôo phŏie phrá wá-jà-ná
profecía (f)	คำพยากรณ์	kham phá-yaa-gon
Alá	อัลลอฮ์	an-lor
Mahoma	พระมูฮัมหมัด	phrá moo ham màt
Corán (m)	อัลกุรอาน	an gù-rá-aan
mezquita (f)	สุเหร่า	sù-rào
mulá (m), mullah (m)	มุลละ	mun lá
oración (f)	บทสวดมนต์	bòt sùat mon
orar (vi)	สวด	sùat
peregrinación (f)	การจาริกแสวงบุญ	gaan jaa-rík sà-wăeng bun
peregrino (m)	ผู้แสวงบุญ	phôo sà-wăeng bun
La Meca	มักกะฮ์	mák-gà
iglesia (f)	โบสถ์	bòht
templo (m)	วิหาร	wí-hăan
catedral (f)	มหาวิหาร	má-hăa wí-hăan
gótico (adj)	แบบโกธิก	bàep goh-thík
sinagoga (f)	โบสถ์ของศาสนายิว	bòht khŏrng sàat-sà-năa yiw
mezquita (f)	สุเหรา	sù-rào
capilla (f)	ห้องสวดมนต์	hôrng sùat mon
abadía (f)	วัด	wát
convento (m)	สำนักแม่ชี	săm-nák mâe chee
monasterio (m)	อาราม	aa raam
campana (f)	ระฆัง	rá-khang
campanario (m)	หอระฆัง	hŏr rá-khang
sonar (vi)	ตีระฆัง	dtee rá-khang
cruz (f)	ไม้กางเขน	mái gaang khăyn
cúpula (f)	หลังคาทรงโดม	lăng kaa song dohm
icono (m)	รูปเคารพ	rôop kpao-róp
alma (f)	วิญญาณ	win-yaan
destino (m)	ชะตากรรม	chá-dtaa gam
maldad (f)	ความชั่วร้าย	khwaam chûa rái
bien (m)	ความดี	khwaam dee
vampiro (m)	ผีดูดเลือด	phĕe dòot lêuat
bruja (f)	แม่มด	mâe mót
demonio (m)	ปีศาจ	bpee-sàat
espíritu (m)	ผี	phĕe
redención (f)	การไถ่ถอน	gaan thài thŏrn
redimir (vt)	ไถ่ถอน	thài thŏrn
culto (m), misa (f)	พิธีมิสซา	phí-tee mít-saa
decir misa	ประกอบพิธี	bprà-gòp phí-thee
	ศีลมหาสนิท	sĕen má-hăa sà-nìt

| confesión (f) | การสารภาพ | gaan săa-rá-phâap |
| confesarse (vr) | สารภาพ | săa-rá-phâap |

santo (m)	นักบุญ	nák bun
sagrado (adj)	ศักดิ์สิทธิ์	sàk-gà-dì sìt
agua (f) santa	น้ำมนต์	nám mon

rito (m)	พิธีกรรม	phí-thee gam
ritual (adj)	แบบพิธีกรรม	bpaep phí-thee gam
sacrificio (m)	การบูชายัญ	gaan boo-chaa yan

superstición (f)	ความเชื่องมงาย	khwaam chêua ngom-ngaai
supersticioso (adj)	เชื่องมงาย	chêua ngom-ngaai
vida (f) de ultratumba	ชีวิตหลังความตาย	chee-wít lăng khwaam dtaai
vida (f) eterna	ชีวิตอันเป็นนิรันดร์	chee-wít an bpen ní-ran

MISCELÁNEA

198. Varias palabras útiles

alto (m) (descanso)	การหยุด	gaan yùt
ayuda (f)	ความช่วยเหลือ	khwaam chûay lĕua
balance (m)	สมดุล	sà-má-dun
barrera (f)	สิ่งกีดขวาง	sìng gèet-khwăang
base (f) (~ científica)	ฐาน	thăan
categoría (f)	หมวดหมู่	mùat mòo
causa (f)	สาเหตุ	săa-hàyt
coincidencia (f)	ความบังเอิญ	khwaam bang-ern
comienzo (m) (principio)	จุดเริ่มต้น	jùt rêrm-dtôn
comparación (f)	การเปรียบเทียบ	gaan bprìap thîap
compensación (f)	การชดเชย	gaan chót-choie
confortable (adj)	สะดวกสบาย	sà-dùak sà-baai
cosa (f) (objeto)	สิ่ง	sìng
crecimiento (m)	การเติบโต	gaan dtèrp dtoh
desarrollo (m)	การพัฒนา	gaan phát-thá-naa
diferencia (f)	ความแตกต่าง	khwaam dtàek dtàang
efecto (m)	ผลกระทบ	phŏn grà-thóp
ejemplo (m)	ตัวอย่าง	dtua yàang
elección (f)	ตัวเลือก	dtua lêuak
elemento (m)	องค์ประกอบ	ong bprà-gòrp
error (m)	ข้อผิดพลาด	khôr phìt phlâat
esfuerzo (m)	ความพยายาม	khwaam phá-yaa-yaam
estándar (adj)	เป็นมาตรฐาน	bpen mâat-dtrà-thăan
estándar (m)	มาตรฐาน	mâat-dtrà-thăan
estilo (m)	สไตล์	sà-dtai
fin (m)	จบ	jòp
fondo (m) (color de ~)	ฉากหลัง	chàak lăng
forma (f) (contorno)	รูปร่าง	rôop râang
frecuente (adj)	ถี่	thèe
grado (m) (en mayor ~)	ระดับ	rá-dàp
hecho (m)	ข้อเท็จจริง	khôr thét jing
ideal (m)	อุดมคติ	u-dom khá-dtì
laberinto (m)	เขาวงกต	khăo-wong-gòt
modo (m) (de otro ~)	วิธีทาง	wí-thĕe thaang
momento (m)	ช่วงเวลา	chûang way-laa
objeto (m)	สิ่งของ	sìng khŏrng
obstáculo (m)	อุปสรรค	u-bpà-sàk
original (m)	ต้นฉบับ	dtôn chà-bàp
parte (f)	ส่วน	sùan

partícula (f)	อนุภาค	a-nú phâak
pausa (f)	การหยุดพัก	gaan yùt phák
posición (f)	ตำแหน่ง	dtam-nàeng
principio (m) (tener por ~)	หลักการ	làk gaan
problema (m)	ปัญหา	bpan-hăa
proceso (m)	กระบวนการ	grà-buan gaan
progreso (m)	ความก้าวหน้า	khwaam gâao nâa
propiedad (f) (cualidad)	คุณสมบัติ	khun-ná-sŏm-bàt
reacción (f)	ปฏิกิริยา	bpà-dtì gì-rí-yaa
riesgo (m)	ความเสี่ยง	khwaam sìang
secreto (m)	ความลับ	khwaam láp
serie (f)	ลำดับ	lam-dàp
sistema (m)	ระบบ	rá-bòp
situación (f)	สถานการณ์	sà-thăan gaan
solución (f)	ทางแก้	thaang gâe
tabla (f) (~ de multiplicar)	ตาราง	dtaa-raang
tempo (m) (ritmo)	จังหวะ	jang wà
término (m)	คำ	kham
tipo (m) (~ de deportes)	ประเภท	bprà-phâyt
tipo (m) (no es mi ~)	ประเภท	bprà-phâyt
turno (m) (esperar su ~)	ตา	dtaa
urgente (adj)	เร่งด่วน	râyng dùan
urgentemente	อย่างเร่งด่วน	yàang râyng dùan
utilidad (f)	ความมีประโยชน์	khwaam mee bprà-yòht
variante (f)	ขอ	khôr
verdad (f)	ความจริง	khwaam jing
zona (f)	โซน	sohn

www.ingramcontent.com/pod-product-compliance
Lightning Source LLC
LaVergne TN
LVHW022316080426
835509LV00037B/3149